相続税大増税に賢く対応!

生前贈与の実務必携

税理士 **中島 吉央** 著

清文社

はじめに

　平成25年度税制改正により、平成27年より相続税の「基礎控除の引下げ」と「税率構造の見直し」がされることになります。今後、相続税が大増税となりますので、生前贈与が活発に利用されることになるでしょう。相続税対策の一番有効な手段は、相続税のかかる財産を減らす「生前贈与」であることに間違いないからです。

　なお、「直系尊属から教育資金の一括贈与を受けた場合の贈与税の非課税」制度が創設されたことにより、過去に例がないくらい贈与に対する新聞、テレビ等による報道がありました。また、平成25年度税制改正法案の附則で以下のような文言がありました。

　「贈与税について、高齢者が保有する資産の若年世代への早期移転を促し、消費の拡大を通じた経済の活性化を図る観点、格差の固定化の防止等の観点から、結婚、出産又は教育に要する費用等の非課税財産の範囲の明確化も含め、検討すること。」

　今年度は教育に関する贈与税の税制改正がありましたが、今後は、結婚、出産に関する贈与税の税制改正もあるのではないかということを示しています。つまり、国としては、贈与税は「相続税の補完をするものである」という考えだけではなく、「祖父母から孫といった高齢者から若者への財産移転を促し経済を活性化する」といった、今までとは違った新しい考えを持つようになっています。今後、国の後押しにより、贈与税の特例が増え、その結果、贈与案件が至極当然に増加することが考えられます。

　以上述べたように、①相続の改正による生前贈与の利用増大、②国の後押しによる贈与税特例制度の増加により、生前贈与をする人はかなり増加することは間違いないでしょうが、その一方で、贈与税に係る税務調査も厳しくなるものと思われます。

昨年の11月に国税庁により「贈与税に係る調査事績」が初めて公表されましたが、きわめて高い非違割合でした。国税庁が今まで公表していなかったものをあえて公表したことにより、「今後、贈与は増加することが予想されるが、安易に贈与税を考えるなよ」という意図を汲み取れます。つまり、贈与に対するリスクも増大することが予想されます。例えば、当事者が贈与したつもりなのに贈与と認められないこともあるでしょう。これでは、せっかく行った贈与が無駄となってしまいます。

　本書では、贈与を活かした税務対策について、税務判決・裁決も盛り込みながら詳しく解説しています。今後、贈与を検討されている方々にとって、少しでもお役に立てば幸いです。

平成25年8月

税理士　中島 吉央

目　次

第1章　贈与税の基本

第1節　贈与税とは　3
第2節　課税価格　4
第3節　基礎控除額　5
　　　（1）内容　5
　　　（2）「1年間」と「受贈者1人について」　6
第4節　贈与税の計算と税率（暦年課税）　7
　　　（1）課税価格の計算　7
　　　（2）贈与税額の計算　7
　　　（3）外国税額控除　8
第5節　贈与は早めに計画的に　9
第6節　個人・法人間の贈与　10
　　　（1）個人から個人への贈与　11
　　　（2）個人から法人への贈与　11
　　　（3）法人から個人への贈与　11
　　　（4）法人から法人への贈与　12
第7節　贈与によって取得した資産の取得時期と取得費　12
第8節　贈与税に関する平成25年度税制改正　13
　　　（1）贈与税の暦年課税制度の見直し　13
　　　（2）相続時精算課税制度の適用要件の見直し　16
　　　（3）教育資金の一括贈与に係る贈与税の非課税措置　17
　　　（4）国外財産に係る贈与税　17
　　　（5）住宅取得等資金の贈与　17
　　　（6）その他　18

第9節　贈与税の現状　20
　　（1）贈与税の課税状況　20
　　（2）平成23年における課税状況　22
　　（3）平成23年における贈与財産の価額階級別と種類別の状況　23
第10節　贈与税の税務調査の現状　27
　　（1）贈与税に係る調査事績　28
　　（2）調査事績に占める無申告事案の状況（平成23事務年度）　28
　　（3）調査事績に係る申告漏れ財産の内訳（平成23事務年度）　28

第2章　民法上の贈与と税

第1節　贈与とは　31
第2節　贈与の「証拠づくり」　32
　　（1）内容　32
　　（2）証拠作りの具体的な方法　33
　　（3）贈与契約書のサンプル　35
　　（4）未成年者への贈与　37
第3節　定期贈与　40
　　（1）内容　40
　　（2）定期贈与と贈与税　40
第4節　負担付贈与　42
　　（1）民法上の負担付贈与　42
　　（2）負担付贈与における贈与税の課税価格　43
　　（3）負担額が第三者の利益に帰すとき　44
　　（4）負担付贈与と譲渡所得　45

　　　　（5）負担付贈与と取得費・取得日　48
　　　　（6）裁判例・裁決例　49
第5節　死因贈与　53
　　　　（1）内容　53
　　　　（2）死因贈与と税　54
　　　　（3）裁判例・裁決例　54
第6節　生前贈与と特別受益　57
　　　　（1）内容　57
　　　　（2）計算例　59
　　　　（3）特別受益となる生前贈与はどのような場合か　59
第7節　生前贈与と相続税　61
　　　　（1）内容　61
　　　　（2）被相続人から死亡前3年以内に贈与により取得した財産　62
　　　　（3）贈与税の申告内容の開示　63
第8節　生前贈与と遺留分算定の基礎財産　64
　　　　（1）遺留分算定の基礎となる財産　64
　　　　（2）遺留分の計算例　65

第3章　贈与税の納税義務者と課税財産の範囲・取得時期

第1節　贈与税の納税義務者と課税財産の範囲　69
　　　　（1）居住無制限納税義務者　69
　　　　（2）非居住無制限納税義務者　69
　　　　（3）制限納税義務者　71
　　　　（4）住所　72
　　　　（5）贈与税の申告書の提出先　73

第2節　**財産の所在**　74
第3節　**「国外財産調書」の提出**　76
第4節　**個人とみなされる納税義務者**　77
　　　（1）人格のない社団等　77
　　　（2）持分の定めのない法人　77
　　　（3）贈与税額　78
第5節　**贈与による財産の取得時期**　80
　　　（1）贈与の時期の判定　80
　　　（2）贈与時期が明確でない場合　80
　　　（3）農地等の贈与による場合　81
第6節　**裁判例・裁決例**　82

第4章　みなし贈与財産

第1節　**みなし贈与財産とは**　89
第2節　**生命保険金**　89
　　　（1）内容　89
　　　（2）満期保険金　91
　　　（3）死亡保険金　92
　　　（4）契約者変更があった場合　93
第3節　**定期金**　94
第4節　**低額譲受**　94
　　　（1）内容　94
　　　（2）著しく低い価額の対価で財産の譲渡を受けた場合　95
　　　（3）譲渡を受ける者が資力を喪失して債務を弁済することが困難である場合　99
第5節　**債務免除等**　101
　　　（1）内容　101

(2) 連帯債務者及び保証人の求償権の放棄　101
(3) 債務者が資力を喪失して債務を弁済することが困難である場合　102
第6節　その他の利益の享受　102
第7節　婚姻の取消しまたは離婚により財産の取得があった場合　103
(1) 内容　103
(2) 財産分与による資産の移転　104
第8節　財産の名義変更　105
(1) 内容　105
(2) 他人名義により不動産等を取得した場合で贈与としない場合　106
(3) 過誤等により取得財産を他人名義とした場合等の取扱い　106
(4) 法廷取消権等に基づいて贈与の取消しがあった場合の取扱い　107
(5) 合意解除により贈与の取消しがあった場合の取扱い　107
(6) 国税庁質疑応答事例回答（父所有の家屋に子が増築した場合の贈与税の課税関係）の解説　109
第9節　親族間の金銭貸借　110
(1) 内容　110
(2) 借入金そのものが贈与　111
(3) 利子に相当する金額が贈与　112
(4) 「金銭消費貸借契約書」の作成　113
(5) 裁決例　116
第10節　共有持分の放棄　119
第11節　夫婦の間における住宅資金等の贈与　119
第12節　使用貸借　121
(1) 内容　121
(2) 使用貸借による土地の借受けがあった場合　122

（3）使用貸借による借地権の転借があった場合　124
　　　（4）使用貸借に係る土地等を贈与により取得した場合　127
　　　（5）使用貸借に係る土地等の上に存する建物等を贈与により取得した場合　128
　　　（6）借地権の目的となっている土地を借地権者以外の者が取得し地代の授受が行われないこととなった場合　128
　　　（7）「借地権の使用貸借に関する確認書」と「借地権者の地位に変更がない旨の申出書」の記載例　130
　第13節　信託に関する権利等の贈与　133
　　　（1）委託者と受益者が異なる場合　133
　　　（2）受益者を変更した場合　134
　　　（3）一部の受益者が権利を放棄した場合　134
　　　（4）信託が終了し残余財産が給付された場合　135
　　　（5）その他　136

第5章　贈与税における非課税財産

　第1節　法人からの贈与により取得した財産　139
　第2節　扶養義務者から生活費や教育費に充てるために取得した財産で、通常必要と認められるもの　140
　　　（1）内容　140
　　　（2）扶養義務者　141
　　　（3）生活費及び教育費　142
　　　（4）生活費等で通常必要と認められるもの　142
　　　（5）生活費等に充てるために財産の名義変更があった場合　143
　　　（6）有効な手法　143
　　　（7）裁決例　144
　第3節　公益を目的とする事業を行う者が取得した財産　148

第 4 節　特定公益信託から交付される金品で一定の要件に当てはまるもの　149
第 5 節　心身障害者共済制度に基づいて支給される給付金を受ける権利　150
第 6 節　公職選挙の候補者が選挙運動のために取得した金品　150
第 7 節　特定障害者扶養信託契約に基づく信託受益権　151
　　　　（1）内容　151
　　　　（2）特定障害者　151
第 8 節　社交上必要と認められる香典等　152
第 9 節　相続開始の年において被相続人から受けた贈与により取得した財産　152
　　　　（1）相続または遺贈により財産を取得した場合　152
　　　　（2）相続または遺贈により財産を取得しなかった場合　153
　　　　（3）例　153

第 6 章　贈与税の配偶者控除

第 1 節　贈与税の配偶者控除の基本　157
　　　　（1）贈与税の配偶者控除とは　157
　　　　（2）婚姻期間　158
　　　　（3）贈与税の配偶者控除の計算例　159
第 2 節　居住用不動産を取得するための金銭　160
　　　　（1）居住用不動産とは　160
　　　　（2）居住用不動産を取得するための金銭の贈与　162
第 3 節　申告・手続　163
第 4 節　相続税の 3 年以内の贈与加算との関係　165
第 5 節　店舗兼住宅等　167
　　　　（1）居住の用に供している部分の面積がおおむね 90 ％以上　167

　　　　（2）店舗兼住宅等の居住用部分の判定　168
　　　　（3）店舗兼住宅等の持分の贈与があった場合の居住用部分の判定　169
　　　　（4）店舗兼住宅の用に供する家屋の存する土地等のみを取得した場合　172
　　　　（5）店舗兼住宅の敷地の持分の贈与について贈与税の配偶者控除の適用　173
第6節　その他　175
　　　　（1）居住用不動産と同時に居住用不動産以外の財産を取得した場合　175
　　　　（2）信託財産である居住用不動産について贈与税の配偶者控除の適用　176
第7節　裁判例・裁決例　177
【参考資料：申告書記載例とチェックシート】

第7章　相続時精算課税

第1節　相続時精算課税の基本　185
第2節　適用対象者　186
　　　　（1）適用対象者　186
　　　　（2）養子縁組・離縁者に対する相続時精算課税の適用　188
第3節　適用手続　190
　　　　（1）内容　190
　　　　（2）相続時精算課税選択届出書の添付書類　192
第4節　相続時精算課税の計算　192
　　　　（1）贈与税の計算　192
　　　　（2）相続税の計算　198

　　　　（3）「申告漏れ財産があった場合」と「申告した財産について評
　　　　　　価誤りがあった場合」　205
　　　　（4）特定贈与者から贈与を受けた財産について遺留減殺請求に
　　　　　　基づき返還すべき額が確定した場合　206
第5節　相続時精算課税制度のメリット・デメリット　207
　　　　（1）相続時精算課税制度のメリット　207
　　　　（2）相続時精算課税制度のデメリット　207
第6節　裁決例　210
【参考資料：申告書記載例とチェックシート】

第8章　住宅取得等資金に係る相続時精算課税選択の特例

第1節　基本　221
　　　　（1）制度の概要　221
　　　　（2）贈与により取得したものとみなされる保険金　221
　　　　（3）一定の要件　222
第2節　居住の要件　222
　　　　（1）内容　222
　　　　（2）居住の用に供したとき等　223
第3節　受贈者の要件　223
第4節　住宅取得等資金の要件　224
　　　　（1）内容　224
　　　　（2）土地等の取得　225
　　　　（3）住宅取得等資金が法施行地外にある場合等　226
第5節　住宅用家屋の要件（第6節から第8節に共通するもの）　227
第6節　住宅用家屋の新築、建築後使用されたことのない住宅用家屋の取
　　　　得の要件　228

第7節　既存住宅用家屋の取得の要件　229
第8節　住宅用の家屋について行う増改築等の要件　230
第9節　床面積　232
　　　（1）床面積の意義　232
　　　（2）内法面積と壁芯面積　232
　　　（3）その他　234
第10節　適用手続　235
第11節　住宅取得等資金を贈与により取得した年分以降に財産の贈与を受けた場合の取扱い　235
　　　（1）内容　235
　　　（2）計算例　236
第12節　期限までに住宅取得等資金で取得等した家屋に居住できない場合　237
第13節　他の特例との併用　238
　　　（1）所得税の（特定増改築等）住宅借入金等特別控除を適用する場合　238
　　　（2）「直系尊属から住宅取得等資金の贈与を受けた場合の非課税の特例」の適用を受ける場合　238
【参考資料：申告書記載例とチェックシート】

第9章　直系尊属から住宅取得等資金の贈与を受けた場合の非課税

第1節　基本　251
　　　（1）制度の概要　251
　　　（2）贈与により取得したものとみなされる保険金　251
　　　（3）一定の要件　252

第 2 節　**非課税限度額** 252
　　　　（1）内容 252
　　　　（2）計算例 253
　　　　（3）改正経緯 254
第 3 節　**居住の要件** 255
　　　　（1）内容 255
　　　　（2）居住の用に供したとき等 256
第 4 節　**受贈者の要件** 256
第 5 節　**住宅取得等資金の要件** 258
　　　　（1）内容 258
　　　　（2）土地等の取得 259
　　　　（3）住宅取得等資金が法施行地外にある場合等 260
第 6 節　**住宅用家屋の要件（第 7 節～第 9 節に共通するもの）** 260
第 7 節　**住宅用家屋の新築、建築後使用されたことのない住宅用家屋の取得の要件** 262
第 8 節　**既存住宅用家屋の取得の要件** 262
第 9 節　**住宅用の家屋について行う増改築等の要件** 264
第 10 節　**床面積** 266
　　　　（1）床面積の意義 267
　　　　（2）その他 267
　　　　（3）床面積 240 平方メートル以下という上限 268
第 11 節　**適用手続** 268
第 12 節　**期限までに住宅取得等資金で取得等した家屋に居住できない場合** 269
第 13 節　**他の特例との併用** 270
　　　　（1）所得税の（特定増改築等）住宅借入金等特別控除を適用する場合 270
　　　　（2）「住宅取得等資金に係る相続時精算課税選択特例」の適用を受ける場合 270

第14節　相続税の課税価格に加算する金額　271
【参考資料：申告書記載例とチェックシート】

第10章　直系尊属から教育資金の一括贈与を受けた場合の非課税

第1節　概要　281
第2節　受贈者と贈与者　283
　　　　（1）受贈者　283
　　　　（2）贈与者　283
第3節　贈与財産（信託受益権、金銭等）　285
　　　　（1）信託会社（受託者）との間で教育資金管理契約を締結する場合　286
　　　　（2）銀行等との間で教育資金管理契約を締結する場合　286
　　　　（3）証券会社（金融商品取引業者）との間で教育資金管理契約を締結する場合　287
第4節　教育資金の範囲　288
　　　　（1）学校等に対して直接支払われる金銭　288
　　　　（2）学校等以外の者に直接支払われる金銭　293
　　　　（3）部活動の費用　295
第5節　非課税枠　297
　　　　（1）1,500万円の非課税枠　297
　　　　（2）500万円の非課税枠　297
第6節　適用を受けるための手続　298
　　　　（1）初めてこの特例の適用を受けるための手続（教育資金非課税申告書）　298
　　　　（2）追加の贈与を受けた場合の手続（追加教育資金非課税申告書）　299

　　　　（3）教育資金非課税申告書等の提出の効果　301
　　　　（4）受贈者の住所等に異動があった場合　301
　第7節　**領収書等の提出**　301
　　　　（1）提出方法と提出期限　302
　　　　（2）教育資金管理契約締結前・終了後の領収書等の扱い　303
　　　　（3）領収書等に記載されるべき事項　304
　　　　（4）領収書等の提出　305
　　　　（5）領収書等に記載された支払者（宛名）　306
　　　　（6）領収書等に誤りや必要な情報が記載されていなかった場合　307
　第8節　**教育資金支出額**　307
　　　　（1）取扱金融機関による確認、記録、保存　307
　　　　（2）教育資金支出額の記録　307
　　　　（3）税務署長の通知　310
　　　　（4）教育資金管理契約による運用上生じた損失　310
　第9節　**教育資金管理契約が終了するまでに贈与者が死亡した場合**　310
　　　　（1）相続開始前3年以内の贈与加算の扱い　310
　　　　（2）相続時精算課税の扱い　311
　　　　（3）申告書の提出までの間に贈与者が死亡した場合　311
　第10節　**教育資金管理契約の終了事由及び終了時の課税関係**　312
　　　　（1）教育資金管理契約の終了事由　312
　　　　（2）終了時に贈与税が課税される場合　312
　　　　（3）終了時に贈与税が課税されない場合　315
　　　　（4）領収書等の提出　315
　　　　（5）調書の提出　315
　第11節　**教育資金管理契約が終了した後に贈与者が死亡した場合**　316
　　　　（1）相続開始前3年以内加算の扱い　316
　　　　（2）相続時精算課税の扱い　316
【参考資料：平成25年3月文部科学省告示第68号】
【参考資料：教育資金非課税申告書記載例】

第11章 贈与税の申告と納税

- 第1節 贈与税の申告と納税の基本 323
- 第2節 期限後申告及び修正申告 323
  - （1）期限後申告 323
  - （2）修正申告 324
  - （3）無申告加算税及び過少申告加算税 324
  - （4）重加算税 325
  - （5）期限後申告及び修正申告の特則 326
- 第3節 更正の請求 326
  - （1）更正の請求 326
  - （2）更正の請求の特則 327
- 第4節 延納 327
  - （1）内容 327
  - （2）延納を受けるための要件 328
  - （3）利子税 328
- 第5節 連帯納付義務 328
- 第6節 「贈与税の申告書」の記載例 329

第12章 その他の贈与税の特例等

- 第1節 非上場株式等についての贈与税の納税猶予の特例 333
- 第2節 農地等についての贈与税の納税猶予の特例 334
- 第3節 災害により被害を受けた場合の贈与税 335

[凡　例]

◆　法令等の略記

　　法法……………………法人税法

　　所法……………………所得税法

　　所令……………………所得税法施行令

　　所基通…………………所得税基本通達

　　相法……………………相続税法

　　相令……………………相続税法施行令

　　相規……………………相続税法施行規則

　　相基通…………………相続税法基本通達

　　評基通…………………財産評価基本通達

　　措法……………………租税特別措置法

　　措令……………………租税特別措置法施行令

　　措規……………………租税特別措置法施行規則

　　通則法…………………国税通則法

　　災免……………………災害被害者に対する租税の減免、徴収猶予等に関する法律

　　災免令…………………災害被害者に対する租税の減免、徴収猶予等に関する法律の施行に関する政令

◆　条数等の略記

　　相法21の3①一…………相続税法第21条の2第1項第二号

　　相基通9－2………………相続税法基本通達9－2

＊なお、本書の内容は、平成25年7月1日現在の法令、通達によっています。

第1章

贈与税の基本

第1節 贈与税とは

　贈与税は、原則として、個人から生前贈与により財産を取得した個人にかかる税金です。なお、民法上の贈与（民法549）は、個人間の贈与だけに限定しているわけではないため、個人と法人、または法人間での贈与もあるということになります。ただしあくまでも、贈与税は、個人間における贈与により財産を取得した者にかかる税金なので、それ以外の場合は他の税金（所得税・法人税）がかかります。

　なお、相続により財産を取得した場合には相続税が課税されます。もし、生前に行われる贈与財産に贈与税がかからなかったら、被相続人が生前に、相続人となるべき配偶者や子供などに財産を贈与してしまえば、相続税をゼロにしたり、あるいは、かかるとしても少ない負担で済むようにできてしまいます。そのため、贈与税という税金を課し、また、相続税よりも重たい税金となっています。このように、贈与税は相続税と密接な関係があり、補完しているため、相続税と共に相続税法に規定されています。

第2節 課税価格

　贈与税は、原則として贈与により取得したすべての財産に対してかかります。ただし、その財産の性質や贈与の目的などからみて、贈与税を課税することが適当でないものがあり、そのような財産には贈与税が課税されないことになっています（詳細は、「**第5章　非課税財産**」）。

　また、民法上の贈与により財産を取得したものではなくても、実質的に贈与によることと同様の経済的な利益を受けた場合には、贈与によって取得したものとみなされて贈与税が課税されることになっています（詳細は、「**第4章　みなし贈与財産**」）。

　つまり、贈与税のかかる財産は、以下のような正味の贈与税がかかる財産になります。

　　「本来の贈与財産」＋「みなし贈与財産」－「非課税財産」

　1年間にもらった、この正味の贈与税がかかる財産を金額であらわしたものを「課税価格」（相法21の2）といいます。

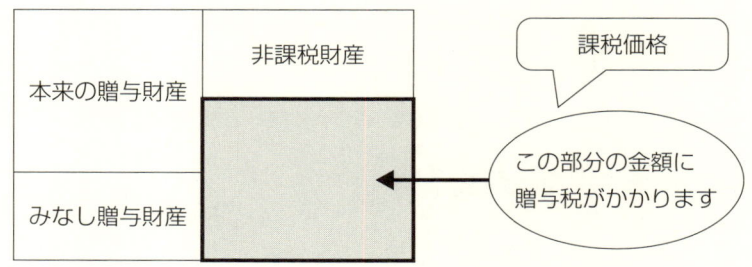

　なお、財産の価額に関して相続税法では、地上権、永小作権、定期金に関する権利等の若干の財産についてその評価方法（相法23～26の2）を定

めていますが、その他の財産については、「時価」により評価すると定められています（相法22）。

ただし、財産の「時価」を的確に把握することは必ずしも容易なことではないため、国税庁は、財産評価について財産評価基本通達を定めており、実務ではこの通達をもとにして財産評価をしています。

第3節　基礎控除額

(1) 内容

　贈与税は「1年間」に「受贈者1人」に対して、110万円の基礎控除額（相法21の5、措法70の2の3）というものがあります。これは、その年1月1日から12月31日までの1年間に、受贈者1人に対して110万円以内の贈与であれば、贈与税はかからない、というものです。なお、この110万円の基礎控除額は、申告の有無に関係なく控除されます。つまり、1年間に110万円の基礎控除額以下の財産をもらえば、納付すべき贈与税額がないので申告をしなくても良いということになります。少額のものまで課税することは適当でないと考えられていることから、基礎控除が設けられているのです。しかし、110万円を超える財産をもらったときであっても納付すべき贈与税はゼロになることがあります。代表的な例は次の3つですが、申告をしなくてはいけません。

（イ）　夫婦間で居住用不動産または居住用不動産を取得するために金銭の贈与を受け配偶者控除を受ける場合

（ロ）　贈与税の課税方法で、相続時精算課税を選択する場合
（ハ）　非課税制度を利用した住宅取得等資金の贈与を受けた場合

(2)「1年間」と「受贈者1人について」

　110万円の基礎控除額のポイントは、「1年間」と「受贈者1人について」の2つです。以下でこの意味について説明します。

（イ）　その年1月1日から12月31日までの「1年間」で考えるので、Aさんから5月6日に100万、7月8日に50万をもらったBさんは、150円万をもらったことになり、Bさんには贈与税がかかります。

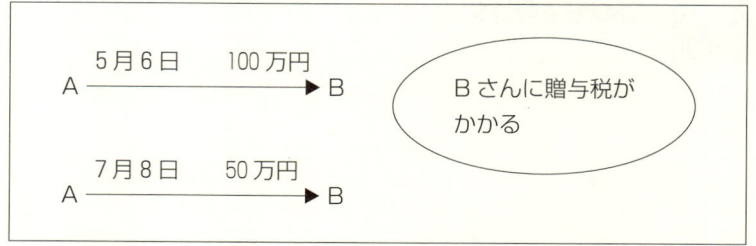

（ロ）　「受贈者1人について」で考えるので、Aさんから100万円、Bさんから50万円をもらったCさんは、150万円をもらったことになり、Cさんには贈与税がかかります。

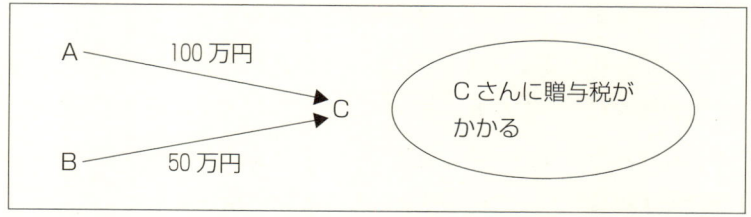

（ハ）　「受贈者1人について」で考えるので、Aさんが、Bさんに100万円、Cさんに50万円をあげた場合は、Bさん、Cさんが他に財産をもらっていなければ贈与税はかかりません。

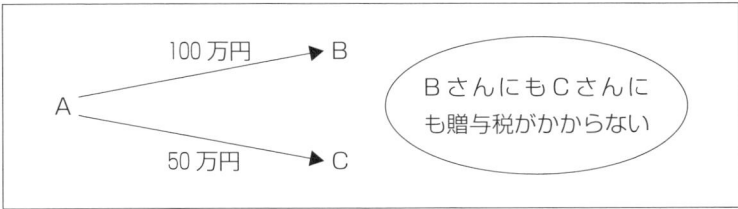

第4節 贈与税の計算と税率（暦年課税）

　贈与税の計算は、大きく2つの手順を踏んで計算します。1つ目は、課税価格の計算、そして2つ目は贈与税額の計算です。

(1) 課税価格の計算

　その年の1月1日から12月31日までの1年間に贈与によりもらった財産の価額を合計します。贈与税の課税価格とは、贈与により取得した財産の価額の合計額のことをいいます。

　「課税価格」＝「本来の贈与財産」＋「みなし贈与財産」−「非課税財産」

(2) 贈与税額の計算

　次に、先ほど計算した課税価格から、基礎控除額110万円をマイナスします。基礎控除額をマイナスした残高に、次ページの速算表の一定の税率をかけ、速算表の控除額を引きます（相法21の7）。その計算結果が、贈与税額となります。

贈与税の計算式は、次の式で表されます。

（課税価格－基礎控除額（110万円））×速算表の税率－速算表の控除額

【贈与税の速算表】（平成26年12月31日までの贈与）

基礎控除後の課税価格	税　　率	控　除　額
200万円以下	10%	0万円
200万円超～300万円以下	15%	10万円
300万円超～400万円以下	20%	25万円
400万円超～600万円以下	30%	65万円
600万円超～1,000万円以下	40%	125万円
1,000万円超	50%	225万円

 贈与財産の価額の合計が500万円の場合の贈与税額は？

　基礎控除後の課税価格　　500万円－110万円＝390万円
　贈与税額の計算　　390万円×20％－25万円＝53万円

(3) 外国税額控除

　贈与により外国にある財産を取得した場合において、その財産についてその国の法令により贈与税に相当する税が課せられたときには、上記 **(2)** で計算した金額から、次の（イ）、（ロ）のいずれか少ない額を控除した金額をもって、その納付すべき贈与税額とします（相法21の8）。

（イ）　外国において課せられた贈与税相当税
（ロ）　その者の贈与税額×（取得した外国財産の価額／その年分の贈与税の課税価格）

第5節 贈与は早めに計画的に

　相続税節税の有効な手段は、間違いなく生前贈与です。暦年課税方式の生前贈与を行うことによって相続財産を減らせば、結果的に相続税節税となります。生前に長期に贈与することにより財産を分散した場合としなかった場合とでは、相続税額に著しい差が生じることになります。

　なお、大型の生前贈与を行いますと、贈与税がものすごくかかりますので、こまめに行うことがポイントとなります。同じ金額の財産をもらうとしても、相続でもらうより贈与でもらう方が税金は高くなります。しかしながら、贈与は相続と違い、突然やってくるものではないため長期に計画的に行うことができます。長期に計画的に贈与をすることができるので、相続税と贈与税のトータルの税負担を圧縮でき節税できます。つまり、相続税の節税対策として、「生前贈与」は重要な鍵になります。

　例えば、贈与税の基礎控除額である110万円の範囲で贈与をしていたら、贈与税は無税で、相続財産を減らすことができます。ただし、相続財産がたくさんある場合、基礎控除額の範囲内で贈与をしていたら、たいして減らせないでしょう。そのような場合は、例えば、相続税の実効税率と贈与税の実効税率を比較して生前贈与を行うのも1つの方法でしょう。つまり、相続税の実効税率よりも低い贈与税の実効税率が適用される金額で、贈与をこまめに行うということになります。

　なお、相続で財産を取得した者が、被相続人の死亡前3年以内に被相続人から財産の贈与を受けている場合には、その財産を相続財産の価額に加算することになっています（相法19）。その意味でも、早めに贈与をするのが良いでしょう。

(参考)

【相続税の速算表】(平成26年12月31日まで)

法定相続分に応ずる取得金額	税　率	控　除　額
1,000万円以下	10%	0万円
1,000万円超～3,000万円以下	15%	50万円
3,000万円超～5,000万円以下	20%	200万円
5,000万円超～1億円以下	30%	700万円
1億円超～3億円以下	40%	1,700万円
3億円超	50%	4,700万円

第6節　個人・法人間の贈与

　贈与契約に関しては、民法上では個人間だけに限定しているわけではありません（民法549）。そのため、個人と法人、または法人間で贈与が行われることもあるということになります。

　贈与における個人と法人の関係は、以下の4つの形式に分類することができます。

　(1) 個人から個人への贈与、(2) 個人から法人への贈与、(3) 法人から個人への贈与、(4) 法人から法人への贈与、となります。

　形式によっては、贈与者と、受贈者の両者ともに税金がかかります。

(1) 個人から個人への贈与

受贈者である個人に贈与税が課されます。なお、基本的には、個人が財産をもらった場合には、その財産の増加によって所得が生じるため、所得税の課税原因となります。ただし、贈与税が課税されるため、重ねて所得税を課税しないこととされています（所法9①十六）。なお、贈与者である個人には税金がかかりません。

(2) 個人から法人への贈与

受贈者である法人には法人税の課税問題が生じます。財産を時価でもらったことになり、受贈益を計上することとなるからです（法法22②）。

また、贈与者である個人も、贈与財産が譲渡所得の基因となる資産（土地等）である場合には、財産を時価で渡したとしてみなされ譲渡所得税の問題が生じます（所法59）。

なお、同族会社に無償で財産の提供があった場合で株式等の価額が増加したならば、増加した部分に相当する金額を株主等は贈与によって取得したものとして取り扱われます（相基通9-2）。

(3) 法人から個人への贈与

贈与者である法人は、財産を時価で譲渡したものとみなして法人税の課税問題が生じます。仕訳は以下の通りになります。

貸方は、時価と取得価額との差額があれば「売却益」となります（法法22②）。また、借方は、個人が法人の役員や従業員である場合ならば給与になり、そうでなければ寄附金となり損金算入について制限されています（法法34、37）。

（借）　寄附金等　　×××　／　（貸）　土地　　×××
　　　　　　　　　　　　　　　　　　売却益　×××

11

一方、受贈者である個人には、贈与税は課税されずに所得税がかかります（相法21の3①一）。法人の役員や従業員である場合ならば「給与所得」になり、そうでなければ「一時所得」となり所得税が課されます（所法34①、所基通34-1（5））。

(4) 法人から法人への贈与

　贈与者である法人は、上記と同じように財産を時価で譲渡したものとみなして法人税の課税問題が生じます。受贈者である法人は、財産を時価でもらったことになり、受贈益を計上することで法人税の課税問題が生じます。

第7節　贈与によって取得した資産の取得時期と取得費

　個人から個人への単純贈与（無償譲渡）については、法人への贈与と違い、譲渡所得の課税が行われません（所法59①一）。受贈者である資産の譲受者が、贈与者であるその資産の譲渡者から、その資産の取得価額を引き継ぎ、譲渡所得の課税が繰り延べられるようになっています。贈与者に譲渡所得を課税することは、理論的にはともかく、一般の納税者からの理解を得がたいため、課税の繰り延べがされています。

　贈与者の取得時期及び取得費のいずれもが受贈者に引き継がれます（所法60、措令20②）。そのため、受贈者が贈与で取得した資産を、将来、譲渡した場合には、贈与者の資産の取得日及び取得費を基として、譲渡所得の金額を計算することになります。

なお、贈与の際に、受贈者が資産を取得するために通常必要と認められる費用を支出している場合には、その資産の取得費に算入することができます（所基通60-2、最高裁17.2.1第三小法廷判決）。例えば、贈与者の名義を受贈者に変更するため、不動産の場合は登記費用及び不動産取得税を、ゴルフ会員権の場合は名義書換手数料を支払うことになります。これらの受贈者（取得者）が自分の名義にするために支払った費用については取得費に含めることができます。

第8節　贈与税に関する平成25年度税制改正

　平成25年度税制改正は、相続税・贈与税に関しては大きな改正となりました。

(1) 贈与税の暦年課税制度の見直し

　贈与税の最高税率を相続税に合わせる一方で、高齢者の保有する資産を若年世代により早期に移転させ、その有効活用を通じて「成長と富の創出の好循環」につなげるため、子や孫等が受贈者となる場合の贈与税の税率構造を緩和する等の見直しが行われます。具体的には、税制改正により、贈与税の税率構造は次ページのようになります（改正法附則10②、措法70の2の4）。

① 　20歳以上の者が直系尊属から贈与を受けた財産に係る贈与税の税率構造
② 　上記①以外の贈与財産に係る贈与税の税率構造

【贈与税の速算表】

基礎控除後の課税価格	改正前 税率	改正前 控除額	改正後 ②右以外 税率	改正後 ②右以外 控除額	改正後 ①直系卑属 税率	改正後 ①直系卑属 控除額
200万円以下	10%	0万円	10%	0万円	10%	0万円
300万円〃	15%	10万円	15%	10万円	15%	10万円
400万円〃	20%	25万円	20%	25万円		
600万円〃	30%	65万円	30%	65万円	20%	30万円
1,000万円〃	40%	125万円	40%	125万円	30%	90万円
1,500万円〃	1,000万円超 50%	225万円	45%	175万円	40%	190万円
3,000万円〃			50%	250万円	45%	265万円
4,500万円〃			3,000万円超 55%	400万円	50%	415万円
4,500万円超					55%	640万円

　なお、上記の改正は、平成27年1月1日以後に贈与により取得する財産に係る贈与税について適用されます。

　改正後は、改正前と違い「(20歳以上の)子や孫などが受贈者となる場合と、それ以外との区別」がされていることがわかります。そもそも、贈与において「(20歳以上の)子や孫などが受贈者となる場合」が一般的なケースです。そのため、「それ以外」のケースは特に優遇する必要がありません。そのため、「それ以外」のケースでは、改正前と後では、そう変わらないことがわかります。

　では、「(20歳以上の)子や孫などが受贈者となる場合」の贈与税の税率構造をみてみます。少額な贈与でなければ、贈与税の税率構造が緩和されていることがわかります。

例えば、600万円の贈与を受けた場合、改正前の贈与税は82万円ですが、改正後は68万円となり、14万円の減税となります。また、1,000万円の贈与を受けた場合、改正前の贈与税は231万円ですが、改正後は177万円となり、54万円の減税となります。

ただし、基礎控除後の課税価格が300万円以下の贈与であるならば、改正前と同じ贈与税となります。つまり、410万円を超える贈与でなければ、改正による恩恵はないということになります。

なお、相続税において「基礎控除の引き下げ」と「税率構造の見直し」という改正があり、相続税の大増税となることが決定していますので、改正前から早めに贈与をすることが大事なこととなります。

(参考) 相続税の改正

下記は、平成27年1月1日以後の相続または遺贈により取得する財産に係る相続税について適用されます（改正法附則10①）。

① 相続税の基礎控除の改正

	改正前	改正後
相続税の基礎控除	5,000万円＋(1,000万円×法定相続人数)	3,000万円＋(600万円×法定相続人数)

② 相続税の税率構造

【相続税の速算表の改正】

法定相続分に応ずる取得金額	改正前 税率	改正前 控除額	改正後 税率	改正後 控除額
1,000万円以下	10%	0万円	10%	0万円
3,000万円〃	15%	50万円	15%	50万円
5,000万円〃	20%	200万円	20%	200万円
1億円〃	30%	700万円	30%	700万円
2億円〃	40%	1,700万円	40%	1,700万円
3億円〃	40%	1,700万円	45%	2,700万円
6億円〃	50%	4,700万円	50%	4,200万円
6億円超	50%	4,700万円	55%	7,200万円

(2) 相続時精算課税制度の適用要件の見直し

相続時精算課税制度の適用要件について、次の見直しが行われます（改正法附則10②、措法70の2の5）。

① 受贈者の範囲に、20歳以上である孫(改正前：推定相続人のみ)を追加
② 贈与者の年齢要件を60歳以上（改正前：65歳以上）に引下げ

なお、上記の改正は、平成27年1月1日以後に贈与により取得する財産に係る贈与税について適用されます。

	改正前	改正後
贈与者	65歳以上	60歳以上
受贈者	20歳以上である子	20歳以上である子、孫

以上のような、相続時精算課税制度の適用要件の見直しがされることにより、高齢者の保有資産の若年世代への早期移転が一層促進され、消費拡大や経済活性化につながるというわけです。

(3) 教育資金の一括贈与に係る贈与税の非課税措置
　「第10章　直系尊属から教育資金の一括贈与を受けた場合の贈与税の非課税」において詳しく説明しています。

(4) 国外財産に係る贈与税
　日本国内に住所を有しない個人で日本国籍を有しないものが、日本国内に住所を有する者から贈与により取得した国外財産について、贈与税の課税対象に加えられます。
　なお、上記の改正は、平成25年4月1日以後に贈与により取得する国外財産に係る贈与税について適用されます（改正法附則11）。

(5) 住宅取得等資金の贈与
　「直系尊属から住宅取得等資金の贈与を受けた場合の贈与税の非課税措置」及び「特定贈与者から住宅取得等資金の贈与を受けた場合の相続時精算課税の特例」について、次の措置が講じられました。
① 　適用対象となる中古住宅に係る地震に対する安全性に係る基準の適合要件を証する書類の範囲に、家屋が既存住宅売買瑕疵保険に加入していることを証する書類（加入後2年内のものに限ります）を加え、既存住宅売買瑕疵保険に加入している一定の中古住宅を適用対象に追加
② 　適用対象となる中古住宅に該当することを証する書類（耐震基準適合証明書）の証明者の範囲に、住宅瑕疵担保責任保険法人を追加するとともに、書類の様式についての見直し
　なお、上記の改正は、平成25年4月1日以後に取得をする中古住宅に

係る贈与税について適用されます（平成 25 年国土交通省告示第 335 号附則）。

(6) その他

① 特別障害者扶養信託契約に係る贈与税の非課税措置について、次の措置が講じられました。
（イ）適用対象者に、児童相談所、知的障害者更生相談所、精神保健福祉センターまたは精神保健指定医の判定により中軽度の知的障害者とされた者及び精神障害者保健福祉手帳に障害等級が 2 級または 3 級である者として記載されている精神障害者を加える。それらの者と特別障害者を総称して特定障害者とする。
（ロ）特定障害者のうち特別障害者以外の者（上記（イ）により加えられた者）に係る非課税限度額を 3,000 万円とする。
（ハ）特定障害者扶養信託契約（改正前：特別障害者扶養信託契約）の終了時期を、特定障害者（特別障害者または上記（イ）の者）の死亡の日（改正前：特別障害者の死亡後 6 月を経過する日）とする。

なお、上記の改正は、平成 25 年 4 月 1 日以後に贈与により財産を取得した者に係る贈与税について適用されます（改正法附則 14）。

② 非上場株式等に係る相続税・贈与税の納税猶予制度、いわゆる事業承継税制は、平成 21 年度の創設以来、当初想定していたほどには利用が進んでいない状況です（4 年間で相続税 381 件、贈与税 168 件の合計 549 件）。このため、この制度を使いやすくするための改正が行われます。

なお、改正は、所要の経過措置を講じた上で、原則として平成 27 年 1 月 1 日以後に相続もしくは遺贈または贈与により取得する財産に係る相続税または贈与税について適用されます（改正法附則 86）。

③ 農地等に係る相続税・贈与税の納税猶予制度について、営農困難時貸付けの適用を受けることができる事由に、上肢または下肢の一部の喪失等の農業に従事することが困難な故障が生じたことが加えられました。

なお、平成25年4月1日以後に行う営農困難時貸付けについて適用されます（改正措令附則26）。

第9節 贈与税の現状

(1) 贈与税の課税状況

下記は、贈与税の課税状況となっています。

【贈与税の課税状況の推移】

区分 年分	件数 (A)	取得財産価額 合計額 (B)	取得財産価額 1件当たり金額	贈与税額 納付税額 (C)	贈与税額 1件当たり金額	(C)/(B)	課税最低限 基礎控除	課税最低限 配偶者控除	相続時精算課税制度の特別控除
	件	億円	万円	億円	万円	%	万円	万円	万円
昭和63	459,789	11,098	241.1	1,285	28.0	11.6	60	2,000	
平成元	527,756	21,421	405.9	2,926	55.4	13.7	〃	〃	
2	583,693	25,684	440.0	3,430	58.8	13.4	〃	〃	
3	573,155	20,593	359.3	2,392	41.7	11.6	〃	〃	
4	541,503	16,471	304.2	1,619	29.9	9.8	〃	〃	
5	554,696	17,484	315.2	1,598	28.8	9.1	〃	〃	
6	529,567	15,266	288.2	1,312	24.8	8.6	〃	〃	
7	520,701	14,570	279.8	1,241	23.8	8.5	〃	〃	
8	512,070	14,586	284.9	1,335	26.1	9.1	〃	〃	
9	486,958	14,129	290.2	1,299	26.7	9.2	〃	〃	
10	455,118	13,010	285.9	1,166	25.6	9.0	〃	〃	
11	445,132	12,942	290.8	1,143	25.7	8.8	〃	〃	
12	414,828	11,974	288.6	955	23.0	8.0	〃	〃	
13	376,198	13,457	357.7	811	21.6	6.0	110	〃	
14	360,594	12,685	351.8	692	19.2	5.5	〃	〃	(制度創設)
15	403,651	23,081	571.8	877	21.7	3.8	〃	〃	2,500
内暦	327,144	11,468	350.6	671	20.5	5.9			
精	78,202	11,613	1,485.0	206	26.4	1.8			
16	403,814	23,101	572.1	966	23.9	4.2	〃	〃	〃
内暦	322,282	11,070	343.5	722	22.4	6.5			
精	83,690	12,030	1,437.5	244	29.2	2.0			
17	405,332	23,760	586.2	1,159	28.6	4.9	〃	〃	〃
内暦	325,925	11,547	354.3	834	25.6	7.2			
精	81,641	12,213	1,495.9	324	39.7	2.7			
18	369,763	20,288	548.7	1,183	32.0	5.8	〃	〃	〃
内暦	287,992	9,424	327.2	897	31.1	9.5			
精	83,290	10,864	1,304.4	286	34.4	2.6			
19	358,832	20,538	572.4	1,074	29.9	5.2	〃	〃	〃
内暦	270,857	8,660	319.7	799	29.5	9.2			
精	89,571	11,878	1,326.1	274	30.6	2.3			
20	325,060	17,581	540.8	1,039	32.0	5.9	〃	〃	〃
内暦	252,403	8,237	326.3	850	33.7	10.3			
精	74,138	9,344	1,260.4	189	25.5	2.0			

第1章　贈与税の基本

区分 年分	件　数 (A)	取得財産価額 合計額 (B)	取得財産価額 1件当たり金額	贈与税額 納付税額 (C)	贈与税額 1件当たり金額	(C)/(B)	課税最低限 基礎控除	課税最低限 配偶者控除	課税最低限 相続時精算課税制度の特別控除
21	310,944	16,299	524.2	1,018	32.7	6.2	〃	〃	〃
内暦	246,254	7,953	322.9	796	32.3	10.0			
精	66,505	8,347	1,255.1	222	33.4	2.7			
22	310,324	15,291	492.8	1,292	41.6	8.4	〃	〃	〃
内暦	261,143	9,004	344.8	1,093	41.8	12.1			
精	50,663	6,288	1,241.1	199	39.3	3.2			
23	340,243	16,248	477.6	1,362	40.0	8.4	〃	〃	〃
内暦	292,559	10,200	348.7	1,169	40.0	11.5			
精	49,204	6,048	1,229.2	193	39.3	3.2			

（備考）
1．この表の係数は、「国税庁統計年報書」による。
2．件数は、財産の贈与を受けた者のうち申告等のあった者の数である。
3．取得財産価額には更正・決定分を含む。また、贈与税額には納税猶予適用分を含まない。
4．内書の、「暦」は暦年課税分に係る計数であり、「精」は相続時精算課税分に係る計数である。

出典：財務省HPより（http://www.mof.go.jp/tax_policy/summary/property/154.htm）

　上表によると、平成23年は財産の贈与を受けた者のうち申告等のあった者の数は340,243件となっており、平成2年の583,693件に比べるとだいぶ減っている状況となっています。つまり、バブル崩壊とともに地価が下落し、相続税対策をしなくてもよい家庭が増え、結果、生前贈与もされなくなってきたということでしょう。ただし、平成27年より相続税大増税となるため、今後、贈与税の申告は増えていくものと思います。
　また、気になる点は相続時精算課税制度による申告が年々減少しているということです。今後、相続税の基礎控除額が引き下げられるので、さらに利用が難しくなるとも考えられます。

(2) 平成23年における課税状況

平成23年は財産の贈与を受けた者のうち申告等のあった者の数は財務省HPによれば340,243件となっていました。なお、①暦年課税分での申告は292,559件、②相続時精算課税分での申告は49,204件ということでした（①と②を重複する者あり）。

なお、元は国税庁統計年報書によるものですが、それによりますと「平成23年は財産の贈与を受けた者のうち申告等のあった者の数」とは、正確には「平成23年中に財産の贈与を受けた者のうち、申告義務のある者（住宅取得等資金の非課税制度適用後の残額について暦年課税のみを選択した者で、その残額が基礎控除を超えない者を除きます。）について、平成24年6月30日までの申告又は処理による課税事績を示したもの」となっています。そのため、住宅取得等資金の非課税制度適用者を加味すれば、実際に申告した者はもう少し多いということになります。

出典：国税庁HPより（http://www.nta.go.jp/kohyo/tokei/kokuzeicho/zoyo2011/pdf/06_kazeijokyo.pdf）

以下は、平成23年における課税状況です。

① 暦年課税分の課税状況

区　　分	人員（人）	金額（百万円）
取得財産価額（本年分）	292,559	1,020,029
配偶者控除額	14,043	180,697
基礎控除額	292,559	321,815
基礎控除後の課税価格	279,019	529,420
贈与税額	278,981	125,383
外国税額控除	2	1
外国税額控除後の額	278,981	125,382

② 相続時精算課税分の課税状況

区　　分	人員（人）	金額（百万円）
取得財産価額（本年分）	49,204	604,816
特別控除額	48,020	508,248
特別控除後の課税価格	3,496	96,571
贈与税額	3,494	19,340
外国税額控除	—	—
外国税額控除後の額	3,494	19,340

③ 住宅取得等資金の非課税制度の状況

区　　分	人員（人）	金額（百万円）
住宅取得等資金の金額	73,522	内　596,588 670,891

※金額欄の「内」は非課税の適用を受けた金額を示す。

(3) 平成23年における贈与財産の価額階級別と種類別の状況

① 平成23年における贈与財産の価額階級別の状況

　暦年課税分においては、贈与財産を150万円以下とする者が一番多いということになります。なお、基礎控除額110万円以下の贈与財産ならば、そもそも申告をしていないため、上記のデータには反映されていません。そのため、実際の贈与は圧倒的に150万円以下で行われているということになります。

　一方、相続時精算課税分においては、贈与財産を1,000万円超2,000万円未満が一番多いということになります。これは、2,500万円という特別控除額があるためでしょう。

取得財産価額階級	暦年課税分 人員 (人)	暦年課税分 取得財産価額 (百万円)	暦年課税分 外国税額控除後の額 (百万円)	相続時精算課税分 人員 (人)	相続時精算課税分 取得財産価額 (百万円)	相続時精算課税分 外国税額控除後の額 (百万円)
150万円以下	124,861	150,222	1,287	1,827	1,811	32
150万円超	35,626	65,484	2,621	1,570	2,841	22
200万円〃	76,660	223,592	14,210	6,440	19,677	84
400万円〃	32,722	167,120	17,694	10,257	55,790	145
700万円〃	8,627	72,831	10,854	9,427	84,038	160
1,000万円〃	9,423	135,671	14,294	12,808	186,457	560
2,000万円〃	3,767	83,157	6,645	5,121	123,312	745
3,000万円〃	428	16,209	6,625	1,108	42,058	2,530
5,000万円〃	270	19,059	8,730	383	26,094	3,382
1億円〃	143	24,009	11,538	175	27,930	4,804
3億円〃	30	11,895	5,698	22	8,197	1,539
5億円〃	20	13,542	6,704	7	4,723	910
10億円〃	12	15,650	7,786	5	6,368	1,254
20億円〃	4	9,697	4,837	1	2,143	429
30億円〃	3	11,829	5,906	3	13,128	2,626
50億円〃	―	―	―	―	―	―
合計	292,596	1,019,967	125,428	49,154	604,566	19,222

② 平成23年における贈与財産の種類別の状況

取得財産等の種類		暦年課税分		相続時精算課税分	
		人員	取得財産価額	人員	取得財産価額
		人	百万円	人	百万円
土地	田（耕作権及び永小作権を含む。）	2,184	6,492	1,709	8,674
	畑（耕作権及び永小作権を含む。）	2,044	5,166	1,552	6,016
	宅地（借地権を含む。）	55,981	265,671	23,054	211,209
	山林	2,089	3,152	1,231	2,514
	その他の土地	3,861	11,009	1,718	11,539
	計	63,150	291,490	25,560	239,952
家屋、構築物		25,031	59,271	13,170	38,347
事業・農業用財産	機械器具、農耕具、じゅう器、備品	47	89	40	123
	商品、製品、半製品、原材料、農産物等	18	28	17	123
	売掛金	31	59	13	63
	その他の財産	262	524	35	310
	計	347	700	91	618
有価証券	株式及び出資	57,637	225,985	2,089	76,611
	公債及び社債	393	2,321	97	1,412
	投資・貸付信託受益証券	348	1,138	100	1,242
	計	58,236	229,445	2,229	79,265

取得財産等の種類		暦年課税分 人員	暦年課税分 取得財産価額	相続時精算課税分 人員	相続時精算課税分 取得財産価額
		人	百万円	人	百万円
現金、預貯金等		146,934	344,752	19,006	222,911
家庭用財産		42	128	12	108
その他の財産	生命保険金等	5,523	36,512	590	8,710
	立木	134	151	77	97
	その他	18,937	57,517	1,569	14,557
	計	24,562	94,180	2,223	23,365
合計		292,596	1,019,967	49,154	604,566

　暦年課税分においては、贈与財産を現金、預貯金等とする者が一番多いということになります。一方、相続時精算課税分においては、土地とする者が一番多いということになります。

第1章 贈与税の基本

第10節 贈与税の税務調査の現状

　下記は、平成23事務年度(平成23年7月から平成24年6月までの間)に実施された実地調査の状況です。

出典：国税庁報道発表資料（プレスリリース）より(http://www.nta.go.jp/kohyo/press/press/2012/sozoku_chosa/index.htm)

	事務年度 項　目		平成22 事務年度	平成23 事務年度	対前事務 年度比
①	実地調査件数		件 4,881	件 5,671	％ 116.2
②	申告漏れ等の非違件数		件 4,554	件 5,331	％ 117.1
③	申告漏れ課税価格		億円 285	億円 280	％ 98.3
④	追徴税額		億円 92	億円 79	％ 86.6
⑤	実地調査1件 当たり	申告漏れ課税 価格（③／①）	万円 584	万円 494	％ 84.6
⑥		追徴税額 （④／①）	万円 188	万円 140	％ 74.5

(1) 贈与税に係る調査事績

平成23事務年度における実地調査の件数は5,671件（前事務年度4,881件）、このうち申告漏れ等の非違があった件数は5,331件（前事務年度4,554件）であり、非違割合は極めて高い数値となっています。

(2) 調査事績に占める無申告事案の状況（平成23事務年度）

① 「申告漏れ等の非違件数」の状況

平成23事務年度における申告漏れ等の非違件数は5,331件でしたが、内訳は申告有が17.7％、無申告が82.3％でした。

② 「申告漏れ課税価格」の状況

平成23事務年度における申告漏れ課税価格は280億円でしたが、内訳は申告有が13.9％、無申告が86.1％でした。

(3) 調査事績に係る申告漏れ財産の内訳（平成23事務年度）

平成23事務年度における申告漏れ課税価格は280億円でしたが、申告漏れ財産の内訳は以下のとおりでした。

申告漏れ財産	申告漏れ課税価格 約 億円	構成比 ％
土地	22	7.9
家屋	3	1.2
有価証券	25	8.8
現金・預貯金等	177	63.3
その他	52	18.7
合計	280	100

第2章

民法上の贈与と税

第2章 民法上の贈与と税

第1節 贈与とは

　贈与とは、当事者の一方が自己の財産を無償で相手方に与える意思を表示し、相手方がこれを受諾することによって成立する契約をいいます（民法549）。贈与は、贈与者だけが債務を負担するという片務契約であり、給付に対価を伴わない無償契約となります。

　なお、贈与者が一方的に「あげる」という意思表示だけで受贈者に権利が移転するものではなく、受贈者の「もらいます」という意思表示も必要な双方合意で成立する諾成契約となります。そのため、子供が知らないような親から子供への贈与は、当然に成立しないということになります。

　贈与の意思表示は口頭でも書面でもかまいません。なお、書面によらない単なる口頭の贈与は効力が弱く、当事者が撤回することができます。ただし、すでに履行が終わった部分については撤回することができません（民法550）。例えば、100万円の贈与をする契約を口頭でし、60万円を渡した場合は、残りの40万円については撤回することができますが、すでに渡した60万円については返せとはいえません。

　贈与は無償契約であり、原則として贈与者は担保責任を負いません。ただし、贈与者が瑕疵または不存在を知りながら受贈者に告げなかったときには担保責任を負います（民法551①）。

贈与の意思表示		撤回可否
口頭	履行未了	撤回可能
	履行終了	撤回不可
書面		

なお、贈与は相続と密接に関係しており、本来ならば、財産が相続で移転するところ、あらかじめ贈与により財産を移転してしまうことが行われています。そのため民法上、贈与は、相続における特別受益、遺留分算定の基礎財産に影響を与えることになります。また、税法上においては、相続税、贈与税ともに相続税法という同じ法律で取り扱われています。

　なお、民法上の特殊な贈与として、定期贈与、負担付贈与、死因贈与というものもあります。

第2節　贈与の「証拠づくり」

(1) 内　容

　生前贈与をうまく活用することにより、相続税と贈与税を合わせた総額の税金を安くすることができます。しかし、贈与は、双方の合意が必要です。ですから、「あげます」「はい、いただきます」という意思があったことを、証拠として残しておく必要があります。証拠がないと、将来の相続時や税務調査でトラブルになったときに説明がしづらいでしょう。せっかくの節税対策がムダになってしまう可能性もあります。そのため、贈与の「証拠づくり」は非常に重要なことなのです。以下に具体的な証拠づくりについて説明しますが、あくまでも、当事者双方の合意があるということが大前提であり、一番重要です。

(2) 証拠づくりの具体的な方法

(イ) 贈与契約書

　贈与の意思表示は口頭でも書面でもかまいません。しかしながら、書面によらない単なる口頭の贈与は、当事者が撤回することができます。また、口頭の贈与ですと、その後何かがあった時に証明しづらく、争いが起きる場合もあり得ます。お互いの合意があったことを証明する確実な方法は贈与契約書をつくることです。そのため、贈与における当事者の意思を示した贈与契約書を作成することは基本中の基本ともいえます。

　贈与契約書に贈与者と受贈者が署名捺印します。捺印する印鑑は実印が望ましく、各自が保管をします。

　この贈与契約書は、毎年贈与をするならば毎年作る必要があります。できれば公証役場に行って、公証人に確定日付を付してもらい、公的に日付を証明してもらうのがよいでしょう。

　なお、贈与契約においては、譲渡の対価たる金額はないため、契約金額はないものとして取り扱います（印基通23(1)ホ(注)）。そのため、贈与契約書に貼る収入印紙は200円となります（印法別表第一（第1号の1文書））。

(ロ) 贈与税の申告をする

　贈与税の申告の有無と贈与の有無とは直ちに結びつくものではありませんが、あえて年110万円（基礎控除額）より多く贈与するという方法もあります。そして、贈与税の申告をして税金を払います。この方法でも、贈与の証拠を残すことができます。110万円より多い金額といっても、少し超えていれば十分です。110万円を少し超えた金額の贈与をして、少しだけ税金を納めるのです。

(ハ) お金の管理をキチンとする

　できれば現金でのやりとりではなく、贈与者・受贈者の預金口座を通した方が良いでしょう。現金でもらい、証拠資料として贈与契約書しかない場合は、後から贈与契約書をつくったのではないかと疑われることを防止

するためです。

　まず、受贈者は自分の名義の口座をつくっておきます。なぜなら、自分名義以外の口座にお金を振り込まれても、自分のもらったお金であると証明することは難しいからです。

　そして、贈与者の銀行口座から受贈者本人の銀行口座へ贈与する金額を振り込みます。次に、受贈者が自分自身で通帳や印鑑等を保管します。

　また当たり前のことですが、受贈者の銀行に届出をする印鑑は、贈与者の印鑑とは別である必要があります。

　なお、相続税の税務調査でよく問題となるのが、いわゆる「名義預金」です。子供や妻の名義の預金であるが、実質は亡くなった夫の預金であると指摘されるような場合です。「名義預金」とされると、相続財産が増え、結果的に、相続税が増えることになります。ですから、名義預金と当局に指摘されるようなことがないように注意が必要です。

(二) 名義変更は忘れずに

　不動産や株式等については、贈与の日が明確でないものについては、その登記や登録のあった日に贈与があったとみなされます。例えば、不動産については、贈与契約書をつくっていても、そのまま登記をしていないと、贈与と認められないおそれがあります。また、家賃収入のある不動産の贈与を受ければ、その後の家賃収入は不動産を贈与された人のものになり、所得税の確定申告が必要になります。

(3) 贈与契約書のサンプル

贈与契約書

　贈与者○○を甲とし、受贈者△△を乙として、甲乙間で次のとおり贈与契約を締結した。

　第1条　甲はその所有する下記の財産を乙に贈与することとし、乙はこれを承諾した。
　　現金100万円

　第2条　甲は上記財産を平成○年○月○日までに乙に引き渡すこととする。

　以上の契約を証するため本書2通を作成し、甲乙署名捺印のうえ、各自その1通を保有する。

平成○年○月○日

　　　　　　　　甲　（住所）東京都港区六本木○丁目○番○号
　　　　　　　　　　（氏名）　○○　○○　　印

　　　　　　　　乙　（住所）東京都港区六本木○丁目○番○号
　　　　　　　　　　（氏名）　△△　△△　　印

贈与契約書

　贈与者○○を甲とし、受贈者△△を乙として、甲乙間で次のとおり贈与契約を締結した。

　第1条　甲はその所有する下記の財産を乙に贈与することとし、乙はこれを承諾した。
　（1）土地
　　　　所在　東京都港区六本木○○
　　　　地番　○番○
　　　　地目　宅地
　　　　地積　○平方メートル
　（2）建物
　　　　所在　東京都港区六本木○○
　　　　家屋番号　○番○
　　　　種類　居宅
　　　　構造　木造スレート葺2階建て
　　　　床面積　1階　○平方メートル
　　　　　　　　2階　○平方メートル

　第2条　甲は上記財産を平成○年○月○日までに乙に引き渡すこととする。

　以上の契約を証するため本書2通を作成し、甲乙署名捺印のうえ、各自その1通を保有する。

平成○年○月○日

　　　　　　　　　甲（住所）東京都港区六本木○丁目○番○号
　　　　　　　　　　（氏名）　○○　○○　　　　印

　　　　　　　　　乙（住所）東京都港区六本木○丁目○番○号
　　　　　　　　　　（氏名）　△△　△△　　　　印

(4) 未成年者への贈与

　民法では受贈者の年齢制限を設けていません。教育資金の贈与等、今後、未成年者への贈与も増えるでしょう。

　成年（20歳、民法4）に達しない子は、父母の親権に服することになっています（民法818①）。なお、未成年者が婚姻をしたときは、成年に達したものとみなします（民法753）。つまり、結婚をしていない20歳未満の者は、父母の親権に服するというわけです。

　親権は、父母の婚姻中は父母が共同して行うのが原則です（民法818③）。なお、父母が協議上の離婚をするときは、その協議で、その一方を親権者と定めなければなりません（民法819①）。また、裁判上の離婚の場合には、裁判所が、父母の一方を親権者と定めます（民法819②）。

　親権を行う者は、子の財産を管理し、かつ、その財産に関する法律行為についてその子を代表します（民法824）。なお、親権を行う父または母とその子との利益が相反する行為については、親権を行う者は、その子のために特別代理人を選任することを家庭裁判所に請求しなければならないとなっています（民法826①）。

　贈与者が親権者以外であるならば、贈与契約は受贈者にとって一方的に有利な契約であるため、当然に利益相反行為にあたりません。また、贈与者が親権者である場合は、形式的には自己契約となりますが、実質的には利益相反行為にあたらないと解せます。よって、未成年の子に対する贈与は利益相反行為に該当しないため、特別代理人はいらず、親権者が受諾すれば未成年の子が贈与の事実を知っていたかどうかにかかわらず贈与契約は成立するということになります。

　以下、『民法Ⅳ［補訂版］親族・相続』内田貴著（東京大学出版会）p228より引用。
「親権者が子に贈与をする場合は、形式的には自己契約であるが、子に一

方的に有利な契約であるから実質的には利益相反行為にあたらないと解してよい」

① 乙が未成年で自ら署名できる場合

贈与契約書

　贈与者　山田　祖太郎　を甲とし、受贈者　山田　一郎　を乙として、甲乙間で次のとおり贈与契約を締結した。

記

　第1条　甲は現金100万円を乙に贈与することとし、乙はこれを承諾した。

　第2条　甲は、第1条に基づき贈与した現金を、平成○年○月○日までに、乙が指定する銀行預金口座に振り込むものとする。

　以上の契約を証するため本書2通を作成し、甲乙双方および乙の法定代理人が署名捺印のうえ、各自その1通を保有する。

平成○年○月○日

　　　　　　　　甲　（住所）　東京都港区赤坂○丁目○番○号
　　　　　　　　　　（氏名）　山田　祖太郎　　印

　　　　　　　　乙　（住所）　東京都港区六本木○丁目○番○号
　　　　　　　　　　（氏名）　山田　一郎　　印

　　　　　乙の親権者　（住所）　東京都港区六本木○丁目○番○号
　　　　　　　　　　（氏名）　山田　太郎　　印

　　　　　乙の親権者　（住所）　東京都港区六本木○丁目○番○号
　　　　　　　　　　（氏名）　山田　花子　　印

② 乙が未成年で自ら署名できない場合

贈与契約書

　贈与者　山田 祖太郎　を甲とし、受贈者　山田 一郎　を乙として、甲乙間で次のとおり贈与契約を締結した。

記

　第1条　甲は現金100万円を乙に贈与することとし、乙はこれを承諾した。

　第2条　甲は、第1条に基づき贈与した現金を、平成○年○月○日までに、乙が指定する銀行預金口座に振り込むものとする。

　以上の契約を証するため本書2通を作成し、甲乙双方および乙の法定代理人が署名捺印のうえ、各自その1通を保有する。

平成○年○月○日

　　　　　　　　　甲　（住所）　東京都港区赤坂○丁目○番○号
　　　　　　　　　　　（氏名）　　山田 祖太郎　　　印

　　　　　　　　　乙　（住所）　東京都港区六本木○丁目○番○号
　　　　　　　　　　　（氏名）　山田 一郎　　法定代理人
　　　　　　　　　　　　　　　　　山田 太郎　　　印

第3節　定期贈与

(1) 内容

　贈与者が受贈者に対して定期的に給付することを約束する場合を定期贈与といいます。例えば、「毎年100万円ずつ20年間にわたって贈与する」などです。なお、贈与者または受贈者の死亡によって失効します(民法552)。通常、このような定期贈与は、贈与者、受贈者間の特別な関係に基づくものであり、贈与契約の効力を贈与者、受贈者の相続人にまで及ぼすべきではないと考えられるからです。

(2) 定期贈与と贈与税

　個人から個人への定期贈与の場合は、受贈者に贈与税がかかります。課税価格は定期金に関する権利（相法24）の価額となります。

　なお、あらかじめ当事者が定期贈与をしているという認識であるならば、受贈者は定期金に関する権利の贈与を課税価格として、申告、納税をすると思います。しかし、そのような場合ではなく、仮に、「結果的に、毎年100万円ずつ10年間にわたって贈与してきた」というような場合です。このような場合はどうであるかということです。

　まず、以下の国税庁タックスアンサーをあげたいと思います。

第2章　民法上の贈与と税

▶国税庁タックスアンサーNo.4402：贈与税がかかる場合―毎年、基礎控除額以下の贈与を受けた場合

> **Q** 親から毎年100万円ずつ10年間にわたって贈与を受ける場合には、各年の受贈額が110万円の基礎控除額以下ですので、贈与税がかからないことになりますか。
>
> **A**
>
> 　各年の受贈額が110万円の基礎控除額以下である場合には、贈与税がかかりませんので申告は必要ありません。
>
> 　ただし、10年間にわたって毎年100万円ずつ贈与を受けることが、贈与者との間で約束されている場合には、1年ごとに贈与を受けると考えるのではなく、約束をした年に、定期金に関する権利（10年間にわたり毎年100万円ずつの給付を受ける権利）の贈与を受けたものとして贈与税がかかりますので申告が必要です。
>
> 　なお、その贈与者からの贈与について相続時精算課税を選択している場合には、贈与税がかかるか否かにかかわらず申告が必要です（相法24、相基通24−1）。

　以上、タックスアンサーにおいて書かれていることは「10年間にわたって毎年100万円ずつ贈与を受けることが贈与者との間で約束されている場合には、定期金に関する権利の贈与を受けた」ことになるということです。つまり、「10年間にわたって毎年100万円ずつ贈与を受けていた場合には、定期金に関する権利の贈与を受けた」ことになるとは書かれていません。また、そのことに関する法令、通達も見当たりません。

　そのため、10年間にわたって毎年100万円ずつ贈与をすることを最初から決められているわけではなく、10年間における贈与で、その毎年の

贈与の都度、当事者が100万円の贈与をするという意思表示をしているのであれば、定期金に関する権利の贈与を受けたということにはならないと思います。なお、贈与をする時期や金額を毎年ごとに変えることによることが、納税者の「定期金に関する権利の贈与」への危惧懸念が和らぐようであるならば、そのように贈与をすることは無駄にはならないでしょう。

第4節　負担付贈与

(1) 民法上の負担付贈与

① 内　容

　負担付贈与とは、受贈者に目的物の対価とまではいえない程度の債務を負担させることを条件にした財産の贈与をいいます。例えば、5億円の土地を贈与する代わりに借入金3億円を負担させる場合などです。

　贈与者は、その負担の限度において、売主と同じ担保の責任を負います（民法551②）。また、売買等双務契約に関する規定を準用します（民法553）。双務契約とは、贈与者と受贈者が互いに対価的意義を有する債務を負担する契約をいいます。受贈者が負担を履行しない場合は、贈与者は契約を解除することができます（民法541等準用）。

　本来、贈与者の給付と受贈者の負担の給付は、売買のように対価的関係はありません。しかし実際には、負担の範囲内で両者は対価的関係にあります。そのため、双務契約の規定が準用されるのです。

② 負担付贈与の受益者

負担付贈与の受益者は一般的に、契約当事者である贈与者であることが多いですが、契約当事者以外の第三者でもかまいません。

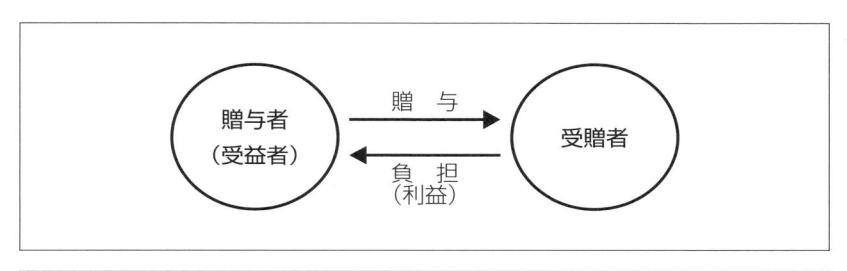

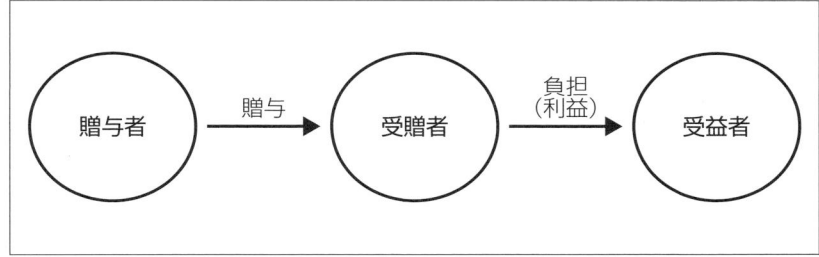

```
    贈　与
贈与者 ────────→ 受贈者
(受益者) ←──────── 
    負　担
    (利益)
```

```
         贈与         負担
贈与者 ──────→ 受贈者 ──(利益)──→ 受益者
```

(2) 負担付贈与における贈与税の課税価格

① 内　容

個人が個人から負担付贈与を受けた場合は、贈与財産の価額から負担額を控除した価額が課税価格となります（相基通21の2-4）。

なお、この場合の課税価格は、贈与された財産が土地、借地権、家屋や構築物等、不動産である場合には、その贈与時における通常の取引価額に相当する金額から負担額を控除した価額によることになっています（平成元年3月29日付直評5・直資2-204）。不動産の通常の取引価額と相続税評価額との開きに着目しての贈与税の税負担回避行為に対して、このような措置が講じられているのです。

贈与された財産が上記の財産以外のものである場合は、その財産の相続

税評価額から負担額を控除した価額となります。なお、負担付贈与で取得した上場株式は、その株式が上場されている金融商品取引所の公表する課税時期の最終価格によって評価します（評基通169（2））。

② 計算例

> **Q** 平成24年中に、長男Aは父甲から時価1,500万円、相続税評価額1,000万円の土地の贈与を受ける代わりに、父甲の借入金1,000万円を負担することとしました。この場合の長男Aの贈与税はいくらでしょうか？　他に贈与はありません。
>
> **A**
> 1,500万円（通常の取引価額）－1,000万円（負担額）
> ＝500万円（課税価格）
> 500万円（課税価格）－110万円（基礎控除額）
> ＝390万円（基礎控除後の課税価格）
> 390万円（基礎控除後の課税価格）×20％－25万円＝53万円（贈与税額）

(3) 負担額が第三者の利益に帰すとき

① 内　容

　負担付贈与があった場合において負担額が第三者の利益に帰すときは、その第三者が負担額に相当する金額を、贈与によって取得したこととなります。この場合において、負担が停止条件付のものであるときは、その条件が成就した時に負担額相当額を贈与によって取得したことになります（相基通9-11）。

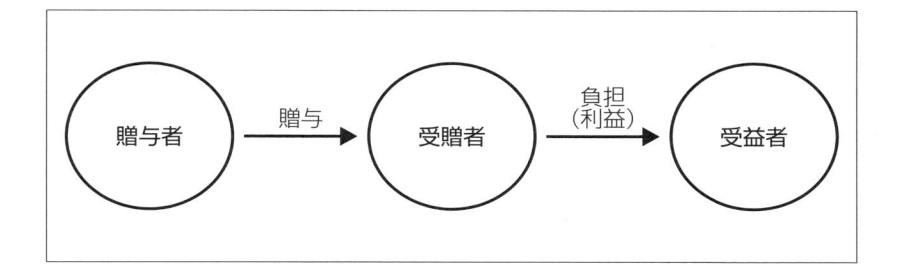

```
┌─────────────────────────────────────────────────────────┐
│                            負担                          │
│    ┌─────┐   贈与   ┌─────┐  (利益)  ┌─────┐            │
│    │贈与者│ ───────→ │受贈者│ ───────→ │受益者│            │
│    └─────┘          └─────┘          └─────┘            │
└─────────────────────────────────────────────────────────┘
```

② 計算例

Q 平成24年中に、長男Aは父甲から時価1,500万円、相続税評価額1,000万円の土地の贈与を受ける代わりに、次男Bの借入金1,000万円を負担することとした場合の次男Bの課税価格はいくらでしょうか？ 他に贈与はありません。

A

　次男Bが長男Aの負担する金額を、贈与によって取得したこととなります。よって、次男Bの課税価格は1,000万円。

(4) 負担付贈与と譲渡所得

① 内　容

　資産の譲渡があった場合には、棚卸資産等を除き譲渡所得として所得税が課税されます（所法33①②）。なお、譲渡所得の収入金額とは、資産の譲渡によって、その年において収入すべきことが確定した金額となります（所法36①）。なお、収入すべき金額には、金銭による収入のほか、金銭以外の物または権利その他経済的な利益をもって収入する場合も含まれるとされています（所法36①カッコ書）。

　個人から個人への単純贈与（無償譲渡）については、法人への贈与と違

い、譲渡所得の課税が行われません（所法59①一）。受贈者である資産の譲受者が、贈与者であるその資産の譲渡者から、その資産の取得価額を引き継ぎ、譲渡所得の課税が繰り延べられるようになっています。贈与者に譲渡所得を課税することは、理論的にはともかく、一般の納税者からの理解を得がたいため、課税の繰り延べがされています。

　しかし、贈与者が受益者となる負担付贈与の場合は、受贈者が贈与者の代わりに債務を負担することになりますので、その分について贈与者は経済的利益を得ることになります。よって、負担してもらう債務の額が譲渡の対価の金額として譲渡所得の収入金額となると考えられ、譲渡所得の課税対象となります（参考：最高裁・昭和63.7.19-最高裁昭和61年（行ツ）第38号）。

　ただし、負担してもらう債務の額が、贈与資産の時価の2分の1未満で、かつ、その資産の取得費及び譲渡費用の額の合計額に満たない場合（譲渡損が生じる場合）には譲渡所得はなかったものとみなされます（所法59②、所令169）。

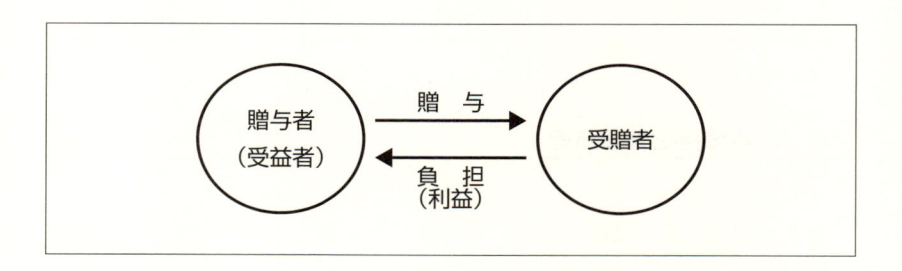

　一方、第三者が受益者となる負担付贈与の場合は、贈与者は金銭等経済的利益を得ていません。よって、単純贈与の場合と同様に、贈与者については譲渡所得の課税は行われないと考えられます。

　ただし、受益者となる第三者が、受贈者の有する「譲渡所得の基因となる資産」を取得・受益する場合には、受贈者については譲渡所得の課税関

係が生じることになります。なお、譲渡所得の基因となる資産とは、棚卸資産等、所得税法第33条第2項各号に規定する資産及び金銭債権以外の一切の資産をいいます（所基通33-1）。

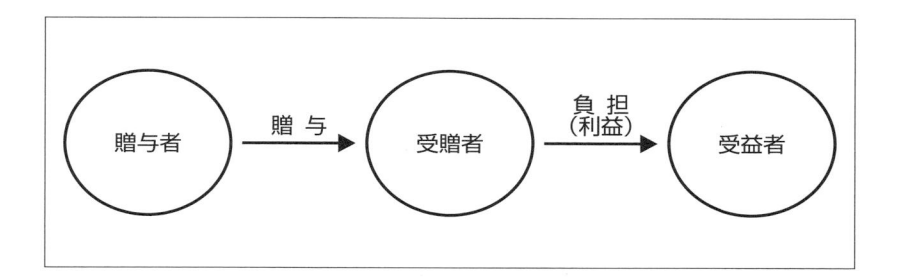

```
贈与者 ──贈与→ 受贈者 ──負担(利益)→ 受益者
```

② 計算例

計算例 1

Q1 平成24年中に、長男Aは父甲から時価1,500万円、相続税評価額1,000万円の土地の贈与を受ける代わりに、父甲の借入金1,000万円を負担することとしました。この土地を、父甲は500万円で取得していました。この場合の父甲の譲渡所得はいくらでしょうか？　譲渡費用はなし。

A1
1,000万円（収入金額）－500万円（取得費）＝500万円（譲渡益）

47

> **計算例 2**
>
> **Q2** 平成 24 年中に、長男 A は父甲から時価 1,500 万円、相続税評価額 1,000 万円の土地の贈与を受ける代わりに、父甲の借入金 300 万円を負担することとしました。この土地を、父甲は 500 万円で取得していました。この場合の父甲の譲渡所得はいくらでしょうか？　譲渡費用はなし。
>
> **A2**
> 300 万円（収入金額）－500 万円（取得費）＝－200 万円（譲渡損失）
>
> 　ただし、負担してもらう債務の額 300 万円が、贈与資産の時価 1,500 万円の 2 分の 1 未満であるため、この譲渡損失の金額はなかったものとされます。

(5) 負担付贈与と取得費・取得日

　受贈者が資産を贈与により取得した場合の取得費は、贈与者がその資産を買い入れたときの購入代金や購入手数料等を基に計算します（所法60①一）。取得の時期も、贈与者の取得時期がそのまま受贈者に引き継がれます。つまり、贈与者の取得費・取得時期が受贈者に引き継がれます。

　なお、「所得税法60条1項1号にいう「贈与」には贈与者に経済的な利益を生じさせる負担付贈与を含まないと解するのを相当」（最高裁・昭和63.7.19-最高裁昭和62年（行ツ）第142号）であると考えられます。

　また、負担する債務の額が、その贈与により取得した資産の時価の2分の1未満で、かつ、その資産の取得費及び譲渡費用の額の合計額に満たない場合には贈与者において譲渡所得はなかったものとみなされます（所法59②、所令169）ので、このような場合も贈与者の取得費・取得時期を引き継ぐことになります（所法60①二）。

つまり、前述した「負担付贈与と譲渡所得」において、資産の贈与（譲渡）があったときに譲渡所得課税がされない場合（旧所有者に帰属した増加益が精算されない場合）に、贈与者からの取得費、取得時期を受贈者は引き継ぐことになります。そして、それ以外のときはその贈与があったときに、その負担額によってその資産を取得したこととなります。

○ 贈与者・受贈者ともに個人である場合の、贈与者の譲渡所得

			贈与者の譲渡所得	受贈者の取得費・取得時期
単純贈与			なし	贈与者から取得費・取得時期を引き継ぐ
負担付贈与	第三者が受益者			
	贈与者が受益者	債務の額が、贈与資産の時価の２分の１以上	あり	負担した債務の額が取得費、贈与者から取得した時が取得時期
		債務の額が、贈与資産の時価の２分の１未満　譲渡益		
		譲渡損	なかったものとみなされる	贈与者から取得費・取得時期を引き継ぐ

(6) 裁判例・裁決例

　ケース

負担付贈与における取得時期・取得価額の引き継ぎ
昭60-03-14 静岡地裁（棄却）（原告控訴）
・tainz コード Z144-5488
昭62-09-09 東京高裁（棄却）（控訴人上告）
・tainz コード Z159-5968
昭63-07-19 最高裁（棄却）（確定）
・tainz コード Z165-6145

事案の概要

——①Xは、H競艇企業団が経営するH競艇場の敷地に近接して養鰻池を所有し、養鰻業を経営する者である。Xは、昭和52年1月10日付証書により、A、B、C（原告、控訴人、上告人）3名との間で、次のとおりの内容の土地所有権移転契約を締結した。

(a) A（Xの妻）関係

Xは所有する土地甲の2分の1の共有持分を同日付でAに譲渡する。Aは、Xの第三者に対する債務のうち1,000万円の債務につき、Xに代わって支払う。

(b) B（Xの長女）関係

Xは所有する土地乙の2分の1の共有持分を同日付でBに譲渡する。Bは、Xの第三者に対する債務のうち800万円の債務につき、Xに代わって支払う。

(c) C（Xの次女）関係

Xは所有する土地乙の2分の1の共有持分を同日付でCに譲渡する。Cは、Xの第三者に対する債務のうち800万円の債務につき、Xに代わって支払う。

②同年4月7日、8日に各契約に基づく贈与を原因とする所有権移転登記が、それぞれ経由された。

③その後、A、B、Cは、訴外H競艇企業団との間で、本件土地所有権移転契約によってXから譲り受けた土地の各共有持分を、Aは代金5,874万288円で、B及びCはいずれも代金4,901万8,378円で、それぞれ競艇企業団に売却する旨の契約を締結し、同年9月9日、競艇企業団から代金の支払いを受けた。

④そして、A、B、Cは、同月24日までに、本件土地所有権移転契約中の前記負担の特約に基づいて、Xの第三者に対する債務の弁済をした（Aは1,000万円、Bは800万円、Cは800万円）。

⑤ A、B、Cは、本件土地は、贈与により取得した資産であるから、本件土地を売却したことによってA、B、Cに生じた譲渡所得の金額の計算につき、所得税法60条1項の適用があり、贈与者であるXの取得時期、取得価額の引き継ぎが行われるものとして、租税特別措置法31条所定の長期譲渡所得の課税の特例が適用されるとして所得税の確定申告を行った。

⑥ これに対して、H税務署長は、昭和55年1月25日、A及びBに対し、また、K税務署長は、同年4月10日、Cに対し、A、B、Cが取得した土地の取得時期は、Xと契約により取得した昭和52年であり、その取得価額はA、B、CがXに代わって支払った債務の額に相当する金額であるとした。よって、譲渡所得には措置法31条所定の長期譲渡所得の課税の特例は適用されず、同法32条所定の短期譲渡所得の課税の特例が適用されることを理由に、譲渡所得の金額及び納付すべき税額を更正し、かつ、過少申告加算税を賦課する決定をした。

控訴審判決要旨（東京高裁）

――本件土地所有権移転契約は負担付贈与契約であると認めるのが相当である。

所得税法33条1項の譲渡所得課税は、資産の値上りによりその資産の所有者に帰属する増加益を所得として、その資産が所有者の支配を離れて他に移転するのを機会に、これを精算して課税する趣旨のものであるから、同条項にいう資産の譲渡は、有償譲渡に限られるものではなく、贈与その他の無償の権利移転行為を含むものと解することができる（最高裁昭和50年5月27日判決、民集29巻5号641頁参照）。

所得税法60条1項は、同項各号に定める場合にその時期には譲渡所得課税をしないこととし、その資産の譲受人が後にこれを譲渡し、譲渡所得課税を受ける場合に、譲渡所得の金額を計算するについて、譲受人が譲渡人の取得時から引続きこれを所有していたものとみなし、譲渡人が取得し

た時にその取得価額で取得したものとし、いわゆる取得価額の引き継ぎによる課税時期の繰り延べをするものである。

　所得税法60条1項による課税時期の繰り延べが認められるためには、同条項の趣旨から、資産の譲渡があっても、その時期に譲渡所得課税がされない場合でなければならないところ、負担付贈与においては、贈与者に同法36条1項に定める収入すべき金額等の経済的利益が存する場合があり、この場合には、同法59条2項に該当するかぎりは、同項に定めるところに従って譲渡損失も認められない代りに、同法60条1項2号に該当するものとして、譲渡所得課税を受けないが（つまり、この時期において資産の増加益の精算をしないのであるが）、それ以外は、一般原則に従いその経済的利益に対して譲渡所得課税がされることになるのであるから、右の課税時期の繰り延べが認められないことは明らかである。

　所得税法60条1項の「贈与」とは、単純贈与と贈与者に経済的利益を生じない負担付贈与をいうものといわざるを得ない。

　以上のとおりであるから、負担付贈与により資産の譲渡があった場合において贈与者に収入すべき金員その他の経済的利益があるときは、同法60条1項1号の適用はなく、同項2号の適用の有無が問題となるにすぎないものと解することができる。よって、本件更正処分及び過少申告加算税の賦課決定処分に違法はない。

上告審判決要旨（最高裁）

　——受贈者たる上告人らに訴外Xの合計2,600万円の債務の履行を引き受けさせた本件土地所有権（共有持分）移転契約は負担付贈与に当たるところ、所得税法60条1項1号にいう「贈与」には贈与者に経済的な利益を生じさせる負担付贈与を含まないと解するのを相当とし、かつ、右土地所有権（共有持分）移転契約は同項2号の譲渡に当たらないから、上告人らの昭和52年分の譲渡所得については、同項が適用されず、結局、租税特別措置法（昭和55年法律第9号による改正前のもの）32条所定の短期

譲渡所得の課税の特例が適用されるとして、本件更正処分及び過少申告加算税の賦課決定処分に違法はないとした原審の認定判断は、原判決挙示の証拠関係及び説示に照らし、正当として是認することができる。原判決に所論の違法はなく、右違法のあることを前提とする所論違憲の主張も失当である。論旨は、ひっきょう、独自の見解に立って原判決を非難するものにすぎず、採用することができない。

> 関連訴訟

Xの譲渡所得課税については、A、B、Cが引き受けたXの債務2,600万円が収入すべき経済的な利益の額であり、また譲渡所得の計算上、控除すべき取得費及び譲渡費用の合計額に満たない場合ではないと、課税処分は適法とされた。

・S60-03-14 静岡地裁（棄却）（原告控訴）tainz コード Z144-5489
・S60-12-17 東京高裁（棄却）（控訴人上告）tainz コード Z147-5652
・昭 63-07-19 最高裁（棄却）（確定）tainz コード Z165-6144

第5節 死因贈与

(1) 内容

贈与者の死亡によって効力を生ずる贈与を死因贈与といいます。例えば、「自分が死んだらこの土地をあげる」などです。

遺贈と似ていますが、死因贈与は当事者間の事前の契約であり、その点が、単独行為である遺言による遺贈とは異なります。しかし、死亡を契機

に財産が移転する点、死因贈与は遺贈と実質的に類似しています。そのため、その性質に反しない限り遺贈に関する規定が準用されます(民法554)。

(2) 死因贈与と税

　死因贈与の場合、相続や遺贈と同様に贈与税は課税されず、相続税の課税対象となります(相法1の3一カッコ書)。しかしながら、不動産取得税においては、相続や遺贈のように非課税とはなりません(地法73の7一)。また、登録免許税においては、死因贈与契約は贈与契約の一種ですので、登記原因は「贈与」にあたり、税率は1,000分の20となります(登法9、別表第1)。

(3) 裁判例・裁決例

ケース

平成17年3月30日判決静岡地裁
・TAINZコード Z255-09982

〈相続財産の範囲／生前贈与か立替金か否か〉

事案の概要

　——相続人甲は、当時、被相続人戊がいわゆるワンマン経営者として形成したO企業グループのグループ会社の取締役等を務めており、そのグループ会社3社から合計で11億1,000万円の借入れをして、当該借入金を株取引資金として利用していた。その後、いわゆるバブル経済崩壊の影響により、金融機関の融資先に対する審査が厳格になり、企業グループ内の融資や会社の取締役に対する融資を厳しく規制するようになり、上記甲の借入れもグループ内の借入れであったことから、上記規制の対象とされ、金融機関からその返済を求められることになった。

　そのため、Oグループのトップの地位にあった戊は、同グループの金融

機関に対する信用を維持するため、F（戊の義理の甥であり、戊の生前から戊の経理処理等を担当していた）に指示して、甲が上記借入金を返済する資金として、甲に対し10億円の交付を行った。その際に、戊からFに出された指示は、単に必要な金員を「出してやれ」という程度のもので、甲に対する金員交付の趣旨は明確ではなかったが、Fは贈与の趣旨に理解した。金員の交付は10億円と高額であるものの、父から子に対する金員の交付であって、戊は、生前、甲に対し、交付した金員の返還を請求せず、また、甲には、戊から返還を請求されたところで、上記金員のような高額な金員を返済するだけの資力はなかったことが認められる。甲も金員交付の事実に関し戊から贈与されたものと考えていたと推認される。F及び甲がこのように考えたことについては、戊が大変ワンマンな人物で家内でも万事が戊の考えや指示で動いており、甲が株取引をして借金を抱えるようになったことについては、戊の指示が影響していて同人にも責任の一端があったことが背景にあることの各事実を認めることができる。

なお、上記10億円の交付に関し、戊と甲との間での贈与契約書や金銭消費貸借契約書等の書類の作成、贈与税の申告書の提出はなされなかった。

被告（課税庁）は、交付した10億円が立替金であって、その返還請求権が戊の死亡を始期として免除されて死因贈与となり、同金員が相続財産に含まれるとして、平成11年4月26日付けで相続税決定処分及び無申告加算税賦課決定処分をした。

本件の争点は、戊が生前に子の甲に交付した10億円が立替金であって、その返還請求権が戊の死亡を始期として免除されて死因贈与とみなされ、同金員が相続財産に含まれるのか、それとも生前贈与であって相続財産から除外されるのかという点である。

甲は、相続放棄をしているので、上記金員の交付が生前贈与と評価されれば、係る贈与は本件相続開始日前3年以内になされたものではないので、甲が本件相続税を負担することはないが、上記の理由で死因贈与とみなさ

れれば、上記交付金の金額を課税価格として本件相続税を納付しなければならないこととなる。なお、贈与税の申告・納付がされていない本件贈与については、すでに課税時期が過ぎているため贈与税はかからないことが背景にある。

> 判決要旨

――戊は、自らが築き上げてきたOグループの信用維持を図り、実子である甲の急場を救うため、甲に対し、その借入金の返済資金として、上記金員を贈与し、甲もこれを承諾していたと認めるのが自然かつ相当であり、被告主張のように、戊が、甲に対する上記金員の返還請求につき、自らの死亡を始期として始期付免除をしたと評価するのは技巧的に過ぎるといわなければならない。

被告は、上記金員の交付が贈与ではなく立替金の交付であることの根拠として、上記金員の交付がOグループの信用維持という経済的必要性に基づくものであること、高額の金員の贈与であるにもかかわらず贈与契約書等の作成がないこと、戊が他の親族に対してこのように高額な金員の贈与をしたことがないこと、甲にその借入金を返済する資力があったことなどを主張するが、いずれも上記金員の交付が贈与ではなく立替金の交付であることを根拠付ける事実としては薄弱であることに加え、甲に返済資力はなかったと認められることを考え合わせれば、被告の主張は採用できない。

また、被告は、戊、甲及びその他の関係者が、贈与税の申告を行っておらず、その納付のための資金繰りをしていないことをもって、上記金員の交付が贈与ではないことの根拠として主張するが、贈与税の申告の有無と贈与の有無とは直ちに結びつくものではないから、贈与税の申告あるいはその準備行為をした形跡がないからといって、この事実を過度に重視するのは相当でなく、前記認定の事実関係に照らし、被告の主張は採用できない。

以上によれば、本件10億円の交付は戊から甲に対する生前贈与と評価

され、この贈与は本件相続開始日前3年以内の贈与ではないから、本件相続税の課税対象財産とはならず、甲に本件相続税の納税義務はないといえる。

第6節 生前贈与と特別受益

(1) 内容

　共同相続人のうちに、被相続人から婚姻もしくは養子縁組のためもしくは生計の資本として贈与を受けた者があるときは、被相続人が相続開始の時において有した財産の価額にその贈与の価額を加えたものを相続財産とみなします。贈与を受けた共同相続人は、法定相続分または指定相続分の中から贈与の価額を控除した残額をもって相続分とされます（民法903①）。これを、特別受益財産の持ち戻しといいます。

　被相続人から婚姻もしくは養子縁組のためもしくは生計の資本として贈与を受けた者を、特別受益者といいます。贈与により取得した分は相続分の前渡しと考えられるため、特別受益者の相続分は、その贈与を受けた分を控除することになります。これは、共同相続人間の公平を図るためには当然必要なことです。

　なお、贈与の価額（特別受益額）が、本来の相続分の価額と同じかまたは大きいときは、相続分がゼロまたはマイナスになるため、受贈者は相続分を受けることができません（民法903②）。ただし、相続分がマイナスでも、受贈者は財産を返還する義務を負いません。

　また、被相続人が異なった意思（持戻免除の意思）を表示したときは、

特別受益者の持ち戻し義務は免除されます。つまり、生前贈与した分を考慮せずに、共同相続人が法定相続分に従った分配を行うことも可能であるということになります。しかし、その場合でも遺留分を侵害することはできません（民法903③）。

　なお、受贈者の行為によって特別受益財産が滅失し、価格の増減があったとしても、相続開始時においてなお原状のままであるものとみなして計算します（民法904）。なお、通説・判例において、特別受益財産は相続開始時の価額で評価するということですが、相続税の対象となる「被相続人から死亡前3年以内に贈与により取得した財産」や「相続時精算課税の適用を受ける贈与財産等（第7章）」が贈与時の価額によるということと異なる評価の取扱いとなっています。

(2) 計算例

Q 被相続人の死亡時の財産は、1億円
相続人は、子供であるA男、B夫、C子の3人
B夫の特別受益分は1,500万円
C子の特別受益分は500万円
の場合のA男、B夫、C子の相続分は？（遺言なし）

A

すべての相続財産に特別受益分をプラス
1億円 + 1,500万円 + 500万円 = 1億2,000万円

上記の金額を法定相続分通りに按分計算
A男　1億2,000万円 × 1／3 = 4,000万円
B夫　1億2,000万円 × 1／3 = 4,000万円
C子　1億2,000万円 × 1／3 = 4,000万円

特別受益を受けた相続人の相続財産から特別受益分をマイナス
A男　4,000万円
B夫　4,000万円 − 1,500万円（特別受益分）= 2,500万円
C子　4,000万円 − 500万円（特別受益分）= 3,500万円

(3) 特別受益となる生前贈与はどのような場合か

　上記のように、特別受益は相続分に影響を与えるため、生前に贈与したものが特別受益なのかどうかということは非常に重要になります。すなわち、特別受益となるのはどのような場合かが重要だということになります。
　民法の条文上では「被相続人から婚姻若しくは養子縁組のため若しくは

生計の資本」としての贈与が特別受益（民法903①）となっていますが、より具体的にはどのような場合なのかということについて検討します。

　以下、『民法Ⅳ［補訂版］親族・相続』内田貴著（東京大学出版会）p384より引用。
　「要するにある程度以上の高額な贈与は、原則として全て対象となると考えるべきである。通常の扶養（小遣いも含め）は特別受益にあたらないが、成年になって働こうと思えば働けるのに、職に就かず親がかりの生活を続けていた息子の場合には特別受益といえよう。かっては、大学に進学するための学資も特別受益とされたが、兄弟みんな大学に進学するような環境の下では、必ずしも特別な受益とはいえないだろう。」

　以下、『論点体系 判例民法10 相続』能見善久・加藤新太郎編集（第一法規）p86、87 より引用。
　「（婚姻、養子縁組のための贈与が特別受益となるのはどのような場合か）婚姻、養子縁組のための贈与の裁判例としては、これを否定したものが多く、認めた例は少ない。」「（生計の資本としての贈与として特別受益となるのはどのような場合か）生計の資本としての贈与であり特別受益となるとした事例は多く、他方、これを否定した事例も多い。否定した事例には、何らかの寄与に対する対価性をもつものや他方で寄与があり、寄与と受益を相殺する趣旨で否定をしたものなどが含まれている。」

　つまり、通常の常識の範囲内である婚姻、養子縁組、扶養、教育のための贈与では特別受益となる可能性は低いと考えられます。一方、それ以外の生計の資本として、ある程度以上の高額な贈与をした場合は、特別の事情がない限り、特別受益になると考えておいた方が良いでしょう。
　なお、贈与税の基礎控除額が110万円であるため、多人数への贈与が節

税的には有効となります。例えば、贈与税を０に抑えようとした場合、子供１人に贈与するだけでは１年間に110万円までしか贈与できません。しかし、子供のその配偶者や子供（贈与者にとっては孫）にも贈与するならば１年間に３人分の330万円まで贈与できます。そのため、自分の子供への贈与ではなく、自分の子供の家族への贈与とすることが節税対策には有効だということになります。ただし、自分の子供が２人以上いた場合、一方の子供の家族だけへの贈与は、当然に避けるべきでしょう。例えば、長男と次男がいるのに、長男や、その妻や子に対してだけ贈与をし、次男の方には全く贈与をしないような場合です。

　特別受益に該当するのは、条文上では、共同相続人が贈与を受けた場合であり、その妻や子に対する贈与は該当しません。しかし、実質的にみて、その妻や子に対する贈与がその相続人に対する贈与と同視するのが相当と認められる場合には、特別受益とみなす事例もあります。なお、特別受益になるならない以前の問題であるともいえ、贈与をしてもらえなかった子供の方は当然に、心情的に面白くないと思うでしょう。

第７節　生前贈与と相続税

(1) 内　容

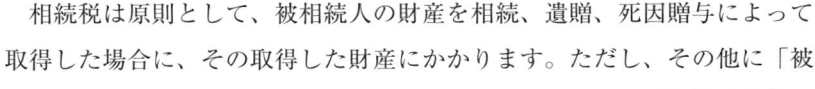

　相続税は原則として、被相続人の財産を相続、遺贈、死因贈与によって取得した場合に、その取得した財産にかかります。ただし、その他に「被相続人から死亡前３年以内に贈与により取得した財産」や「相続時精算課

税の適用を受ける贈与財産（第7章）」といった生前贈与により取得した財産にも相続税が課税されます。

(2) 被相続人から死亡前3年以内に贈与により取得した財産
① 内容
　相続や遺贈で財産を取得した人が、被相続人からその相続開始前3年以内（被相続人死亡の日からさかのぼって3年前の日から死亡の日までの間）に贈与を受けた財産があるときには、その人の相続税の課税価格に贈与を受けた財産の贈与時の価額を加算します（相法19①、相基通19-1、19-2）。

　なお、3年以内であれば贈与税がかかっていたかどうかに関係なく加算しますので、基礎控除額110万円以下の贈与財産や、死亡した年（相続開始の年の1月1日から相続開始日の間）に贈与されている財産の価額も加算することになります。

　なお、被相続人から生前に贈与された財産であっても、（イ）非課税とされる直系尊属から贈与を受けた住宅取得等資金のうち贈与税の課税価格に算入されなかったもの（第9章）及び（ロ）贈与税の配偶者控除の特例を受けている、または受けようとする財産のうち、その配偶者控除額に相当する金額（第6章）は、加算する必要がありません。

　なお、加算された贈与財産の価額に対応する贈与税額（加算税や延滞税は除きます）は、加算された人の相続税の計算上、控除されることになりますので、二重に税金がかからないようになっています（相法19①カッコ書）。

② 相続の放棄等をした者が当該相続の開始前3年以内に贈与を受けた財産
　相続開始前3年以内に当該相続に係る被相続人からの贈与により財産を取得した者（その被相続人を特定贈与者とする相続時精算課税適用者を除きます）が、その被相続人から相続または遺贈により財産を取得しなかった場合には、その者については、相続税の課税価格に贈与を受けた財産の価額を加算する必要はありません（相基通19-3）。なお、相続時精算課税適用者については、その被相続人から相続または遺贈により財産を取得しな

かった場合であっても、加算することになります（相基通19-3なお書）。

(3) 贈与税の申告内容の開示

　相続または遺贈（相続時精算課税の適用を受けた贈与を含みます）により財産を取得した者は、その相続または遺贈により財産を取得した他の者(以下「他の共同相続人等」といいます）がある場合には、被相続人に係る相続税の期限内申告書、期限後申告書もしくは修正申告書の提出または更正の請求に必要となるときに限り、他の共同相続人等が被相続人から相続の開始前3年以内に取得した財産または他の共同相続人等が被相続人から取得した相続時精算課税の適用を受けた財産に係る贈与税の申告書に記載された贈与税の課税価格（贈与税について修正申告書の提出または更正もしくは決定があった場合には、その修正申告書に記載された課税価格または更正もしくは決定後の贈与税の課税価格）の合計額について、政令で定めるところにより、その相続に係る被相続人の死亡の時における住所地その他の政令で定める場所の所轄税務署長に開示の請求をすることができます（相法49①）。

　なお、開示の請求があった場合には、税務署長は、その請求をした者に対し、請求後2月以内に、課税価格の合計額を次に掲げる金額ごとに開示をしなければなりません（相法49②、相令27⑤）。

(ア)　被相続人に係る相続の開始前3年以内にその被相続人からの贈与により取得した財産の価額の合計額
(イ)　被相続人からの贈与により取得した財産で相続時精算課税の適用を受けたものの価額の合計額

第8節　生前贈与と遺留分算定の基礎財産

(1) 遺留分算定の基礎となる財産

　遺留分の割合は、法定相続人が親などの直系尊属だけの場合は「遺留分算定の基礎となる財産」の3分の1となり、それ以外（法定相続人が配偶者のみ・子供のみ・配偶者と子供・配偶者と親）の場合は、財産の2分の1になります（民法1028）。1人ひとりの遺留分は、全体の遺留分に各自の法定相続分の率を乗じて算出します（民法1044、900準用）。ですから、遺留分の金額算定には、「遺留分算定の基礎となる財産」がいくらになるかが重要となります。

　「遺留分算定の基礎となる財産」とは、被相続人が相続開始時において持っていた財産の価額に、生前贈与した財産の価額を加えた額から債務を差し引いて算定します（民法1029①）。なお、生前贈与した財産は、原則として相続開始前の1年間にしたものに限って算入します。ただし、相続開始の1年以上前にした贈与であっても、贈与当事者双方が遺留分権利者に損害を加えることを知って贈与したものは、遺留分算定基礎財産に算入されます（民法1030）。

　不相当な対価をもってした有償行為で、当事者双方が遺留分権利者に損害を加えることを知ってなしたものは贈与とみなします（民法1039）。いわゆる「みなし贈与」です。この場合も、相続開始の1年以上前の行為であっても、遺留分算定基礎財産に算入されます。

　なお、特別受益としての相続人への生前贈与は相続の前渡し分となりますので、原則として何年前のものであっても遺留分算定基礎財産に算入されます（民法1044、903準用）。

第 2 章　民法上の贈与と税

| 遺　産 | みなし贈与 | 生前贈与（相続開始前 1 年のもの＋遺留分権利者に害することを知ってなしたもの） | 特別受益 |

| 債　務 | 遺留分算定基礎財産 |

この金額に遺留分割合や法定相続分をかけて
遺留分権利者それぞれの遺留分の金額を算定。

(2) 遺留分の計算例

Q 相続人が子供 2 人、遺産が 6,000 万円、相続開始前の 1 年間にした生前贈与が 2,000 万円、債務が 4,000 万円。この場合の、子供 1 人あたりの遺留分はいくらでしょうか？

A

遺留分算定基礎財産　　6,000 万円＋2,000 万円－4,000 万円
　　　　　　　　　　　＝4,000 万円
子供全員の遺留分　　4,000 万円×2 分の 1（遺留分割合）＝2,000 万円
子供 1 人あたりの遺留分　　2,000 万円×2 分の 1（法定相続分割合）
　　　　　　　　　　　　　＝1,000 万円

第3章

贈与税の納税義務者と課税財産の範囲・取得時期

第1節 贈与税の納税義務者と課税財産の範囲

　贈与税は贈与により財産を取得した個人（受贈者）に課税されます（相法1の4）。なお、「個人」とは、自然人のことをいいます（相基通1の3・1の4共-1）。

(1) 居住無制限納税義務者

　贈与により財産を取得した個人で、その財産取得時において国内に住所を有する者（以下「居住無制限納税義務者」といいます）は、贈与により取得した財産の所在地がどこにあるかにかかわらず、その者が贈与により取得した財産の全部に対して贈与税の納税義務を負います（相法1の4一、2の2①、相基通1の3・1の4共-3 (1)）。つまり、贈与時に国内に住所があった受贈者は、国内財産、国外財産ともに贈与税の課税対象となります。

　贈与税の納税義務者が居住無制限納税義務者であるかどうかの判定は、その者が贈与により財産を取得した時において、国内に住所を有するかどうかによるのであって、贈与者の住所が国内にあるかどうかは問いません。したがって、贈与により国内にある財産を取得した者でその財産取得時において国内に住所を有しないものは、たとえ、その財産取得時において国内に居所を有していても、居住無制限納税義務者には該当しません（相基通1の3・1の4共-4）。

(2) 非居住無制限納税義務者

　贈与により財産を取得した下記イ、ロに掲げる者で、その財産取得時において国内に住所を有しない者（以下「非居住無制限納税義務者」といいま

す）は、贈与により取得した財産の所在地がどこにあるかにかかわらず、その者が贈与により取得した財産の全部に対して贈与税の納税義務を負います（相法1の4二、相法2の2①、相基通1の3・1の4共-3 (1)）。

イ　日本国籍を有する個人（その個人または贈与者が贈与前5年以内のいずれかの時において国内に住所を有していたことがある場合に限ります）

なお、「日本国籍を有する個人」には、日本国籍と外国国籍とを併有する重国籍者も含まれます（相基通1の3・1の4共-7）。

ロ　日本国籍を有しない個人（贈与者が贈与時において国内に住所を有していた場合に限ります）

以前は、上記ロについてはなかったのですが、子や孫等に外国籍を取得させることにより、国外財産への課税を免れるような租税回避事例が生じてきました。

そのため、平成24年11月14日の税制調査会において網屋財務大臣政務官（当時）が「相続税、贈与税については財産を取得する者が日本国籍を有しない場合、日本国内財産のみが課税対象とされていますが、このことを利用した租税回避も想定される。一定の範囲については国外財産も課税対象とする見直しを検討してはどうか。これは他の国でもそういうことをやっているケースはかなりたくさんありますので、同じベースで海外に逃げたからといってそれはやらないというのはおかしいだろうという議論です。」と発言しました（出典：http://www.cao.go.jp/zei-cho/gijiroku/zeicho/2012/__icsFiles/afieldfile/2012/11/20/24zen7kaia_1.pdf）。

結果的に、平成25年度税制改正により、上記ロが追加され、日本国内に住所を有しない個人で日本国籍を有しないものが、日本国内に住所を有する者から贈与により取得した国外財産も、贈与税の課税対象に加えられることとなりました（平成25年4月1日以後に贈与により取得する国外財産に係る贈与税について適用）。

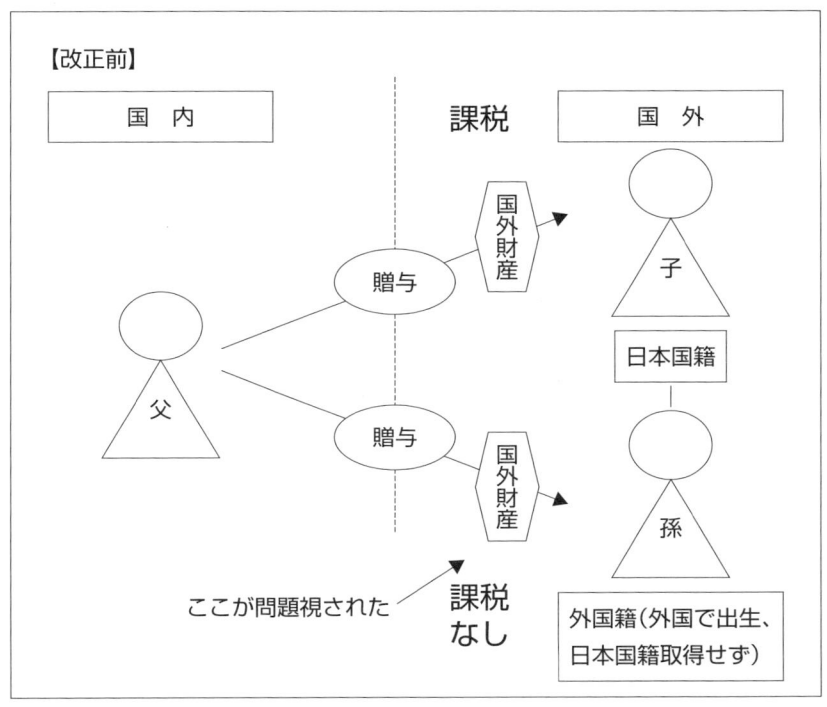

第3章 贈与税の納税義務者と課税財産の範囲・取得時期

```
【改正前】
        国　内           ｜   課税    国　外

                   ┌─国外財産─▶   子
            贈与 ─┤
        父 ─┤                  日本国籍
            贈与 ─┤
                   └─国外財産─▶   孫

   ここが問題視された ▶ 課税なし    外国籍（外国で出生、
                                    日本国籍取得せず）
```

参考：税制調査会の資料（http://www.cao.go.jp/zei-cho/gijiroku/zeicho/2012/__icsFiles/afieldfile/2012/11/13/24zen7kai15.pdfのp10)を基に作成

(3) 制限納税義務者

　贈与により国内にある財産を取得した個人で、その財産取得時において国内に住所を有しない者（上記「非居住無制限納税義務者」を除きます。以下「制限納税義務者」といいます）は、その者が贈与により取得した財産のうち国内にあるものに対してだけ贈与税の納税義務を負います（相法1の4三、2の2②、相基通1の3・1の4共-3 (2)）。

贈与者＼受贈者	国内に住所あり	国内に住所なし		
		日本国籍あり		日本国籍なし
		5年以内に国内に住所あり	5年を超えて国内に住所なし	
国内に住所あり	国内財産、国外財産ともに課税	国内財産、国外財産ともに課税		国内財産、国外財産ともに課税（25年度税制改正）
国内に住所なし　5年以内に国内に住所あり				国内財産のみに課税
国内に住所なし　5年を超えて国内に住所なし				

(4) 住所

　住所とは、各人の生活の本拠をいいますが、その生活の本拠であるかどうかは、客観的事実によって判定するものとされます（相基通1の3・1の4共−5）。日本国籍がある者または出入国管理及び難民認定法の規定により日本国内に永住する許可を受けている者については、贈与により財産を取得した時において日本国内を離れている場合であっても、次に掲げる者に該当する場合（その者の住所が明らかに国外にあると認められる場合を除きます）は、その者の住所は日本国内にあるものとして取り扱われます（相基通1の3・1の4共−6）。

① 　学術、技芸の習得のため留学している者で日本国内にいる者の扶養親族となっている者
② 　国外において勤務その他の人的役務の提供をする者で国外におけるそ

の人的役務の提供が短期間（おおむね１年以内）であると見込まれる者（その者の配偶者その他生計を一にする親族でその者と同居している者を含みます）

なお、その者が贈与により財産を取得した時において日本国内を離れている場合であっても、国外出張、国外興行等により一時的に日本国内を離れているにすぎない者については、その者の住所は日本国内にあることとなります（相基通１の３・１の４共-６（注））。

(5) 贈与税の申告書の提出先

受贈者の住所地が国内にある場合（居住無制限納税義務者）は、受贈者の住所地を所轄する税務署長に提出します（相法１の４一、28、62①）。

受贈者の住所地が国内にない場合（非居住無制限納税義務者、制限納税義務者）は、受贈者は納税地を定めて、その納税地の所轄税務署長に申告しなければなりません。なお、その申告がないときは、国税庁長官が納税地を指定し通知します（相法１の４二・三、62②）。

第2節　財産の所在

　財産の所在は、以下に規定する場所によるとされます。なお、財産の所在の判定は、財産を贈与により取得した時の現況によります（相法10）。

財産の種類	財産の所在
動産	動産の所在による
不動産、不動産の上に存する権利	不動産の所在による
船舶、航空機	船籍、航空機の登録をした機関の所在による
鉱業権、租鉱権、採石権	鉱区、採石場の所在による
漁業権、入漁権	漁場に最も近い沿岸の属する市町村またはこれに相当する行政区画による
預金、貯金、積金、寄託金で次に掲げるもの（相令1の13） ① 銀行、無尽会社、株式会社商工組合中央金庫に対する預金、貯金、積金 ② 農業協同組合、農業協同組合連合会、水産業協同組合、信用協同組合、信用金庫、労働金庫に対する預金、貯金、積金	受入れをした営業所、事業所の所在による
生命保険契約、損害保険契約等の保険金	契約を締結した保険会社の本店、主たる事務所の所在による
退職手当金、功労金等	支払った者の住所、本店、主たる事務所の所在による

財産の種類	財産の所在
貸付金債権	債務者の住所、本店、主たる事務所の所在による
社債、株式、法人に対する出資、外国預託証券（相令1の15）	社債、株式の発行法人、出資されている法人、外国預託証券に係る株式の発行法人の本店、主たる事務所の所在による
集団投資信託、法人課税信託に関する権利	信託の引受けをした営業所、事業所の所在による
特許権、実用新案権、意匠権、商標権等	登録をした機関の所在による
著作権、出版権、著作隣接権	権利の目的物を発行する営業所、事業所の所在による
上記財産以外の財産で、営業上、事業上の権利（売掛金等のほか営業権、電話加入権等、相基通10-6）	営業所、事業所の所在による
国債、地方債	日本国内に所在するものとする
外国または外国の地方公共団体等の発行する公債	外国に所在するものとする
その他の財産	財産の権利者であった被相続人の住所による

第3節 「国外財産調書」の提出

　適正な課税・徴収の確保を図る観点から、平成24年度の税制改正において、国外財産の保有者がその保有する国外財産について申告をする仕組みである国外財産調書制度が創設されました（内国税の適正な課税の確保を図るための国外送金等に係る調書の提出等に関する法律）。

　居住者（「非永住者」を除きます）で、その年の12月31日において、その価額の合計額が5,000万円を超える国外財産を有する者は、その財産の種類、数量及び価額その他必要な事項を記載した国外財産調書を、その年の翌年の3月15日までに提出しなければならないこととされました。

　法施行後の最初の国外財産調書は、平成25年12月31日における国外財産の保有状況を記載して、平成26年3月17日までに提出しなければなりません。

　なお、「非永住者」とは、日本の国籍を有しておらず、かつ、過去10年以内において国内に住所または居所を有していた期間が5年以下である者をいいます。

第4節 個人とみなされる納税義務者

　贈与税の納税義務者は原則として個人ですが、人格のない社団等や持分の定めのない法人が納税義務者となる場合があります。

(1) 人格のない社団等

　PTA、学校の同窓会、町内会など代表者または管理者の定めのある人格のない社団または財団（以下、人格のない社団等）に対し財産の贈与があった場合またはその社団または財団を設立するために財産の提供があった場合は、その人格のない社団等を個人とみなして贈与税が課税されます（相法66①②、相基通1の3・1の4共－2（2））。

(2) 持分の定めのない法人
① 内　容

　学校法人など持分の定めのない法人に対し財産の贈与があった場合またはその法人を設立するために財産の提供があった場合で、その贈与者または財産の提供者、その親族その他これらの者と相続税法64条1項（同族会社等の行為または計算の否認等）に規定する特別の関係がある者（相令31）の相続税または贈与税の負担が不当に減少する結果となると認められるときは、その持分の定めのない法人を個人とみなして贈与税が課税されます（相法66④⑥、相基通1の3・1の4共－2（3））。

② 持分の定めのない法人とは

　「持分の定めのない法人」とは、例えば、次に掲げる法人をいいます（昭和39年6月9日付　直審（資）24、直資77通達13）。

(イ)　定款、寄附行為もしくは規則（これらに準ずるものを含みます。以下において「定款等」といいます）または法令の定めにより、その法人の社員、構成員（その法人へ出資している者に限ります。以下において「社員等」といいます）がその法人の出資に係る残余財産の分配請求権または払戻請求権を行使することができない法人
　(ロ)　定款等に、社員等がその法人の出資に係る残余財産の分配請求権または払戻請求権を行使することができる旨の定めはあるが、そのような社員等が存在しない法人
　なお、持分の定めがある法人（持分を有する者がないものを除きます）に対する財産の贈与等があったときは、その法人の出資者等について相続税法9条の規定を適用すべき場合があります。

③ 相続税または贈与税の負担が不当に減少する結果となると認められるとき

　「相続税又は贈与税の負担が不当に減少する結果となると認められるとき」かどうかの判定は、原則として、贈与等を受けた法人が相続税法施行令33条3項各号に掲げる要件を満たしているかどうかにより行います（昭和39年6月9日付　直審（資）24、直資77通達14）。

(3) 贈与税額

　人格のない社団等や持分の定めのない法人が個人とみなされて贈与税が課税される場合には、贈与により取得した財産について、その贈与者の異なるごとに、贈与者の各一人のみから財産を取得したものとみなして算出した場合の贈与税額の合計額をもって、納付すべき贈与税額とされます（相法66①④）。つまり、各贈与者ごとの課税価格からそれぞれ110万円を控除し贈与税額を算出し、その合計額をもって納付すべき贈与税額となります。
　なお、人格のない社団等または持分の定めのない法人に法人税等が課税される場合は、その税額に相当する額は贈与税額から控除されます（相法66⑤、相令33）。

計算例

Q 同一年中にAさんから300万円の贈与、Bさんから200万円の贈与をされた場合の贈与税額は？

A

(イ) 納税義務者が個人甲さんの場合

基礎控除後の課税価格は（300万円＋200万円）－110万円＝390万円

贈与税額は390万円×20％－25万円＝53万円

(ロ) 納税義務者が人格のない社団乙の場合

基礎控除後の課税価格は

Aさんからの分 300万円－110万円＝190万円

Bさんからの分 200万円－110万円＝90万円

贈与税額は

Aさんからの分 190万円×10％＝19万円

Bさんからの分 90万円×10％＝9万円

よって、19万円＋9万円＝28万円

第5節 贈与による財産の取得時期

(1) 贈与の時期の判定

　贈与税は、贈与により取得した財産に対し課税されます。そのため、贈与による財産取得の時期がいつであるかということは、納税義務の発生の時期、その財産の評価の時期、申告期限等に関連して重要な問題となります。贈与の時期は、以下の通りとなります。

① 書面による贈与については、その贈与契約の効力が発生した時（相基通1の3、1の4共-8（2））
② 書面によらない贈与については、その贈与の履行があった時（相基通1の3、1の4共-8（2））
③ 停止条件付の贈与については、その条件が成就した時（相基通1の3、1の4共-9（2））

　停止条件付贈与契約とは、ある条件が成就した時、効力が発生するという贈与契約のことです（民法127①）。例えば、「大学に合格したら自動車を与える」などの贈与契約です。

(2) 贈与時期が明確でない場合

　贈与の時期がいつであるかは、所有権等の移転の登記や、登録の目的となる財産についても前述した取扱いのように判定しますが、その贈与の時期が明確でないものについては、特に反証のない限りその登記や登録があった時に贈与があったものとして取り扱われます。ただし、鉱業権の贈与については、鉱業原簿に登録した日に贈与があったものとして取り扱われます（相基通1の3・1の4共-11）。

これは例えば、書面による不動産贈与があったとしても、登記をしなければ当局は贈与があった事実を把握することはまずできません。不動産贈与の時期を「登記があった時」ではなく「契約の効力が発生した時」で良いとするなら、書面で贈与契約成立日を明確にしておき、課税権の除斥期間が徒過するまで登記を遅らせる者も出てきてしまいます。そのため、贈与の時期が明確でないものについては、登記等が遅れたことについて合理的な理由があった場合は別として、登記等があった時に贈与があったものとして取り扱われるのです。

(3) 農地等の贈与による場合

　農地及び採草放牧地の贈与については、その所有権移動について農地法3条1項、5条1項の規定により、農業委員会等の許可または届出の必要があるものは、その許可があった日または届出の効力が生じた日後に贈与があったと認められる場合（停止条件付の贈与の場合等）を除き、その許可があった日または届出の効力が生じた日が贈与による財産取得時期となります（相基通1の3・1の4共-10）。

第6節 裁判例・裁決例

> **ケース**
>
> 公正証書による贈与の履行時期
> H10-09-11 名古屋地裁（棄却）（原告控訴）
> ・tainz コード Z238-8235
> H10-12-25 名古屋高裁（棄却）（控訴人上告）
> ・tainz コード Z239-8313
> H11-06-24 最高裁（棄却）（確定）
> ・tainz コード Z243-8435

> **事案の概要**

—— 1　X（原告、控訴人、上告人）の父である甲は、昭和60年3月14日当時、本件不動産を所有していた。

2　Xと甲の嘱託により、名古屋法務局所属公証人Sは、昭和60年3月14日、昭和60年第590号不動産贈与契約公正証書を作成した。

本件公正証書には、次の記載がある。

第1条　昭和60年3月14日贈与者甲は、その所有にかかる後記不動産を受贈者Xに贈与し、受贈者は、これを受諾した。

第2条　贈与者は、受贈者に対し前条の不動産を本日引き渡し、受贈者はこれを受領した。

第3条　贈与者は、受贈者から請求があり次第、本物件の所有権移転の登記申請手続をしなければならない。

第4条　前条の登記申請手続に要する費用は、受贈者の負担とする。

3 Xは、平成5年12月13日、甲から、本件不動産について、昭和60年3月14日贈与を原因として、所有権移転登記を受けた。
4 Y（課税庁、被告、被控訴人、被上告人）は、Xに対し、平成7年7月5日付けで、平成5年分の贈与税金1億935万2,300円の決定処分及び無申告加算税金1,640万2,500円の賦課決定処分をした。
5 争点は、甲が、Xに対し、本件不動産を贈与したのは、公正証書記載通りの昭和60年3月14日なのか、それとも、登記手続をした平成5年12月13日であるかである。

一審判決要旨（名古屋地裁）

――本来、不動産の贈与の場合、所有権移転登記を経由するのが所有権を確保するためのもっとも確実な手段である。したがって、贈与が行われたにもかかわらず何らかの事情により登記を得られないときや、登記のみでは明らかにできない契約内容などが存在するときに、あえて公正証書を作成する意義があるものと解される。しかしながら、本件公正証書記載の贈与契約は、公正証書作成日に贈与がなされ、不動産の引渡義務の履行も即日終了したことになっており、贈与に係る特段の負担などの記載もないのであって、典型的な贈与契約であるから、登記のみでは明らかにできない契約内容は認められない。また、甲とXとの間で贈与が行われたにもかかわらず登記をすることができなかったことをうかがわせる事情も認められない。したがって、本件公正証書記載の贈与であれば、本来、所有権移転登記をすれば足りるのであり、あえて公正証書を作成する合理的な必要性はなかったものと認められる。

本件公正証書記載のとおり昭和60年3月14日に贈与されたとすると、贈与税の法定納期限は昭和61年3月15日であるところ、本件登記手続がなされたのは平成5年12月13日であるから、本件登記手続は、本件公正証書記載の贈与時期を基準にすれば、贈与税の徴収権が時効消滅した後になされたことが認められる。

甲は、陳述書及び証人尋問において本件公正証書を作成しながら、所有権移転登記をしなかったのは、贈与税の負担を免れるためであったとして、次のとおり、陳述し、供述している。

金融業をしていたころ、東京のある会場で行われた税務問題のセミナーで、公認会計士から、「不動産の売買や贈与については、取引を完結した後で、登記をしないでおいて、ある程度の年数がすぎると不動産取得税や贈与税がかけられなくなる。そのためには、売買や贈与による者の引渡を済ませ、そのことを公正証書にしておけばよい。」という説明を聞いたことがあり、本件不動産の贈与税を「節税」しようと考えた。

以上の事実からすると、本件公正証書は、将来Xが甲から本件不動産の所有権移転登記を受けて、Yが本件不動産の贈与の事実を覚知しても、Xが贈与税を負担しなくても済むようにするために作成されたものであることが認められる。

以上の事実からすると、本件公正証書は、本件不動産をXに贈与しても、贈与税の負担がかからないようにするためにのみ作成されたのであって、甲に本件公正証書の記載どおりに本件不動産を贈与する意思はなかったものと認められる。他方、Xは、本件公正証書は、将来、本件不動産をXに贈与することを明らかにした文書にすぎないという程度の認識しか有しておらず、本件公正証書作成時に本件不動産の贈与を受けたという認識は有していなかったものと認められる。よって、本件公正証書によって、甲からXに対する書面による贈与がなされたものとは認められない。そうすると、甲が、Xに対し、本件不動産を贈与したのは、書面によらない贈与によるものということになるが、書面によらない贈与の場合にはその履行の時に贈与による財産取得があったと見るべきである。そして、不動産が贈与された場合には、不動産の引渡しまたは所有権移転登記がなされたときにその履行があったと解されるところ、本件においては、Xは本件不動産に従前から居住しており、本件登記手続よりも前に、本件不動産の

贈与に基づき本件不動産の引渡しを受けたというような事情は認められないから、本件登記手続がなされたときをもって本件不動産の贈与に基づく履行があり、その時点でXは、本件不動産を贈与に基づき取得したと見るべきである。よって、平成5年12月13日を本件不動産の贈与時期と認定した本件処分は適法である。

第4章

みなし贈与財産

第4章 みなし贈与財産

第1節 みなし贈与財産とは

　民法上の贈与といった形式で取得した財産だけではなく、経済的効果が実質的に贈与を受けたことと同様な場合には、そのことによって取得した財産にも贈与税が課税されます。つまり、贈与によって取得したとみなされ、贈与税が課されるというわけです。

　なお、以下のものが、贈与により取得したとみなす財産（いわゆる、みなし贈与財産）となります。

　生命保険金（相法5）、定期金（相法6）、低額譲受（相法7）、債務免除等（相法8）、その他の利益の享受（相法9）、信託に関する権利（相法9の2）

　以下、各項目について概説していきます。

第2節 生命保険金

(1) 内容

　保険料を負担していない者が、満期や解約または被保険者の死亡により生命保険金を受け取った場合には、保険料負担者からその生命保険金の贈与があったものとされます（相法5）。つまり、保険料を負担してないの

に保険金を受け取った場合（保険料負担者と保険金受取人とが異なる場合）には、保険金受取人に贈与税が課されます。

なお、保険金受取人が払い込まれた保険料の総額のうち一部を負担している場合には、下記の算式によって計算した部分の金額を保険金受取人は贈与により取得したものとみなされます。

$$\text{贈与により取得したものとみなされる金額} = \text{保険金受取人が取得した保険金の額} \times \frac{\text{保険金受取人以外の者が負担した保険料の額}}{\text{保険事故の発生時までに払い込まれた保険料の総額}}$$

なお、被保険者の死亡により受け取った生命保険金のうち、被保険者が保険料負担者となっていたものについては、贈与税ではなく相続税の対象となります。

Q 父、母、子供の3人家族です。子供は父の死亡により3,000万円の生命保険金を受け取りました。負担した保険料は父200万円、母60万円、子供40万円です。この場合の課税関係は？

A

① 子供が父から相続により取得したとみなされる金額
3,000万円×（200万円／300万円）＝2,000万円

② 子供が母から贈与により取得したとみなされる金額
3,000万円×（60万円／300万円）＝600万円

③ 子供の一時所得の収入となる金額
3,000万円×（40万円／300万円）＝400万円

(2) 満期保険金

生命保険契約が満期になり満期保険金を受け取った場合には、保険料の負担者、保険金の受取人がだれであるかにより、所得税、贈与税のいずれかの課税対象になります。

	保険料負担者	保険金受取人	税　金
①	A	A	所得税
②	A	B	贈与税

① 所得税が課税される場合

所得税が課税されるのは、保険料負担者と保険金受取人とが同一人の場合です。満期保険金を一時金で受領した場合には一時所得（所法34）になり、保険金を年金で受領した場合には公的年金等以外の雑所得（所法35）になります。

② 贈与税が課税される場合

贈与税（相法5）が課税されるのは、保険料負担者と保険金受取人とが異なる場合です。

③ 保険料負担者への金銭贈与

一般的にこのような場合には、所得税が課税されるより、贈与税を課税される方が重い税金となります。そのため、保険料負担者と保険金受取人が同一人になるようにするということになりますが、妻が専業主婦であったり、子供が学生であったりした場合には、保険料を自分で払うことは難しいでしょう。つまり、保険料負担者（夫）と保険金受取人（妻や子供）が異なることになってしまうので、保険金受取人には贈与税が課されるということです。

このような場合には、毎年、夫から妻や子供に金銭を贈与し、妻や子供が自分で保険料を支払うようにすれば良いのです。保険料負担者と保険金

受取人とが同一人の場合となりますので、所得税の課税となります。

なお、この場合には、金銭の贈与をしたという証拠を残すとともに、夫の所得税の計算において生命保険料控除としてはいけません。

(3) 死亡保険金

被保険者が死亡し、保険金受取人が死亡保険金を受け取った場合には、被保険者、保険料負担者、保険金受取人がだれであるかにより、所得税、相続税、贈与税のいずれかの課税対象になります。

	被保険者 (死亡者)	保険料負担者	保険金受取人	税　金
①	A	B	B	所得税
②	A	A	B	相続税
③	A	B	C	贈与税

① 所得税が課税される場合

所得税が課税されるのは、保険料負担者と保険金受取人とが同一人の場合です。死亡保険金を一時金で受領した場合には一時所得（所法34）になり、保険金を年金で受領した場合には公的年金等以外の雑所得（所法35）になります。

② 相続税が課税される場合

相続税（相法3）が課税されるのは、死亡した被保険者と保険料負担者が同一人の場合です。受取人が被保険者の相続人であるときは、相続により取得したものとみなされ、相続人以外の者が受取人であるときは遺贈により取得したものとみなされます。

③ 贈与税が課税される場合

贈与税（相法5）が課税されるのは、被保険者、保険料負担者、保険金

受取人がすべて異なる場合です。

④ どの税を選ぶか

上記のように、被保険者、保険料負担者、保険金受取人がだれであるかにより、所得税、相続税、贈与税のいずれかの課税対象になります。そのため、どの税がかかるのが一番、税負担がないかを検討して生命保険に加入すると良いということになります。

(4) 契約者変更があった場合

相続税法は、保険事故が発生した場合において、保険金受取人が保険料を負担していないときは、保険料負担者から保険金を相続、遺贈または贈与により取得したものとみなす旨規定しています(相法3、5)。そのため、生命保険契約の契約者の変更をしただけでは、贈与税が課せられることはありません。保険契約者の地位は相続税等の課税上は、特に財産的に意義のあるものとは考えられてないからです（国税庁質疑応答事例：生命保険契約について契約者変更があった場合）。

契約者の変更をしただけでなく、例えば、契約者たる地位に基づいて保険契約を解約し解約返戻金を取得した場合には、保険契約者はその解約返戻金相当額を保険料負担者から贈与により取得したものとみなされて贈与税が課されます。

第3節 定期金

　定期金給付契約（生命保険契約を除きます）の定期金給付事由が発生した場合において、その契約に係る掛金または保険料（以下、「掛金等」といいます）が定期金受取人以外の者によって負担されたものであるときは、定期金受取人が取得した定期金給付契約に関する権利のうち、次の算式によって計算した部分の金額がその掛金等を負担した者から贈与により取得したものとみなされます（相法6）。

$$\text{贈与により取得したものとみなされる金額} = \text{定期金給付契約に関する権利の価額} \times \frac{\text{定期金受取人以外の者が負担した掛金等の額}}{\text{給付事由の発生時までに払い込まれた掛金等の総額}}$$

第4節 低額譲受

(1) 内容

　著しく低い価額の対価で財産の譲渡を受けた場合は、その財産の譲渡があった時に、その財産の譲渡を受けた者が、支払った対価と譲渡があった

時におけるその財産の時価との差額に相当する金額を、財産を譲渡した者から贈与により取得したものとみなされます（相法7）。また、「著しく低い価額」であるかどうかは、譲渡があった財産が2つ以上ある場合には、譲渡があった個々の財産ごとに判定するのではなく、財産の譲渡があった時ごとに譲渡があった財産を一括して判定するものとします（相基通7-1）。

なお、この場合における時価とは、その財産が土地や借地権等である場合及び家屋や構築物等である場合には通常の取引価額に相当する金額を、それら以外の財産である場合には相続税評価額をいいます（平成元年3月29日付直評5・直資2-204）。また、個人間の対価を伴う取引により取得した上場株式の価額は、その株式が上場されている金融商品取引所の公表する課税時期の最終価格によって評価します（評基通169（2））。

計算例

Q 子が父から土地（通常の取引価額に相当する金額3,000万円、相続税評価額2,400万円）を200万円で譲り受けた。この場合の、贈与により取得したものとみなされる金額は？

A

（土地の時価）−（譲受価額）＝（みなし贈与金額）
3,000万円−200万円＝2,800万円

（2）著しく低い価額の対価で財産の譲渡を受けた場合

著しく低い価額の対価で財産の譲渡を受けた場合は、支払った対価と財産の時価との差額に相当する金額を、財産を譲渡した者から贈与により取得したものとみなされます（相法7）。なお、「著しく」とあるため、その支払った対価が財産の時価より低額であっても、著しくなければ贈与税が

課されないということになります。

では、「著しく低い価額の対価で財産の譲渡を受けた場合」とは、どのような場合であるかということになります。

個別通達（平成元年3月29日付直評5・直資2-204.2）では、以下のように記載されています。

「『著しく低い価額の対価で財産の譲渡を受けた場合』に当たるかどうかは、個々の取引について取引の事情、取引当事者間の関係等を総合勘案し、実質的に贈与を受けたと認められる金額があるかどうかにより判定するのであるから留意する。

(注) その取引における対価の額が当該取引に係る土地等又は家屋等の取得価額を下回る場合には、当該土地等又は家屋等の価額が下落したことなど合理的な理由があると認められるときを除き、『著しく低い価額の対価で財産の譲渡を受けた場合』又は『著しく低い対価額の対価で利益を受けた場合』に当たるものとする。」

以上のように、「著しく低い価額の対価で財産の譲渡を受けた場合」とは具体的にどのような場合が該当するかがよくわからず、また、このことについて争われた例も少なくありません。

① 所得税法施行令169条の規定

所得税法において、個人が法人に対して、著しく低い価額の対価として政令で定める額による譲渡をした場合、その時における価額に相当する金額により、これらの資産の譲渡があったものとみなします（所法59①二）。そして、政令で定める額とは、譲渡所得の基因となる資産の、譲渡時における価額の2分の1に満たない金額とします（所令169）。つまり、この場合、「著しく低い価額の対価」とは、時価の2分の1に満たない金額であると規定しています。

では、同様に、贈与税における「著しく低い価額の対価」も、時価（相続税評価額）の2分の1に満たない金額で判定してよいのかというと、課税の理論的根拠が異なるため、それはできません。

第4章 みなし贈与財産

　下記は、原告が「相続税法7条に定める『著しく低い価額の対価』とは、譲渡の対価が当該譲渡にかかる財産の相続税評価額の2分の1を下回る場合をいうものと解すべきである。」と主張し、棄却された事例の判決要旨です（昭57-07-28 横浜地方裁判所、tainzコード Z127-5037）。なお、この後、原告控訴するも東京高裁において棄却されました。

　「相続税法7条にいう著しく低い価額の対価の意義については、所得税法59条1項2号に係る同法施行令169条のような規定がないところ、相続税法7条は、著しく低い価額の対価で財産の譲渡を受けた場合には、法律的には贈与といえないとしても、実質的には贈与と同視することができるため、課税の公平負担の見地から、対価と時価との差額について贈与があったものとみなして贈与税を課することとしているのであるから、規定の趣旨にかんがみると、同条にいう著しく低い価額の対価に該当するか否かは、当該財産の譲受の事情、当該譲受の対価、当該譲受に係る財産の市場価額、当該財産の相続税評価額などを勘案して社会通念に従い判断すべきものと解するのが相当である。

　所得税法施行令169条は、所得税法59条1項2号の規定を受けて、著しく低い価額の対価として政令で定める額を資産の譲渡の時における価額の2分の1に満たない金額と規定しているが、これらの規定はどのような場合に未実現の増加益を譲渡所得としてとらえ、これに対して課税するのを適当とするかという見地から定められたものであって、どのような場合に低額譲受を実質的に贈与とみなして贈与税を課するのが適当かという考慮とは全く課税の理論的根拠を異にするといわなければならない。したがって、所得税法の規定の文言と相続税法7条の低額譲受の規定の文言が同一であることや所得税法施行令の規定を、原告の主張（「著しく低い価額の対価」とは、当該譲受の対価が相続税評価額の2分の1を下回る場合をいうのである旨）の根拠とすることはできないといわざるをえない。なお、所得税法施行令の規定にいう資産の譲渡の時における価額が、時価すなわち

客観的な取引価格を意味し、相続税評価額を意味するものでないことは、譲渡所得に対する課税が値上りによる客観的な増加益に対する課税であることにかんがみればいうまでもないところである。」

② **相続税評価額による譲渡**

　下記は、相続税評価額による親族へ土地譲渡した取引が「著しい低い価額」の対価による譲渡ととはいえないとして、みなし贈与に該当しないとされた事例の判決要旨です。ただし、これをもって相続税評価額相当額、あるいは時価の80％程度の対価で譲渡すれば、みなし贈与課税の適用を受けることは絶対にない、というわけではありませんので注意が必要です。あくまでも、個別ごとに慎重な検討が必要なことは言うまでもありません（平成19年8月23日判決東京地方裁判所、tainzコードZ257-10763）。

　「贈与税は、相続税の補完税として、贈与により無償で取得した財産の価額を対象として課される税であるが、その課税原因を贈与という法律行為に限定するならば、有償で、ただし時価より著しい低い価額の対価で財産の移転を図ることによって贈与税の負担を回避することが可能となり、租税負担の公平が著しく害されることとなるし、親子間や兄弟間でこれが行われることになれば、本来負担すべき相続税の多くの部分の負担を免れることにもなりかねない。相続税法7条はこのような不都合を防止することを目的として設けられた規定であり、時価より著しく低い価額の対価で財産の譲渡が行われた場合には、その対価と時価との差額に相当する金額の贈与があったものとみなすこととしたのである。したがって、租税負担の回避を目的とした財産の譲渡に同条が適用されるのは当然であるが、租税負担の公平の実現という同条の趣旨からすると、租税負担回避の意図・目的があったか否かを問わず、また、当事者に実質的な贈与の意思があったか否かをも問わずに、同条の適用があるというべきである。

　相続税法7条にいう「著しく低い価額」の対価とは、その対価に経済的合理性のないことが明らかな場合をいうものと解され、その判定は個々の

財産の譲渡ごとに、当該財産の種類、性質、その取引価額の決まり方、その取引の実情等を勘案して、社会通念に従い、時価と当該譲渡の対価との開差が著しいか否かによって行うべきであるところ、相続税評価額と同水準の価額かそれ以上の価額を対価として土地の譲渡が行われた場合は、原則として「著しい低い価額」の対価による譲渡ということはできず、例外として、何らかの事情により当該相続税評価額が時価の80パーセントよりも低くなっており、それが明らかであると認められる場合に限って、「著しく低い価額」の対価による譲渡になり得ると解すべきである。もっとも、その例外の場合でも、さらに、当該対価と時価との開差が著しいか否かを個別に検討する必要があることはいうまでもない。」

(3) 譲渡を受ける者が資力を喪失して債務を弁済することが困難である場合

　上記で説明してきたとおり、著しく低い価額の対価で財産の譲渡を受けた場合は、その財産の譲渡を受けた者が、支払った対価とその財産の時価との差額に相当する金額を、財産を譲渡した者から贈与により取得したものとみなされるということでした（相法7）。

　ただし、財産の譲渡が、その譲渡を受ける者が資力を喪失して債務（公租公課を含む、相基通7-3）を弁済することが困難である場合で、その者の扶養義務者（相法1の2一、相基通1の2-1）からその債務の弁済に充てるためになされたものであるときは、その贈与により取得したものとみなされた金額のうちその債務を弁済することが困難である部分の金額については、贈与税は課税されません（相法7ただし書）。

　なお、「資力を喪失して債務を弁済することが困難である場合」とは、財産の譲渡を受ける者の債務の金額が積極財産の価額を超えるときのように、社会通念上債務の支払いが不能（破産手続開始の原因となる程度に至らないものを含みます）と認められる場合をいいます（相基通7-4）。

また、「債務を弁済することが困難である部分の金額」とは、債務超過の部分の金額から、債務者の信用による債務の借換え、労務の提供等の手段により近い将来においてその債務の弁済に充てることができる金額を控除した金額をいいますが、特に支障がないと認められる場合には、債務超過の部分の金額を「債務を弁済することが困難である部分の金額」として取り扱うことができます（相基通7-5）。

> **計算例**
>
> **Q** 子は資力を喪失して債務を弁済することが困難となっている（現金500万円、借金3,100万円）。そのため、債務の弁済に充てるために、父から土地（通常の取引価額に相当する金額3,000万円、相続税評価額2,400万円）を200万円で譲り受けた。この場合の、贈与により取得したものとみなされる金額は？
>
> **A**
> （債務の金額）－（積極財産の価額）＝（債務を弁済することが困難な金額）
>
> 3,100万円－500万円＝2,600万円
>
> （土地の時価）－（譲受価額）－（債務を弁済することが困難な金額）＝（みなし贈与金額）
>
> 3,000万円－200万円－2,600万円＝200万円

第5節 債務免除等

(1) 内 容

　対価を支払わないで、または著しく低い対価で債務の免除、引受けまたは第三者のためにする債務の弁済による利益を受けた場合には、その利益を受けた者が、債務免除等が行われた時にその債務免除等に係る債務の金額（対価の支払いがあった場合には、その価額を控除した金額）を、その債務免除等をした者から贈与により取得したものとみなされます（相法8）。

　なお、「債務免除」には、債務者の扶養義務者以外の者によってされた免除をも含みます（相基通8-1）。

(2) 連帯債務者及び保証人の求償権の放棄

　連帯債務者の1人が自己の負担に属する債務の部分を超えて弁済した場合には、その超えて負担した部分の金額については、他の債務者に対し求償権を有します(民法442)。なお、連帯債務者が求償権の放棄をした場合、その求償権に対して償還義務を負っている他の債務者は、贈与されたとみなされます（相基通8-3(1)）。

　また、保証債務者が主たる債務者の弁済すべき債務を弁済した場合には、代わって弁済した金額については、主たる債務者に対し求償権を有します（民法459～465）。なお、保証債務者が求償権の放棄をした場合、その求償権に対して償還義務を負っている主たる債務者は、贈与されたとみなされます（相基通8-3(2)）。

(3) 債務者が資力を喪失して債務を弁済することが困難である場合

　上述したように、債務免除等された者は贈与されたとみなされるということでした（相法8）。

　ただし、債務免除等による利益を受けた場合であっても、債務者が資力を喪失して債務を弁済することが困難である場合において、債務の免除を受けたまたは債務者の扶養義務者に債務の引受けまたは弁済をしてもらったときは、その債務の弁済をすることが困難である部分の金額については、贈与により取得したものとはみなされません（相法8ただし書）。

　なお、「資力を喪失して債務を弁済することが困難である場合」及び「債務を弁済することが困難である部分の金額」については、「低額譲受」においての取扱いを準用します（相基通8-4）。

第6節　その他の利益の享受

　上記のような場合のほかにも、対価を支払わないでまたは著しく低い価額の対価で利益を受けた場合には、その利益を受けた者が、利益の価額に相当する金額を贈与により取得したものとみなされます（相法9）。

　ただし、利益を受ける者が資力を喪失して債務を弁済することが困難である場合において、その者の扶養義務者から、その債務の弁済に充てるためになされたものであるときは、その贈与により取得したものとみなされた金額のうち、その債務を弁済することが困難である部分の金額については、贈与がなかったものとされます（相法9ただし書）。

第4章 みなし贈与財産

なお、相続税基本通達9-1から9-14において、その他の利益の享受に関するものが定められています。

第7節 婚姻の取消しまたは離婚により財産の取得があった場合

(1) 内容

婚姻の取消しまたは離婚による財産の分与によって、相手方から取得した財産（民法768条《財産分与》、771条《協議上の離婚の規定の準用》及び749条《離婚の規定の準用》参照）については、贈与により取得した財産とはなりません（相基通9-8）。

民法では離婚等があった場合には、「離婚をした者の一方は、相手方に対して財産の分与を請求することができる」（民法768①）となっています。これは、財産分与請求権と呼ばれる権利ですが、①夫婦の財産関係の清算、②離婚に伴う損害賠償、③離婚後生活に困窮する配偶者に対する扶養の3つの性質があるといわれています。

これら財産分与請求権に基づき給付を受けたものは、相手方から贈与を受けたものではないため、贈与により取得した財産として取り扱われないのです。

ただし、次のいずれかに当てはまる場合には、贈与があったものとして取り扱われます（相基通9-8ただし書）。

① 分与された財産の額が婚姻中の夫婦の協力によって得た財産の額やその他一切の事情を考慮してもなお多過ぎる場合には、その多過ぎる部分

は、贈与によって取得した財産となります。
② 離婚を贈与税や相続税を免れるための手段として行われたと認められる場合には、離婚によって取得した財産すべてが、贈与によって取得した財産となります。

(2) 財産分与による資産の移転
① 分与をした者
　財産の分与として資産の移転があった場合には、分与をした者は、分与をした時に、その時の価額によりその資産を譲渡したこととなります（所基通33-1の4、最高裁昭和50.5.27判決）。財産分与が土地で行われた場合は、分与した時の土地の時価が譲渡所得の収入金額となります。

　なお、財産分与による資産の移転は、財産分与義務の消滅という経済的利益を対価とする譲渡であり贈与ではないため、所得税法59条1項《みなし譲渡課税》の規定は適用されません（所基通33-1の4（注）1）。

② 分与を受けた者
　財産の分与により取得した財産は、その取得した者がその分与を受けた時において、その時の価額により取得したこととなります（所基通38-6）。
　したがって、将来、分与を受けた土地を売った場合には、財産分与を受けた日を基に、長期譲渡になるか短期譲渡になるかを判定することになります。

第4章 みなし贈与財産

第8節 財産の名義変更

(1) 内 容

　贈与は、他人間で行われることはまれであり、通常、親族間等の特別関係がある者相互間で行われることが多いです。そのため、贈与が行われたことの事実認定については、かなりの困難を伴うことが多いです。

　なお、財産の名義変更は、新たにその所有権を取得した者が第三者に対し、所有権を主張するために行われるのがほとんどであり、一般的に名義人が所有権者と推定されます。そのため、不動産等の名義の変更があった場合において対価の授受が行われていないときまたは他の者の名義で新たに不動産等を取得した場合においては、これらの行為は、原則として、名義人となった者が財産を贈与により取得したものとして取り扱われます（相基通9-9）。

　しかし、財産の名義変更または他人名義による財産の取得が行われた場合においても、それが贈与の意思に基づくものでなく、他のやむを得ない理由に基づいて行われる場合またはこれらの行為が権利者の錯誤に基づいて行われた場合等においてまで、一律に扱うのは適当ではありません。このような贈与と認定すべきでない場合について、個別通達「名義変更等が行われた後にその取消し等があった場合の贈与税の取扱いについて（以下「名義変更通達」といいます）」（昭和39年5月23日・直資68）と「『名義変更等が行われた後にその取消し等があった場合の贈与税の取扱いについて』通達の運用について（以下「運用通達」といいます）」（昭和39年7月7日・直資103）を基に下記で説明します。

(2) 他人名義により不動産等を取得した場合で贈与としない場合

　他人名義により、不動産、船舶または自動車の取得、建築または建造(以下「取得等」といいます)の登記または登録をしたため、贈与があったとされる(相基通9-9)ときでも、その名義人となった者について次のイ及びロの事実が認められるときは、これらの財産に係る最初の贈与税の「申告若しくは決定または更正(これらの財産の価額がその計算の基礎に算入されている課税価格または税額の更正を除きます)」(以下「申告等」といいます)の日前にこれらの財産の名義を取得等した者(以下「取得者等」といいます)の名義としたときに限り、これらの財産については、贈与がなかったものとして取り扱われます(名義変更通達1)。

イ　これらの財産の名義人となった者(その者が未成年者である場合には、その法定代理人を含みます)がその名義人となっている事実を知らなかったこと(その知らないことが名義人となった者が外国旅行中であったことまたはその登記済証もしくは登録済証を保有していないこと等当時の情況等から確認できる場合に限ります)

ロ　名義人となった者がこれらの財産を使用収益していないこと。
　ただし取得者等が、この上記「贈与がなかった」取扱いを悪用して贈与税のほ脱を図ろうとしていると認められる場合には、この取扱いの適用がないものとし、原則として取得者等が「贈与がなかった」取扱いの適用をすでに受けている場合または受けていると認められる場合には、この取扱いについて熟知しているので適用はされません(名義変更通達4)。

(3) 過誤等により取得財産を他人名義とした場合等の取扱い

　他人名義により不動産等の取得等の登記等をしたことが過誤に基づき、または軽率にされたものであり、かつ、それが取得者等の年齢その他により確認できるときは、これらの財産に係る最初の贈与税の申告等の日前にこれらの財産の名義を取得者等の名義とした場合に限り、これらの財産に

ついては、贈与がなかったものとして取り扱われます（名義変更通達5）。

　自己の有していた不動産等の名義を他の者の名義に名義変更の登記等をした場合において、それが過誤に基づきまたは軽率に行われた場合においても、また同様とされます。

(4) 法定取消権等に基づいて贈与の取消しがあった場合の取扱い

　贈与契約が法定取消権または法定解除権に基づいて取り消され、または解除されその旨の申出があった場合には、その取り消され、または解除されたことが、その贈与に係る財産の名義を贈与者の名義に変更したことその他により確認された場合に限り、その贈与はなかったものとして取り扱われます（名義変更通達8）。以下に掲げる事実が認められる場合には、そのように取り扱われます（運用通達3）。

イ　民法96条（詐欺または強迫による取消権）の規定に基づくものについては、詐欺または強迫をした者について公訴の提起がされたこと、またはその者の性状、社会上の風評等から詐欺または強迫の事実が認められること

ロ　民法754条（夫婦間の契約取消権）の規定に基づくものについては、その取消権を行使した者及びその配偶者の経済力その他の状況からみて取消権の行使が贈与税の回避のみを目的として行われたと認められないこと

ハ　未成年者の行為の取消権、履行遅滞による解除権その他の法定取消権または法定解除権に基づくものについては、その行為、行為者、事実関係の状況等からみて取消権または解除権の行使が相当と認められること

(5) 合意解除により贈与の取消しがあった場合の取扱い

　贈与契約の取消し、または解除があった場合（上記「法定取消権等に基づいて贈与の取消しがあった場合の取扱い」に該当して贈与契約が取り消され、

または解除された場合を除きます）でも、その贈与契約に係る財産の価額は、贈与税の課税価格に算入することになります（名義変更通達11）。つまり、贈与契約が合意により取り消され、または解除された場合においても、原則として、その贈与がなかったものとはされないということです。

ただし、特例により、当事者の合意による取消しまたは解除が次に掲げる事由のいずれにも該当しているときは、税務署長においてその贈与契約に係る財産の価額を贈与税の課税価格に算入することが著しく負担の公平を害する結果となると認める場合に限り、その贈与はなかったものとして取り扱うことができるものとされています（運用通達4）。

イ 贈与契約の取消しまたは解除が当該贈与のあった日の属する年分の贈与税の申告書の提出期限までに行われたものであり、かつ、その取消しまたは解除されたことが贈与に係る財産の名義を変更したこと等により確認できること

ロ 贈与契約に係る財産が、受贈者によって処分され、もしくは担保物件その他の財産権の目的とされ、または受贈者の租税その他の債務に関して差押えその他の処分の目的とされていないこと

ハ 贈与契約に係る財産について贈与者または受贈者が譲渡所得または非課税貯蓄等に関する所得税その他の租税の申告または届出をしていないこと

ニ 贈与契約に係る財産の受贈者がその財産の果実を収受していないこと、または収受している場合には、その果実を贈与者に引き渡していること

なお、贈与契約の取消し、または解除により贈与に係る財産の名義を贈与者の名義に名義変更した場合のその名義変更については、贈与がなかったものとされるかどうかにかかわらず、贈与として取り扱われません（名義変更通達12）。

第4章 みなし贈与財産

(6) 国税庁質疑応答事例回答（父所有の家屋に子が増築した場合の贈与税の課税関係）の解説

【照会要旨】

　甲名義の木造2階建住宅に、甲の子乙が増築をしました（増築費用は1,000万円）。

　当該建築に係る部分については、旧家屋（時価は1,000万円）の部分と区分して登記することが困難なため、次の方法で増築後の家屋の名義を甲、乙それぞれ2分の1としたいと考えています。すなわち、旧家屋の持分2分の1を甲から乙に時価で譲渡し、その譲渡代金は、乙が支出した増築費用のうち甲が負担すべき部分の金額500万円（1,000万円×1/2）と相殺することとするものです。

　この場合には、贈与税の課税関係は生じないものと考えますがどうですか。なお、当該家屋の敷地は、甲の所有するものであり、乙は無償で当該土地を使用することとなります。

【回答要旨】

　照会意見のとおり贈与税の課税関係は生じません。

(注)　甲の旧家屋の2分の1の譲渡に係る譲渡所得については、親子間の譲渡であるから、租税特別措置法35条1項に規定する居住用財産の特別控除の特例等の適用がありません。

【解説】

　親（甲）名義の家屋に子供（乙）が増築した場合、増築部分は家屋の所有者の所有物となります（民法242）。そのため、親が子供に対して対価を支払わないときには、親は子供から増築費用相当額の利益を受けたものとして贈与税が課税されることになります（相法9）。ただし、子供が支払った増築費用に相当する家屋の持分を親から子供へ移転させれば、利益を受けたことにならないので贈与税は課税されないということになります。

109

なお、親から子供への家屋の持分の移転は、親から子供に対する譲渡となり譲渡所得の課税対象になり、親子間の譲渡であるため、居住用財産を譲渡した場合の特例（措法31の3、35）の適用はありません。

第9節　親族間の金銭貸借

(1) 内 容

　親からお金を借りてマイホームを買うというように、家族などの親族間でお金を貸し借りすることは多いと思います。ただし、いくつか注意する点があります。

　国税庁タックスアンサー「No.4420　親から金銭を借りた場合」では、相続税基本通達9-10を基として以下のように記載されています。なお、原文に（イ）（ロ）（ハ）を追加しています。

　「（イ）親と子、祖父母と孫など特殊の関係がある人相互間における金銭の貸借は、その貸借が、借入金の返済能力や返済状況などからみて真に金銭の貸借であると認められる場合には、借入金そのものは贈与にはなりません。

　（ロ）しかし、その借入金が無利子などの場合には利子に相当する金額の利益を受けたものとして、その利益相当額は、贈与として取り扱われる場合があります。

　（ハ）なお、実質的に贈与であるにもかかわらず形式上貸借としている場合や『ある時払いの催促なし』または『出世払い』というような貸借の

110

場合には、借入金そのものが贈与として取り扱われます。
(相基通9-10)」

なお、上記のことを（ハ）、（ロ）、（イ）の順と順番は逆になりますが、以下、説明していきたいと思います。

(2) 借入金そのものが贈与

（ハ）では、以下の2つのことが記載されています。
① 実質的に贈与であるにもかかわらず形式上貸借としている場合には、借入金そのものが贈与として取り扱われます。
② 「ある時払いの催促なし」または「出世払い」というような貸借の場合には、借入金そのものが贈与として取り扱われます。

まず①については、形式上は貸借としているけれど、実質的には贈与だということであり、このような場合、借入金そのものが贈与として取り扱われることは、当然といえば当然でしょう。

次に②についてですが、出世払い等というような貸借の場合には、借入金そのものが贈与として取り扱われるというようなことは、法令、通達上は書かれていません。なお、出世払い等については、『平成24年版　図解　相続税・贈与税』（青木公治編・大蔵財務協会）では、以下のように解説されています。

「金銭の授与に当たって、『ある時払いの催促なし』又は『出世払い』というように、弁済の履行について債務者の意思のみによる停止条件を付されたものについては、その法律行為自体が無効となる場合があり（民法134）、このような場合には、金銭消費貸借契約の成立を認めることができませんので、当該金銭の授与は、贈与税の課税の対象となります。」

なお、判例（大審院大正4年3月24日）では、出世払いは「停止条件」ではなく「不確定期限」となっており、上記の解説には疑問もあるところですが、私個人も、出世払い等というような形の貸借は贈与とみなされる

可能性が高いため、すべきではないと思います。

親族間による金銭授受を、当事者が主張した金銭消費貸借ではなく贈与によるものとされた事例は少なくないです。例の多くに共通することは、「金銭消費貸借契約書が作成されてない」「貸し手が返済を求めてない」「借り手が返済をしてない」となっています。以下、参考となる判決を掲げておきます。

「相続税法1条の2（当時）に定める贈与税の課税原因となる贈与は、贈与者の贈与の意思表示に対して受贈者がこれを受諾することによって成立する契約であるが、一般に妻子等自己と極めて親密な身分関係にある者の間で財貨の移動があった場合、これが租税回避の手段としてされることが少なくない。そのため、贈与税の課税に当たっては実質課税の原則に則り、実質に着目して行われるべきである。したがって、親族間で財産的利益の付与がされた場合には、後にその利益と同等の価値が現実に返還されるか又は将来返還されることが極めて確実である等（若しくは、名義上の利益付与等）特別の事情が存在しない限り、贈与であると認めるのが相当である。」（平成15年12月4日判決・津地方裁判所より　TAINZコード253-9483）

(3) 利子に相当する金額が贈与

（ロ）では、以下のように記載されています。

その（真に金銭の貸借であると認められる場合の）借入金が無利子などの場合には利子に相当する金額の利益を受けたものとして、その利益相当額は、贈与として取り扱われる場合があります。

つまり、特殊関係者間においては、無利子で金銭の貸与があった場合には、それが真に金銭の貸借であると認められる場合でも、利子に相当する金額は相続税法9条に規定する利益を受けた場合に該当し、原則として贈与として取り扱われるということになります（相基通9-10）。ただし、そ

の利益を受ける金額（つまり、利子に相当する金額）が少額である場合または は課税上弊害がないと認められる場合には、強いてこの取扱いをしなくて も妨げないものとするとされています（相基通9-10ただし書）。

　通常、親が子供にお金を貸すときに利子はとらないでしょう。仮に利子 をとったらとったで、それは所得となり、結果的に相続財産を増やすこと にもなります。よって、できれば無利子としたいのだが、一方、贈与税が かかっても困るというのが本音でしょう。

　なお、借入金額の残高を基に、民法404条（法定利率）の年利率5％を 乗じて算定した年間の利子相当額（返済していけば、残高が減少していくの で、1日当たりの利子相当額を積み上げて算定）が、110万円（贈与税の基礎 控除額）の範囲内であるなら、贈与税はかからないと思います（他に贈与 財産なし）。なお、当然のことですが、真に金銭の貸借であると認められる 場合が前提ですので、そうでない場合は借入金そのものが贈与となります。

(4)「金銭消費貸借契約書」の作成

　（イ）では、以下のように記載されています。

　親と子など特殊の関係がある人相互間における金銭の貸借は、その貸借 が、借入金の返済能力や返済状況などからみて真に金銭の貸借であると認 められる場合には、借入金そのものは贈与にはなりません。

　つまり、真に金銭の貸借であるならば、贈与ではないということです。 当たり前といえば、当たり前の話ですが、当局に、金銭の貸借であるのに 贈与だと誤解されないようにするためには、必ず、「金銭消費貸借契約書」 の作成をすることです。そして、その契約書に書かれている通りに、返済 を確実にするということになります。また、できれば、その返済も現金で するのではなく、当事者の銀行口座を通す方が良いでしょう。

　なお、作成する「金銭消費貸借契約書」のポイントは以下の通りとなり ます。

① 借りるお金は借主が返済可能な範囲にする。借主の返済能力を超えてはいけない
② 返済の完了年時における貸主の年齢が不自然でないこと。例えば、貸主の年齢が70歳なのに、40年で返済というのは不自然
③ 借入金額・利率・返済期間・返済方法などについて明らかにする
④ 貸主・借主がともに署名捺印をする
⑤ 借入金額に応じた収入印紙の貼付と消印が必要

以下、「金銭消費貸借契約書」のサンプルです。

金銭消費貸借契約書

　貸主○○○○（以下、貸主）と借主△△△△（以下、借主）の間に、次のとおり金銭消費貸借契約を締結した。

　第１条　貸主は、平成○年○月○日、借主に対し、金銭消費貸借のため金○○○万円を交付し、借主はこれを受け取り借用した。

　第２条　借主は、元金を、平成○年○月末日から平成○年○月末日まで、毎月末日までに金○○万円ずつ合計○○回の分割払いで返済する。

　第３条　借主は元金に対して年○％の割合による利息を、前条の各元金返済と同時に支払う。

　第４条　借主は、貸主の指定する口座に送金して支払う。

　以上の契約を証するため本契約書１通を作成し、各自署名捺印のうえ、貸主が原本を保有し、借主はその写しを保有する。

平成○年○月○日

　　　　　　　貸主　（住所）東京都港区六本木○丁目○番○号
　　　　　　　　　　（氏名）○○　○○　　　　印

　　　　　　　借主　（住所）東京都港区六本木○丁目○番○号
　　　　　　　　　　（氏名）△△　△△　　　　印

(5) 裁決例

ケース

平 01-06-16 裁決

・裁決事例集　No.37-241 ページ

・TAINZ コード J37-4-03

〈(無利息の金銭貸与)　無利息の金銭借入れにおいて、利息相当額の経済的利益の額を贈与により取得したとみなして贈与税の課税をすることは所得税との二重課税とならず適法であるとした事例〉

事案の概要

——審査請求人（以下「請求人」といいます）は、昭和53年に開設し経営しているA自動車学校の運営資金に充てるため、請求人の父であるB男（昭和60年9月1日死亡）から、開業時の昭和53年ころから昭和60年までの間、借入れを行っている。借入金については、請求人とB男との間において、金銭消費貸借契約書は作成されておらず、かつ、無利息と取り決められている。

この借入金は、運営資金として必要な都度借り入れ、また、資金に余裕があれば、その一部を返済してきたことにより、借入金残高には増減がみられ、昭和56年1月1日現在の借入金残高は、125,422,314円であり、B男が死亡した昭和60年9月1日現在の借入金残高は、323,310,479円である。

請求人は、昭和56年分～昭和60年分（以下「各年分」といいます）の贈与税の申告書を提出していなかったため、原処分庁は、昭和62年2月26日付で各年分について、決定及び無申告加算税の賦課決定をした。

原処分庁は、本件金銭貸借に伴う利息相当額の経済的利益の額が発生していると認定し、本件経済的利益の額を請求人がB男から贈与により取得したものとみなした。

第4章　みなし贈与財産

　原処分庁は、各年分の贈与税の課税価格となる各年分の本件経済的利益の額を、借入期間別の借入金額を基に、利率を乗じて算定したが、適用された利率は、本件金銭貸借については、利率の取決めがないため、民法第404条（法定利率）の規定を基に、年利率5パーセントとした。

　例えば、昭和56年分においては、借入金残高は125,422,314円〜198,922,314円の間で変動しているが、年利率5パーセントで計算し、経済的利益の額は8,762,702円と算定。

　これに対し、請求人は次のように主張。

　本件金銭貸借に係る借入金は、事業の運営資金に充てたものであり、事業所得の金額の計算上、原処分庁が認定した本件経済的利益の額を必要経費の額に算入していないので、その額だけ事業所得の金額が多く算出されていることは明らかである。したがって、本件経済的利益の額について、贈与を受けたものとみなして、これに贈与税を課税することは、所得税との二重課税となる。

　相続税法基本通達9-10のただし書によれば、「その利益を受ける金額が少額である場合又は課税上弊害がないと認められる場合には、強いてこの取扱いをしなくても妨げない。」と定められているとして、この取扱いは、「少額又は課税上弊害がない場合」と明記しているのみで、金額の基準については定めておらず、また、「課税上弊害がある」とは、租税回避を意図したり、借入金を借入目的以外に流用したりする場合を指すものであり、本件金銭貸借はこれに該当しないので、上記通達のただし書を適用すべきである。

　裁決の要旨
① 「二重課税となる」請求人の主張否定
　――贈与税は取得した財産を課税対象としており、資産の運用益等すなわち所得を課税対象とする所得税とはおのずからその課税対象を異にするものであり、また、本件経済的利益の額は、事業所得の収入金額には加算

117

されておらず、所得税は課税されていないのであるから、二重課税であるとの請求人の主張は採用できない。

② 「相続税法基本通達9-10のただし書を適用すべき」請求人の主張否定

——本件金銭貸借は、Ａ自動車学校経営の運営資金として請求人の事業活動に活用されたもので、その借入金額は多額であり、かつ、借入期間も長期間にわたっており、原処分庁が、本件金銭貸借に伴う利息相当額の経済的利益の額を贈与により取得したものと認定したことは相当であり、請求人の主張は採用できない。

また、課税上弊害がある場合とは、単に、請求人の主張する租税回避を意図したり、借入金を本来の借入目的以外に流用したりするような場合にのみ限定されるものではなく、その行為を容認して課税を行わないとした場合には、課税の公平が維持できないというようなものが該当するものであり、請求人が主張するように限定的にとらえるべきではなく請求人の主張は採用できない。

③ 原処分庁の決定は相当

——本件経済的利益の額について、相続税法9条に規定する「対価を支払わないで又は著しく低い価額の対価で利益を受けた場合」に該当すると認定し、これを請求人がＢ男から贈与により取得したものとみなして贈与税を課税した決定は相当である。

第10節 共有持分の放棄

　共有に属する財産の共有者の1人が、その持分を放棄したときは、その持分は他の共有者に帰属します（民法255）。その放棄した者の持分は、他の共有者がその持分に応じ贈与により取得したものとして取り扱われます（相基通9-12）。

第11節 夫婦の間における住宅資金等の贈与

　夫婦が住宅を共同で購入するにあたって、「実際の購入資金の負担割合」と「所有権登記の持分割合」が異なっている場合には、贈与があったとみなされます（相法9）。

> **計算例**
>
> **Q** 総額4,000万円の住宅を購入
> 実際の購入資金の負担割合は、夫が3,000万円、妻が1,000万円
> 所有権の登記は夫と妻それぞれの持分を2分の1
> この場合においての、夫から妻への贈与があった金額
>
> **A**
> 　妻の所有分は、4,000万円×1／2（所有権登記の持分割合）＝2,000万円。よって、2,000万円－1,000万円（妻の負担分）＝1,000万円については夫から妻へ贈与があったことになります。

　なお、妻が専業主婦のように、購入時において職がない状態の場合は、購入資金の出所を明確に説明できるようにしておくべきでしょう。例えば、結婚前に貯金していたものなのか、それとも借入によるものなのか等です。

　また、夫婦が住宅を共同で購入するにあたって、金融機関等から借り入れた場合、その借入資金の返済がその借入者以外の者の負担によってされているときは、その負担部分は借入者に対する贈与とみるべきです（相法8）。

　なお、その借入者及び返済者が共働きの夫婦であり、かつ、借入資金の返済が事実上、共働きの夫婦の収入によって共同でされていると認められるものについては、その所得あん分で負担するものとして取り扱われます。なお、その借入者が贈与を受けたものとして取り扱う金額は、暦年ごとに、その返済があった部分の金額を基として計算します（昭和34年6月16日・直資58）。

第4章　みなし贈与財産

> **計算例**
>
> **Q** 総額 4,000 万円の住宅を全額借入金で購入、夫単独の名義。
> 平成 24 年の返済額は 400 万円で、夫婦共同で返済
> 夫の所得 600 万円、妻の所得 200 万円
> この場合においての、平成 24 年における妻から夫への贈与があった金額
>
> **A**
>
> （返済額）×（妻の所得／夫婦合計の所得）となるため、
> 400 万円×（200 万円／800 万円）＝ 100 万円

第12節　使用貸借

(1) 内 容

　親子や夫婦などの親族間において土地を借りる場合には、地代も権利金も支払わないことが一般的でしょう。地代も権利金も支払うことなく土地を借りることを土地の使用貸借といいます。

　使用貸借は、当事者の一方が無償で使用及び収益をした後に返還をすることを約して相手方からある物を受け取ることによって、その効力が生じます（民法593）。なお、当事者が返還の時期ならびに使用及び収益の目的を定めなかったときは、貸主は、いつでも返還を請求することができる（民

121

法597③)ことなどとなっており、借主の立場は強くありません。そのため、借地借家法に定める借地権とは異なった取扱いがされます。

　なお、個人間の使用貸借に係る土地についての贈与税の取扱いについては、個別通達「使用貸借に係る土地についての相続税及び贈与税の取扱いについて」(昭和48年11月1日・直資2-189ほか)により定められており、以下ではその「使用貸借通達」を基に説明をします。当事者のいずれか一方が法人である場合のその他方の個人については、原則として、法人税の取扱いに準拠して取り扱うこととされています。

(2) 使用貸借による土地の借受けがあった場合

① 内　容

　建物等の所有を目的として使用貸借による土地の借受けがあった場合においては、借地権(建物等の所有を目的とする地上権または賃借権をいいます。以下同じ)の設定に際し、その設定の対価として通常権利金その他の一時金(以下「権利金」といいます)を支払う取引上の慣行がある地域(以下「借地権の慣行のある地域」といいます)においても、その土地の使用貸借に係る使用権の価額は、ゼロとして取り扱われます(使用貸借通達1)。

　例えば、親の土地を使用貸借して子供が家を建てた場合、使用貸借による土地を使用する権利の価額はゼロとして取り扱われますので、子供は借地権相当額の贈与を受けたとして贈与税が課税されることはありません。

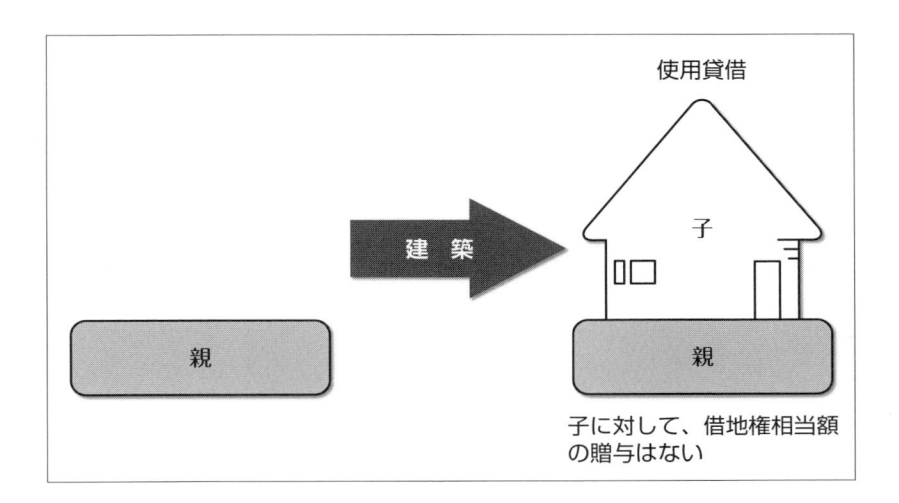

[図: 親が所有する土地に子が建物を建築（使用貸借）。子に対して、借地権相当額の贈与はない]

② 毎年の地代相当額

建物等の所有を目的とした使用貸借による土地の借受けは、親族間（特殊関係者間）で一般的によくあります。このような場合には、借受者は、その土地を無償で使用及び収益することになるので、毎年の地代相当額については経済的利益を受けたことになります（相法9、相基通9-10）。ただし、その利益を受ける金額が少額である場合または課税上弊害がないと認められる場合には、強いて課税されなくてもよいように取り扱われています（相基通9-10ただし書）。

③ 通常の必要費負担

使用貸借において、借主は借用物の通常の必要費を負担するとなっています（民法595①）。したがって、例えば、土地の借受者と所有者との間に借受けに係る土地の公租公課に相当する金額以下の金額の授受があるにすぎないものは使用貸借に該当し、土地の借受けについて地代の授受がないものであっても権利金その他地代に代わるべき経済的利益の授受のあるものは使用貸借に該当しません。

④ 相続時

　例えば、親の土地を使用貸借して子供が家を建てた場合、使用貸借による土地を使用する権利の価額はゼロとして取り扱われますので、子供は借地権相当額の贈与を受けたとして贈与税が課税されることはありません。

　ただしその結果、将来、子供がこの使用貸借されている土地を相続により取得した場合は、貸宅地としての評価額でなく自用地（更地）としての評価額になります（使用貸借通達3）。

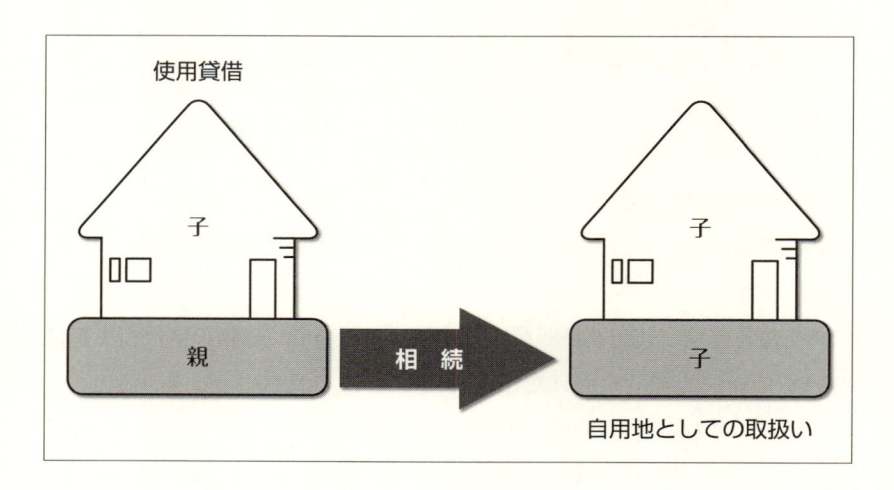

(3) 使用貸借による借地権の転借があった場合

① 内　容

　借地権を有する者（以下「借地権者」といいます）からその借地権の目的となっている土地を使用貸借により借り受けて（すなわち転借して）その土地の上に建物等を建築した場合または借地権の目的となっている土地の上に存する建物等を取得し、その借地権者からその建物等の敷地を使用貸借により借り受けることとなった場合においては、借地権の慣行のある地域においても、その借地権の使用貸借に係る使用権の価額は、ゼロとして

取り扱われます（使用貸借通達2）。

　例えば、子供が使用貸借により親の借地に家を建てた場合、借地権の使用貸借による借地を使用する権利の価額はゼロとして取り扱われますので、子供に贈与税が課税されることはありません。

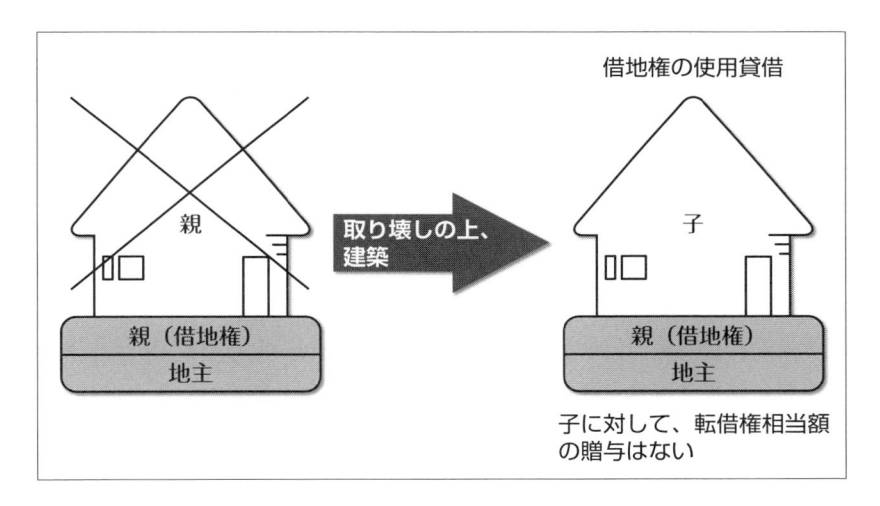

```
                                借地権の使用貸借
    [親の家(取り壊し)] →取り壊しの上、建築→ [子の家]
    親（借地権）            親（借地権）
    地主                    地主

                            子に対して、転借権相当額
                            の贈与はない
```

　同様に、子供が親から建物のみの贈与を受け、親の借地権を使用貸借とした場合、借地権の使用貸借による借地を使用する権利の価額はゼロとして取り扱われますので、建物のみが贈与税の課税対象となります。

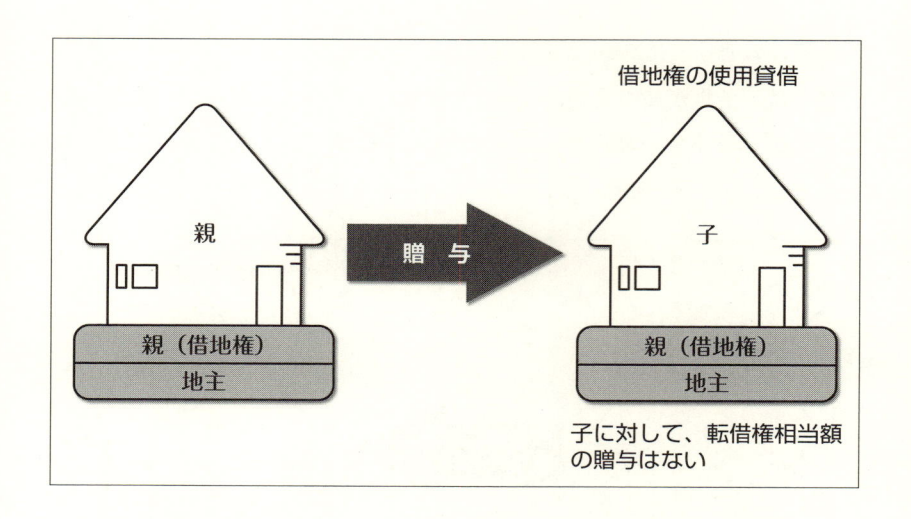

[図: 親から子への贈与。借地権の使用貸借。子に対して、転借権相当額の贈与はない]

　なお、上記のように借地権者からその借地権の目的となっている土地を使用貸借により借り受けて、その土地の上に建物等を建築した場合等には、「借地権の使用貸借に関する確認書」を使用貸借に係る借受者は、すみやかにその者の住所地の所轄税務署長に提出します。この確認書は、使用貸借に係る借受者、借地権者及び土地の所有者の３人が、その事実を連名で確認するものです。

　なお、確認の結果、借地権の貸借が使用貸借に該当しない場合には、その実態に応じ、借地権または転借権の贈与として贈与税の課税関係が生ずる場合があります。

② 相続時

　例えば、子供が使用貸借により親の借地に家を建てた場合、借地権の使用貸借による借地を使用する権利の価額はゼロとして取り扱われますので、子供に贈与税が課税されることはありません。

　ただしその結果、将来、子供が使用貸借されている借地権を相続により取得した場合は、この借地権の価額は、他人に賃貸している借地権の評価額ではなく、自分で使っている（自用のものである）とした場合の借地権

の評価額となります（使用貸借通達３）。

（4）使用貸借に係る土地等を贈与により取得した場合

使用貸借に係る土地または借地権を贈与により取得した場合における贈与税の課税価格に算入すべき価額は、その土地の上に存する建物等またはその借地権の目的となっている土地の上に存する建物等の自用または貸付けの区分にかかわらず、すべて当該土地または借地権が自用のものであるとした場合の価額とします（使用貸借通達３）。

例えば、使用貸借で借り受けた親の土地の上に、子供が家屋を建築し貸家としている場合に、親からその敷地の贈与を受けたときは、貸家建付地ではなく自用地の贈与を受けたことになります。これは、使用貸借により土地を使用する権利の価額はゼロとして取り扱われていることによるものです。

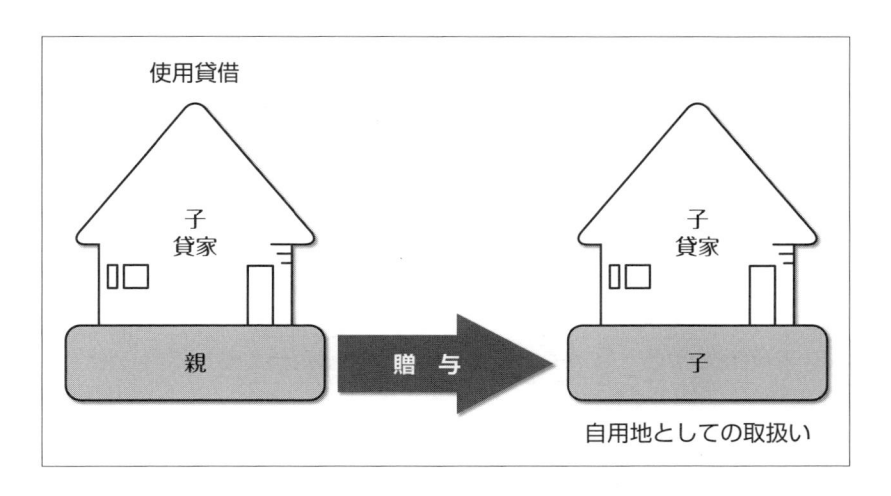

なお、同一人が貸家とその敷地を所有している場合に、その敷地の贈与を受けたとき（以後、その敷地を使用貸借）は、貸家建付地の贈与を受けたことになります。

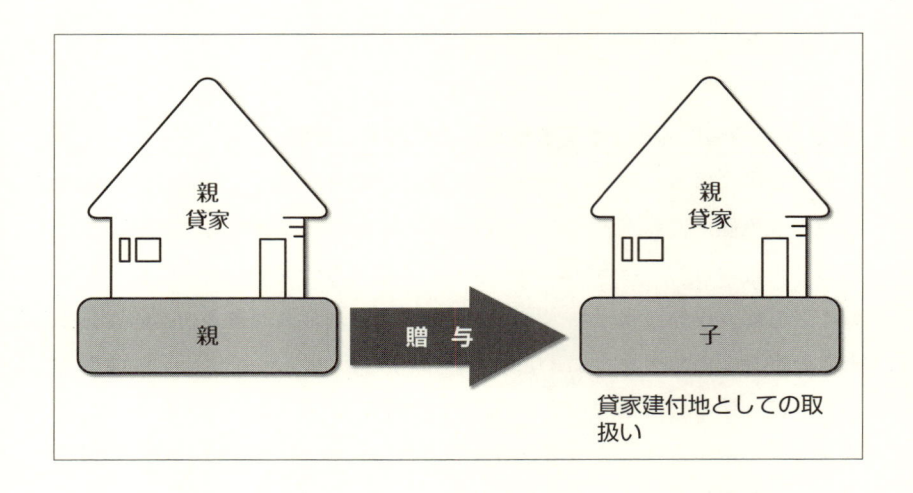

[図：親（貸家）→ 贈与 → 子（貸家）／貸家建付地としての取扱い]

(5) 使用貸借に係る土地等の上に存する建物等を贈与により取得した場合

　使用貸借に係る土地の上に存する建物等または使用貸借に係る借地権の目的となっている土地の上に存する建物等を贈与により取得した場合における贈与税の課税価格に算入すべき価額は、その建物等の自用または貸付けの区分に応じ、それぞれその建物等が自用または貸付けのものであるとした場合の価額とします（使用貸借通達4）。敷地の貸借関係が使用貸借であっても、それが建物等の価額に影響を及ぼすことはないからです。

(6) 借地権の目的となっている土地を借地権者以外の者が取得し地代の授受が行われないこととなった場合

① 内　容

　原則として、借地権の目的となっている土地（底地）をその借地権者以外の者が取得し、その土地の取得者と借地権者との間にその土地の使用の対価としての地代の授受が行われないこととなった場合には、その土地の取得者は、借地権者からその土地に係る借地権の贈与を受けたものとして

取り扱われます（使用貸借通達5）。

例えば、親が借地している土地の所有権（底地）をその子供が地主から取得したときに、親と子供の間で地代の授受が行われないこととなった場合には、親の所有していた借地権は、子供が土地を取得したときに借地権者である親から子供に贈与があったものとして取り扱われます。

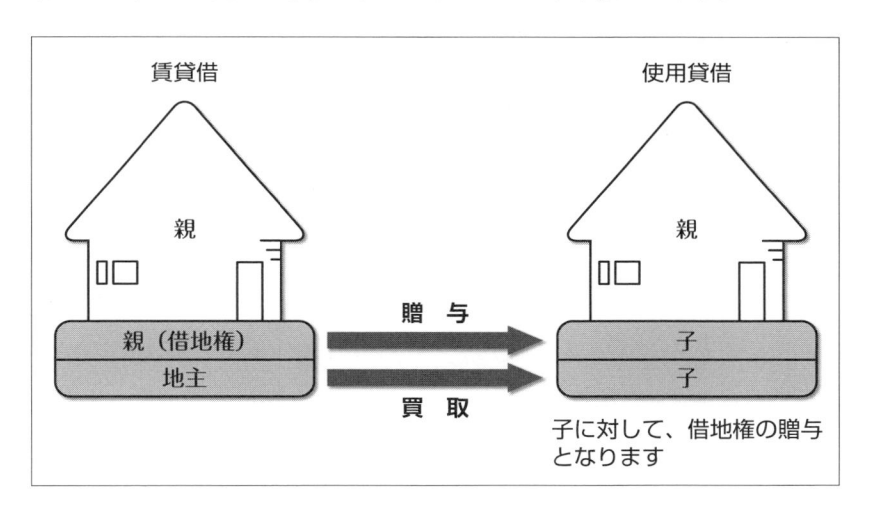

```
     賃貸借                                    使用貸借

       親                                         親

親（借地権）          贈 与              子
  地主               買 取              子
                                  子に対して、借地権の贈与
                                  となります
```

なお、上記の「土地の使用の対価としての地代の授受が行われないこととなった場合」には、例えば、土地の公租公課に相当する金額以下の金額の授受がある場合を含み、権利金その他地代に代わるべき経済的利益の授受のある場合は含まれません。

② 借地権者の地位に変更がない旨の申出

ただし、土地の使用の対価としての地代の授受が行われないこととなった理由が使用貸借に基づくものでないとして、その土地の取得者からその者の住所地の所轄税務署長に対し、その借地権者との連署による「当該借地権者は従前の土地の所有者との間の土地の賃貸借契約に基づく借地権者としての地位を放棄していない」旨の申出書が提出されたときは、贈与として取り扱われないことになっています（使用貸借通達5ただし書）。申出

書は「借地権者の地位に変更がない旨の申出書」を用います。

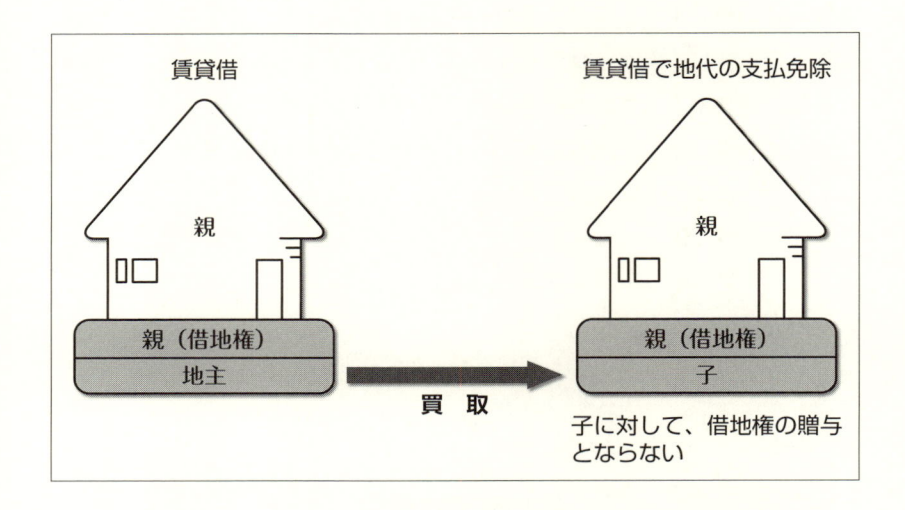

```
       賃貸借                    賃貸借で地代の支払免除

        親                           親

   親（借地権）                  親（借地権）
     地主            買 取           子

                             子に対して、借地権の贈与
                             とならない
```

（7）「借地権の使用貸借に関する確認書」と「借地権者の地位に変更がない旨の申出書」の記載例

① 借地権の使用貸借に関する確認書

　　借受者（転借人）　　東京都港区六本木〇丁目〇番〇号　　　山田一郎

　　借地権者　　　　　　東京都港区六本木〇丁目〇番〇号　　　山田太郎

　　土地の所有者　　　　東京都港区赤坂〇丁目〇番〇号　　　　赤坂花子

　　土地の所在・地積　　東京都港区六本木〇丁目〇番地・140m^2

② 借地権者の地位に変更がない旨の申出書

　　借地権者　　　　　　東京都港区六本木〇丁目〇番〇号　　　山田太郎

　　土地の所有者　　　　東京都港区六本木〇丁目〇番〇号　　　山田一郎

　　土地の所在・地積　　東京都港区六本木〇丁目〇番地・140m^2

第 4 章　みなし贈与財産

借地権の使用貸借に関する確認書

① （借地権者）　　　　　（借受者）
　　山田太郎　は、　山田一郎　に対し、平成 24 年 6 月 1 日にその借地している下記の土地 { に建物を建築させることになりました。／~~の上に建築されている建物を贈与（譲渡）しました。~~ } しかし、その土地の使用
　　　　　　　　　　　　　　　　　　　　　（借地権者）
関係は使用貸借によるものであり、　山田太郎　の借地権者としての従前の地位には、何ら変更はありません。

記

土地の所在　　東京都港区六本木〇丁目〇番地

地　　　積　　140　㎡

② 上記①の事実に相違ありません。したがって、今後相続税等の課税に当たりましては、建物の所有者はこの土地について何らの権利を有さず、借地権者が借地権を有するものとして取り扱われることを確認します。

　　平成 24 年 9 月 6 日

　　借地権者（住所）　東京都港区六本木〇丁目〇番〇号　（氏名）　山田太郎　㊞

　　建物の所有者（住所）　東京都港区六本木〇丁目〇番〇号　（氏名）　山田一郎　㊞

③ 上記①の事実に相違ありません。

　　平成 24 年 9 月 6 日

　　土地の所有者（住所）　東京都港区赤坂〇丁目〇番〇号　（氏名）　赤坂花子　㊞

※
　　上記①の事実を確認した。

　　平成　年　月　日

　　　　（確認者）　　　　　税務署　　　　　部門　担当者 ㊞

（注）　※印欄は記入しないでください。　　　　　　　　　　　　（タックスアンサー・ホームページ）

借地権者の地位に変更がない旨の申出書

平成 24 年 7 月 10 日

　　　　麻布　　税務署長　殿

（土地の所有者）
　　　　山田一郎　　は、平成 24 年 7 月 1 日に借地権の目的となっている下記の土地の所有権を取得し、以後その土地を　（借地権者）山田太郎　　に無償で貸し付けることとなりましたが、借地権者は従前の土地の所有者との間の土地の賃貸借契約に基づく借地権者の地位を放棄しておらず、借地権者としての地位には何らの変更をきたすものでないことを申し出ます。

記

土地の所在　　東京都港区六本木〇丁目〇番地

地　　積　　　140 ㎡

土地の所有者（住所）　東京都港区六本木〇丁目〇番〇号　（氏名）　山田一郎　㊞

借 地 権 者（住所）　東京都港区六本木〇丁目〇番〇号　（氏名）　山田太郎　㊞

（タックスアンサー・ホームページ）

第13節 信託に関する権利等の贈与

　相続税法においては、下記のように、適正な対価を負担することなく受益権等を取得した者は、贈与により取得したとみなされます。

　なお、下記における信託とは、退職年金の支給を目的とする信託その他の信託で政令で定めるものを除きます。また、受益者等とは、受益者としての権利を現に有する者及び特定委託者（相法9の2⑤）をいいます。

(1) 委託者と受益者が異なる場合（相法9の2①）

　信託の効力が生じた場合に、適正な対価を負担せずに信託の受益者等となる者があるときは、その信託の効力が生じた時に、受益者等となる者は、その信託に関する権利を信託の委託者から贈与により取得したものとみなされます。

　下記の場合、受益者に贈与税が課されます。

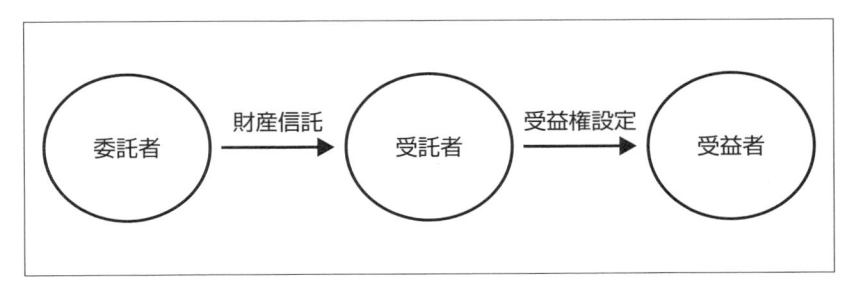

```
委託者  ──財産信託──>  受託者  ──受益権設定──>  受益者
```

(2) 受益者を変更した場合（相法9の2②）

　受益者等の存する信託について、適正な対価を負担せずに新たにその信託の受益者等が存するに至った場合には、その受益者等が存するに至った時において、その信託の受益者等となる者は、その信託に関する権利を当該信託の受益者等であつた者から贈与により取得したものとみなされます。

　下記の場合、受益者Bに贈与税が課されます。

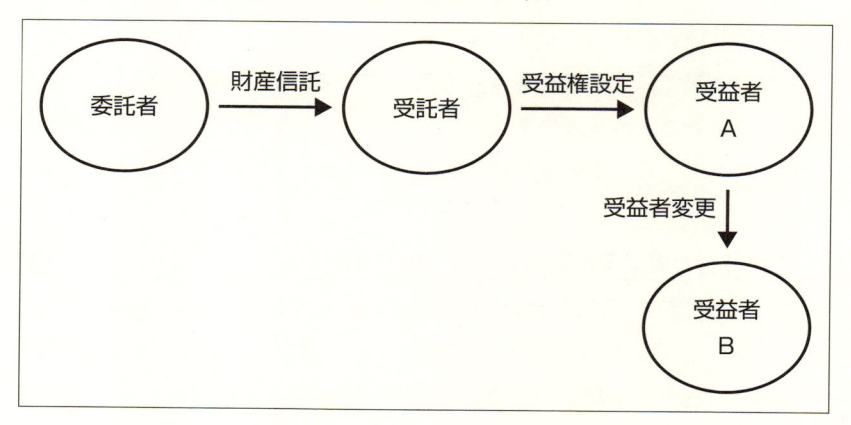

```
委託者 ──財産信託──▶ 受託者 ──受益権設定──▶ 受益者A
                                              │
                                           受益者変更
                                              ▼
                                            受益者B
```

(3) 一部の受益者が権利を放棄した場合（相法9の2③）

　受益者等の存する信託について、受益権を放棄するなど、その信託の一部の受益者等が存しなくなった場合において、適正な対価を負担せずにすでにその信託の受益者等である者がその信託に関する権利について新たに利益を受けることとなるときは、その信託の一部の受益者等が存しなくなった時に、その利益を受ける者は、その利益をその信託の一部の受益者等であった者から贈与により取得したものとみなされます。

　下掲の場合、受益者Bに贈与税が課されます。

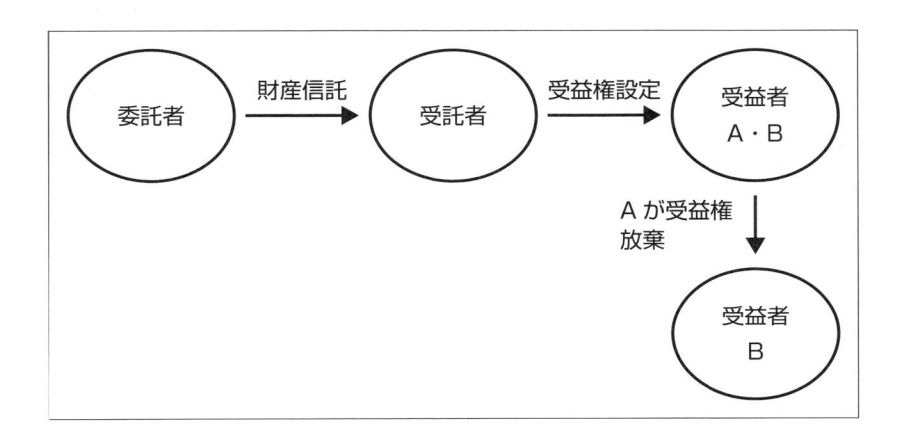

第4章 みなし贈与財産

[図：委託者 →財産信託→ 受託者 →受益権設定→ 受益者A・B、Aが受益権放棄→ 受益者B]

(4) 信託が終了し残余財産が給付された場合（相法9の2④）

　受益者等の存する信託が終了した場合に、適正な対価を負担せずにその信託の残余財産の給付を受けるべき（帰属すべき、を含みます）者となる者があるときは、その給付を受けるべき者となった時に、その信託の残余財産の給付を受けるべき者となった者は、その信託の残余財産をその信託の受益者等から贈与により取得したものとみなされます。

　下記の場合、残余財産受益者Bに贈与税が課されます。

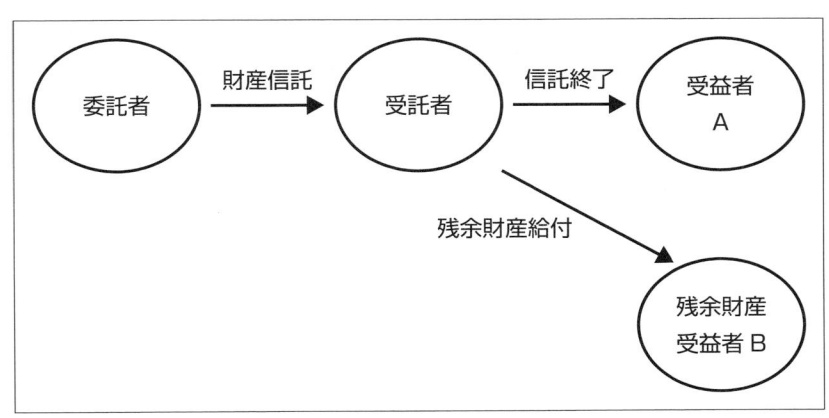

[図：委託者 →財産信託→ 受託者 →信託終了→ 受益者A、受託者→残余財産給付→残余財産受益者B]

135

(5) その他

上記の他に特例として、受益者連続型信託の特例（相法9の3）、受益者等が存しない信託等の特例（相法9の4）があります。

第5章

贈与税における非課税財産

第1節 法人からの贈与により取得した財産

　贈与税は、原則として贈与により取得したすべての財産に対してかかります。ただし、その財産の性質や贈与の目的などからみて、贈与税を課税することが適当でないものがあります。以下で説明していく財産は、贈与税が課税されないことになっています。

　贈与税は相続税の補完税という性格がありますが、法人は相続の開始ということが起こり得ませんので、法人の財産に相続税が課税されることはあり得ません。そのため、法人から個人への贈与では、相続税の補完という問題が生じませんので、贈与税以外の税が課されるようになっています。

　個人が法人からの贈与により財産を取得した場合、贈与税は非課税となります（相法21の3①一）。ただし、一時所得として所得税が課されます（業務に関して受けるもの及び継続的に受けるものを除きます）（所基通34-1(5)）。

　「法人」には、国、地方公共団体のほか、外国法人をも含みます（相基通21の3-1）。代表者または管理者の定めのある人格のない社団または財団からの贈与によって取得した財産については、法人からの贈与に準じ贈与税は課されません（相基通21の3-2）。

　なお、贈与者である法人は、財産を時価で譲渡したことになりますので、含み益のある財産を贈与した場合には法人税がかかります。

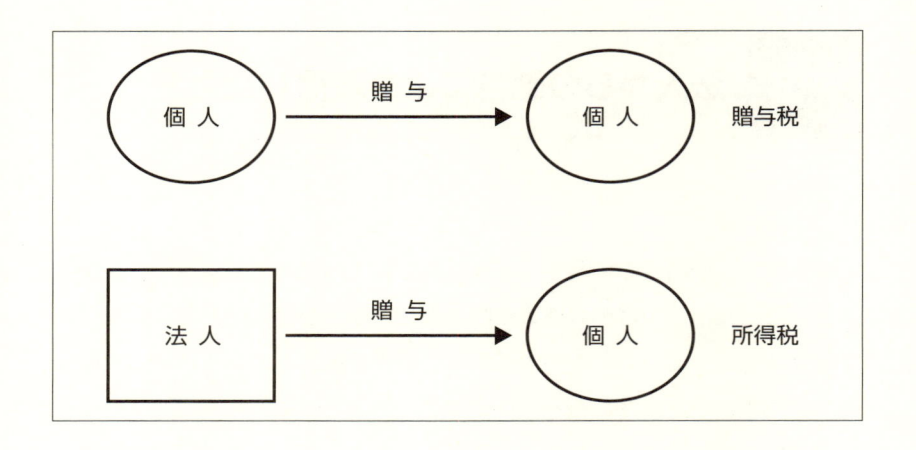

```
┌─────────────────────────────────────────────┐
│   ○ ──贈 与──▶ ○                            │
│  個人          個人    贈与税                │
│                                              │
│   □ ──贈 与──▶ ○                            │
│  法人          個人    所得税                │
└─────────────────────────────────────────────┘
```

第2節 扶養義務者から生活費や教育費に充てるために取得した財産で、通常必要と認められるもの

(1) 内容

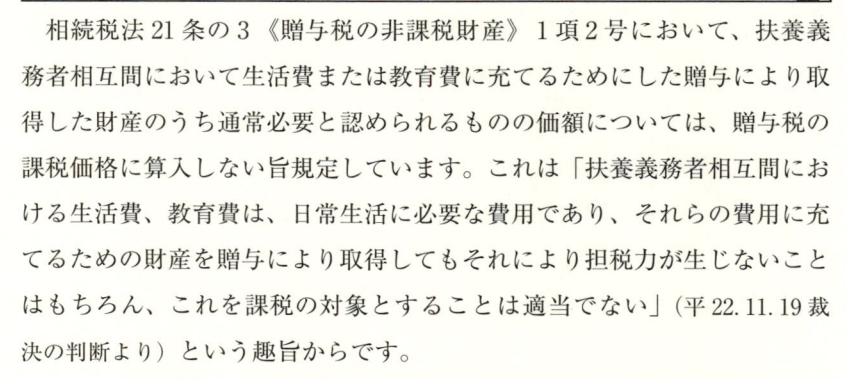

　相続税法21条の3《贈与税の非課税財産》1項2号において、扶養義務者相互間において生活費または教育費に充てるためにした贈与により取得した財産のうち通常必要と認められるものの価額については、贈与税の課税価格に算入しない旨規定しています。これは「扶養義務者相互間における生活費、教育費は、日常生活に必要な費用であり、それらの費用に充てるための財産を贈与により取得してもそれにより担税力が生じないことはもちろん、これを課税の対象とすることは適当でない」(平22.11.19裁決の判断より) という趣旨からです。

　また、所得税法9条《非課税所得》1項15号において、扶養義務者相

互間において扶養義務を履行するため給付される金品については、所得税を課さない旨規定しています。

扶養義務者相互間における贈与税の非課税規定（相法21の3①二）と所得税の非課税規定（所法9①十五）の関係は以下のようにとらえるべきだと考えられます。

「扶養義務の履行のために供された金品については贈与とはいえないから、『扶養義務を履行するため給付される金品』の範囲内にあるものは所得税法9条1項14（現15）号により非課税所得となるが、その範囲内と認められないものは贈与税の課税対象となり、そのうち『通常必要と認められるもの』については、相続税法21条の3第1項2号により贈与税の非課税財産になると解するのが相当である。そして、『扶養義務を履行するために給付される金品』に該当するか否かは、民法の定める扶養料（衣食住に必要な経費のほか、医療費、教育費、最小限度の文化費、娯楽費、交際費等）と同様に考えられる」（平22.11.19裁決の判断より）

(2) 扶養義務者

相続税法上における扶養義務者とは、配偶者及び民法877条に規定する親族をいいます（相法1の2一）。そして、民法877条（扶養義務者）に規定する親族とは、直系血族及び兄弟姉妹並びに家庭裁判所の審判を受けて扶養義務者となった三親等内の親族をいいます。

なお、これらの者のほか三親等内の親族で生計を一にする者については、家庭裁判所の審判がない場合であっても扶養義務者に該当するものとして取り扱われます（相基通1の2-1）。

扶養義務者に該当するかどうかの判定は、贈与税にあっては贈与の時の状況によります。

民法において、「扶養をする義務のある者が数人ある場合において、扶養をすべき者の順序について、当事者間に協議が調わないとき、又は協議

をすることができないときは、家庭裁判所が、これを定める。」（民法878）と扶養の順位についての規定はありますが、贈与税の非課税においては「扶養義務者相互間」としかなく、贈与者の順位については規定されていません。そのため、「父の子」に対する贈与を先順位とし、「祖父の孫」に対するものより優先すべきとは、法令、通達上は読めないと思います。

　また、所得税法における扶養親族の「生計を一にする」や「合計所得金額」といった要件は、贈与税の非課税においては規定されていません。つまり、生計を一にしてなくても、また、それなりの収入や財産がある直系血族に対する贈与であっても、それが被扶養者にとって生活費や教育費に充てるものであり、通常必要と認められる範疇であるならば非課税になると法令、通達上は読めるのではないかと思います。

(3) 生活費及び教育費

　「生活費」とは、その者の通常の日常生活を営むのに必要な費用（教育費を除きます）をいい、治療費、養育費その他これらに準ずるもの（保険金または損害賠償金により補てんされる部分の金額を除きます）を含むものとして取り扱われます（相基通21の3-3）。

　また、「教育費」とは、被扶養者の教育上通常必要と認められる学資、教材費、文具費等をいい、義務教育費に限りません（相基通21の3-4）。

　つまり、小中学校の義務教育費だけでなく、幼稚園、高校、大学、専門学校等といった義務教育以外の教育費も範疇に含まれるということになります。

(4) 生活費等で通常必要と認められるもの

　「生活費又は教育費（以下、「生活費等」といいます）」に充てるためのものとして贈与税の課税価格に算入しない財産は、生活費等として「必要な都度」直接これらの用に充てるために贈与によって取得した財産をいいま

す。したがって、生活費等の名義で取得した財産を預貯金した場合または株式の買入代金もしくは家屋の買入代金に充当したような場合におけるその預貯金または買入代金等の金額は、通常必要と認められるもの以外のものとして取り扱われます（相基通21の3-5）。

なお、「生活費等で通常必要と認められるもの」とは、被扶養者の需要と扶養者の資力その他一切の事情を勘案して社会通念上適当と認められる範囲の財産をいいます（相基通21の3-6）。

(5) 生活費等に充てるために財産の名義変更があった場合

なお、財産の果実だけを生活費等に充てるために財産の名義変更があったような場合には、その名義変更の時にその利益を受ける者（名義の取得者）がその財産を贈与によって取得したものとして取り扱われます（相基通21の3-7、9-9）。

(6) 有効な手法

贈与税の非課税財産は、この扶養義務者相互間の贈与のもの以外にもいくつかありますが、実際問題、使い勝手が一番良いのはこれでしょう。そのため、この非課税財産をうまく利用することが、結果的に相続財産を減らすことにもつながります。注意点としては、それが所得税の非課税に当たるものなのか、それとも贈与税の範囲に当たるものなのかを検討し、さらに、それが、贈与税の範囲内であれば、非課税となるものかどうかを検討するということになります。

(7) 裁決例

ケース1

被相続人が配偶者のために負担した有料老人ホームの入居金が贈与税の非課税財産（相続税法21条の3第1項2号）に該当するとされた事例

平22.11.19裁決

・TAINZコード J81-4-11

事案の概要

　　――審査請求人ら（被相続人の長男、長女）が、被相続人の配偶者が介護付有料老人ホームへ入居する際に被相続人が支払った入居金9,450,000円は、被相続人からの配偶者に対する相続開始前3年以内の贈与であるとして相続税の課税価格に加算して申告した後、当該入居金の支払いは、被相続人の配偶者に対する生活保持義務の履行であるから、贈与に当たらないとして更正の請求をした。つまり、所得税法上の非課税所得になる旨主張した。

　これに対して、原処分庁は、当該入居金の支払いは贈与には当たらないが、本件入居金の一部が被相続人の配偶者に対する金銭債権であるとして相続税の更正処分をした。原処分庁は、本件配偶者が本件老人ホームへ入居する際の入居金を本件被相続人が支払ったことについて、本件入居金のうち定額償却部分（60か月、5,880,000円）については、生活保持義務の履行のための前払金的性格を有するものであり、本件配偶者はその履行に係る役務提供を受けていない部分（54か月分）について返還義務があるから、本件被相続人は本件配偶者に対して金銭債権5,292,000円を有している旨主張した。

　これに対し、請求人らが、処分の取消しを求めた。

　なお、本件老人ホームは介護付有料老人ホームであり、居室面積は15.00平方メートルであり、共用施設はロビー、食堂（多目的スペース・機能訓練室兼用）、多目的スペース、大浴場、介護用浴室、個人用浴室、集中管理

室(健康管理室・看護師室兼用)、事務室、トイレ、洗濯室、エレベーター、駐車場である。

　また、入居金 9,450,000 円は入会金 1,050,000 円、施設協力金 1,050,000 円及び一時入居金 7,350,000 円の総額であり、入会金及び施設協力金は、在ホーム日数にかかわらず返還されない。本件一時入居金は、その 20％ が契約締結日にさかのぼって即時償却され、残額が入居年齢に応じた償却期間（60 か月）で毎月均等に定額償却される。入居者である契約者がその入居後 60 か月以内に死亡または契約解除をして退去した場合に限り、その未償却分相当額を返還金受取人に返還するものとされている。なお、定額償却部分の償却期間が経過しても居住を続けられる。

裁決の要旨

―① 原処分庁の「金銭債権を有している旨主張」否定

　本件配偶者は、本件被相続人が本件入居金を支払ったことにより、本件老人ホームに入居し介護サービスを受けることができることになったところ、本件配偶者には本件入居金を一時に支払うに足る資産がないこと（本件老人ホームへの入居直前において、本件配偶者が有していた資産は、自宅と普通預金約 80 万円であり、本件配偶者には年金以外の収入はない）等にかんがみれば、本件入居金は、本件被相続人がこれを支払い、本件配偶者に返済を求めることはしないというのが、本件被相続人及び本件配偶者間の合理的意思であると認められる。よって、本件入居金支払時に、両者間で、本件入居金相当額の金銭の贈与があったと認めるのが相当である。

　この点、原処分庁は、本件一時入居金のうち定額償却部分は、本件配偶者の家賃等に充当されるものであり、本件入居金の支払時には、本件配偶者は本件被相続人から生活保持義務の履行に係る役務提供をいまだ受けていないことから、定額償却部分については、生活保持義務の履行のための前払金的性格を有し、本件配偶者は、その履行に係る役務提供を受けていない部分について返還義務がある旨主張する。しかしながら、本件一時入

居金を含む本件入居金は、一定の役務の提供を終身にわたって受け得る地位に対応する対価の支払いであり、本件配偶者は、定額償却部分の償却期間が経過しても居住を続けられることからすれば、定額償却部分を純粋な家賃等の前払分と判断することは相当とはいえない。

　以上から、本件被相続人が本件配偶者に対して本件返還金相当額の金銭債権を有しているとする原処分庁の主張には理由がない。

② 請求人らの「所得税法上の非課税所得になる旨主張」否定

　「扶養義務を履行するために給付される金品」に該当するか否かは、民法の定める扶養料（衣食住に必要な経費のほか、医療費、教育費、最小限度の文化費、娯楽費、交際費等）と同様に考えられるところ、「住」の範囲には住宅の賃借料が含まれるとしても、入居時に一括して支払われる本件入居金を、通常の住宅の賃借料等の支払いと同視して、「扶養義務を履行するために給付される金品」に該当すると認めることはできない。したがって、請求人らの主張には理由がない。

③ 贈与税の非課税財産に当たる

　本件配偶者は高齢（本件老人ホームへの入居時において年齢は 8X 歳）かつ要介護状態（要介護4と判定された）にあり被相続人による自宅での介護が困難になり、介護施設に入居する必要に迫られ本件老人ホームに入居したこと、本件入居金を一時に支払う必要があったこと、本件配偶者には本件入居金を一時に支払う金銭を有していなかったため本件被相続人が代わりに支払ったこと、本件被相続人にとって本件入居金を負担して本件老人ホームに本件配偶者を入居させたことは、自宅における介護を伴う生活費の負担に代えるものとして相当であると認められること及び本件老人ホームは本件配偶者の介護生活を行うための必要最小限度のもの（居室面積 15.00 平方メートル、所有権なし等）であったことが認められることからすれば、本件入居金相当額の金銭の贈与は、本件においては、介護を必要とする本件配偶者の生活費に充てるために通常必要と認められるものである

と解するのが相当である。

したがって、本件入居金相当額の金銭は、相続税法21条の3《贈与税の非課税財産》1項2号に規定する贈与税の非課税財産に当たるから、その贈与が本件相続の開始前3年以内に行われているとしても、同法19条《相続開始前3年以内に贈与があった場合の相続税額》の規定が適用されるものでもない。

本件各更正処分は違法であり、その全部を取り消すべきである。

ケース2

贈与税の非課税財産に該当しないとされた事例
平23.6.10裁決
・TAINZコードJ83-4-20

被相続人が配偶者のために負担した有料老人ホームの入居金が贈与税の非課税財産（相法21の3①二）に該当するか否かについて、上記**ケース1**の事例では非課税財産に該当すると判断されたのに対し、本事例は、非課税財産に該当しないと判断されました。しかしながら、審判所による「贈与税の非課税財産（相法21の3①二）」に対する解釈は異なってはいません。下記のように、とても「贈与税の非課税財産」とは判断できない事実があったからです。

「被相続人の妻である審査請求人に係る本件入居金は133,700,000円（請求人が出捐したのは10,107,218円）と極めて高額であること、居室面積もXXX平方メートルと広いこと、共用施設として、フィットネスルーム、プール等が設けられ、さらには、○○ルーム、○○ルーム、○○ルーム、○○○○、○○ルーム、○○ルーム、ヘア・エステ等の施設も併設され、フィットネスルーム、プール、○○ルーム、○○ルーム、○○○○、○○ルーム、○○ルーム等は無料で利用できること等にかんがみれば、本件老

人ホームの施設利用権の取得のための金員は、社会通念上、日常生活に必要な住の費用であると認めることはできない。

　これに加え、本件老人ホームは介護付有料老人ホームではないこと、請求人は介護状態にないこと、請求人が本件老人ホームに入居する前は本件居宅に居住していたことからすれば、請求人が本件老人ホームに入居することが不可避であったとも認められない。

　以上からすれば、本件入居金は、請求人の日常生活に必要な費用であると認めることはできないから、相続税法21条の3第1項2号の規定する「生活費」には該当しない。

　したがって、本件入居金のうち、本件被相続人が支払った金額は、贈与税の非課税財産に該当しない。」

第3節　公益を目的とする事業を行う者が取得した財産

　宗教、慈善、学術その他公益を目的とする事業を行う者で政令で定めるものが贈与により取得した財産で、その公益を目的とする事業の用に供することが確実なものは、贈与税が課税されないことになります（相法21の3①三、相令4の5、2、昭和39年6月9日付直審（資）24ほか）。民間の公益事業の保護育成を図るための税制による支援と考えられています。

　なお、贈与により財産を取得した日から2年を経過した日において、なお、その財産を公益を目的とする事業の用に供していない場合には、その財産に対しては贈与税が課税されます（相法21の3②、12②）。

なお、「財産を公益を目的とする事業の用に供していない場合」とは、財産を取得した者がその財産を現実に公益を目的とする事業の用に供している場合以外の場合をいいますから、当初その財産を公益を目的とする事業の用に供していても2年を経過した日現在において、その用に供しなくなった場合をも含みます（相基通12-6）。

第4節 特定公益信託から交付される金品で一定の要件に当てはまるもの

　所得税法78条3項（寄附金控除）に規定する特定公益信託（以下「特定公益信託」といいます）で学術に関する顕著な貢献を表彰するものとして、もしくは顕著な価値がある学術に関する研究を奨励するものとして財務大臣の指定するものから交付される金品で財務大臣の指定するものまたは学生もしくは生徒に対する学資の支給を行うことを目的とする特定公益信託から交付される金品は、贈与税が課税されないことになります（相法21の3①四）。

第5節 心身障害者共済制度に基づいて支給される給付金を受ける権利

　条例の規定により地方公共団体が精神または身体に障害のある者に関して実施する共済制度で政令で定めるものに基づいて支給される給付金を受ける権利を取得した場合には、その権利の取得者については贈与税が課税されないことになります（相法21の3①五、相令2の2、所法9①三ハ）。

第6節 公職選挙の候補者が選挙運動のために取得した金品

　公職選挙法の適用を受ける選挙における公職（衆議院議員、参議院議員ならびに地方公共団体の議会の議員及び長の職、公選法3）の候補者が選挙運動に関し贈与により取得した金銭、物品その他の財産上の利益で同法189条（選挙運動に関する収入及び支出の報告書の提出）の規定による報告がなされたものについては、贈与税は課税されません（相法21の3①六、相基通21の3-8）。

第7節 特定障害者扶養信託契約に基づく信託受益権

(1) 内 容

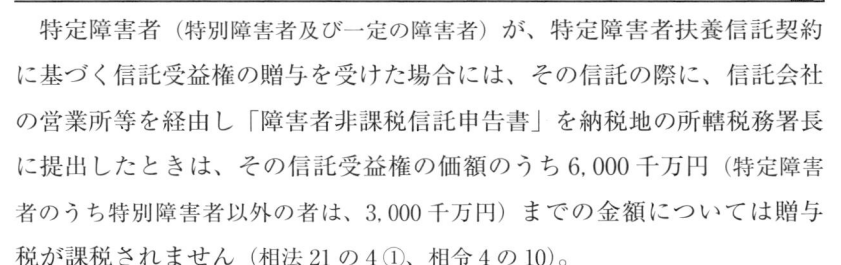

　特定障害者（特別障害者及び一定の障害者）が、特定障害者扶養信託契約に基づく信託受益権の贈与を受けた場合には、その信託の際に、信託会社の営業所等を経由し「障害者非課税信託申告書」を納税地の所轄税務署長に提出したときは、その信託受益権の価額のうち6,000千万円（特定障害者のうち特別障害者以外の者は、3,000千万円）までの金額については贈与税が課税されません（相法21の4①、相令4の10）。

(2) 特定障害者

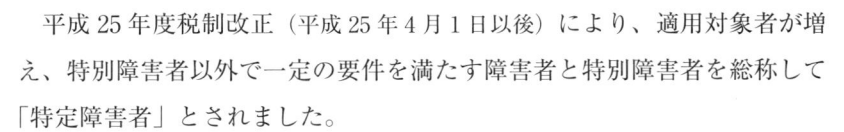

　平成25年度税制改正（平成25年4月1日以後）により、適用対象者が増え、特別障害者以外で一定の要件を満たす障害者と特別障害者を総称して「特定障害者」とされました。
　特定障害者とは、相続税法19条の4第2項に規定する特別障害者及び19条の4第2項に規定する障害者（特別障害者を除きます）のうち精神上の障害により事理を弁識する能力を欠く常況にある者その他の精神に障害がある者として政令で定めるものをいいます（相法21の4①、相令4の4、所令10）。

第8節　社交上必要と認められる香典等

　個人から受ける香典、花輪代、年末年始の贈答、祝物または見舞い等のための金品で、法律上贈与に該当するものであっても、それが社交上の必要によるもので贈与者と受贈者との関係等に照らして社会通念上相当と認められるものについては、贈与税が課税されないこととして取り扱われています（相基通21の3-9）。

　また、所得税の取扱いにおいても、葬祭料、香典または災害等の見舞金で、その金額がその受贈者の社会的地位、贈与者との関係等に照らし社会通念上相当と認められるものについては、所得税法施行令30条の規定により課税されません（所基通9-23）。

第9節　相続開始の年において被相続人から受けた贈与により取得した財産

(1) 相続または遺贈により財産を取得した場合

　相続または遺贈により財産を取得した者が、その相続開始の年に被相続人から贈与により取得した財産については相続税の課税価格に加算して相続税が課税されることになりますので、その財産については贈与税が課税されません（相法21の2④、19）（贈与税の配偶者控除等例外あり）。

(2) 相続または遺贈により財産を取得しなかった場合

相続開始の年において、被相続人からの贈与により財産を取得した者がその被相続人から相続または遺贈により財産を取得しなかった場合には、贈与税が課税されます（相基通21の2-3）。

(3) 例

```
    1/1                                    12/31
─────┼────┼─────────┼──────────┼──────→
          甲から乙へ      甲が死亡
          贈与
```

① 乙が甲から相続または遺贈により財産を取得した場合は、贈与税が課税されません。
② 乙が甲から相続または遺贈により財産を取得しなかった場合は、贈与税が課税されます。

第6章

贈与税の配偶者控除

第1節 贈与税の配偶者控除の基本

(1) 贈与税の配偶者控除とは

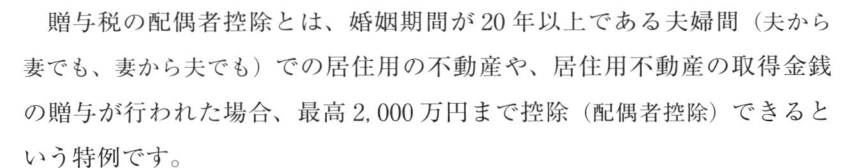

　贈与税の配偶者控除とは、婚姻期間が20年以上である夫婦間（夫から妻でも、妻から夫でも）での居住用の不動産や、居住用不動産の取得金銭の贈与が行われた場合、最高2,000万円まで控除（配偶者控除）できるという特例です。

　控除額は、贈与により取得した居住用不動産の価額と贈与により取得した金銭のうち居住用不動産の取得に充てられた部分の金額との合計額と2,000万円のうち、いずれか少ない金額となっています。例えば、居住用の不動産、居住用不動産の取得金銭の贈与額が1,500万円なら1,500万円、2,300万円なら2,000万円の配偶者控除額の適用が受けられるということになります。

　基礎控除額の110万円を加えれば、最高2,110万円までは贈与税を払わずに配偶者に贈与することができます。なお、適用の順序は、贈与税の基礎控除に先立って贈与税の配偶者控除を行います（相基通21の6-6）。

```
課税価格－配偶者控除額（最高2,000万円）－基礎控除額（110万円）
＝基礎控除後の課税価格
基礎控除後の課税価格×税率＝贈与税額
```

　なお、配偶者控除は同じ配偶者からの贈与については一生に一度しか適用を受けることができません（相法21の6①カッコ書、相基通21の6-8）。そのため、例えば1,500万円の控除額の適用を受けた場合、その後の年分で残りの500万円の控除をさらに受けられるというわけではありません。

なぜ、贈与税の配偶者控除が設けられているかというと、次のような理由からと考えられています。
① 夫婦の財産は夫婦の協力によって形成されたものであること
② 一般的に同一世代間の贈与であること
③ 配偶者の老後の生活保障を意図して贈与される場合が多いこと

(2) 婚姻期間

　婚姻期間が20年以上である夫婦間であることが必要です。なお、ここでいう20年以上の婚姻期間とは、戸籍上の婚姻期間を指します。つまり、婚姻の届出（民法739①）があった日から贈与の日までの期間のことです（相法21の6④、相令4の6①②）。ですから内縁の夫婦の期間は含まれません。なお、期間中に受贈配偶者がその贈与をした者の配偶者でなかった期間がある場合には、配偶者でなかった期間を除きます。

　婚姻期間に1年未満の端数があるときは、その端数を切り上げません。したがって、その婚姻期間が19年を超え20年未満であるときは、贈与税の配偶者控除の適用を受けることができません（相基通21の6-7）。

(3) 贈与税の配偶者控除の計算例

計算例 1

Q 平成25年中に、夫から居住用不動産（相続税評価額2,300万円）の贈与を受け配偶者控除の適用を受ける場合の贈与税額。他に贈与された財産なし。

A

課税価格－配偶者控除額（最高2,000万円）－基礎控除額（110万円）
＝基礎控除後の課税価格　となるため

2,300万円－2,000万円－110万円＝190万円

よって、基礎控除後の課税価格×税率＝贈与税額となるため

190万円×10％＝19万円

計算例 2

Q 平成25年中に、夫から居住用不動産（相続税評価額1,500万円）の贈与を受け配偶者控除の適用を受ける場合の贈与税額。他に贈与された財産200万円。

A

課税価格－配偶者控除額（最高2,000万円）－基礎控除額（110万円）
＝基礎控除後の課税価格　となるため

(1,500万円＋200万円)－1,500万円－110万円＝90万円

よって、基礎控除後の課税価格×税率＝贈与税額となるため

90万円×10％＝9万円

第2節　居住用不動産を取得するための金銭

(1) 居住用不動産とは

　贈与税の配偶者控除の適用を受けるためには、贈与により取得したものは居住用不動産と居住用不動産の取得に充てられた金銭である必要があります（相法21の6①）。なお、「取得」には、家屋の増築を含みます（相基通21の6-4）。

　居住用不動産とは、贈与を受けた配偶者（受贈配偶者）が専ら居住の用に供する国内の家屋と、その敷地である土地や借地権等の土地の上に存する権利のことです。なお、相続税法上「居住」の定義が示されていませんが、平成8.4.15裁決、裁決事例集No.51 12ページ（TAINSコードJ51-1-02）の判断において「居住用不動産を居住の用に供するとは、その者の生活の本拠としてその居住用不動産に居住することをいい、その生活の本拠となるところが住所であると解され、その者の生活の本拠であるかどうかは、客観的事実によって判断するものと解される。」とあります。

　贈与を受けた年の翌年3月15日までに、贈与により取得または贈与を受けた金銭で取得した国内の居住用不動産を、受贈配偶者の居住の用に供し、かつ、その後引き続き居住の用に供する見込みであることが必要です。

　居住用家屋とその土地等は一括して贈与を受ける必要はありません。したがって、居住用家屋だけや、居住用家屋の土地等だけの贈与を受けた場合も配偶者控除を適用できます。また、居住用家屋の土地の一部の贈与であっても配偶者控除を適用できます。ただし、受贈配偶者が居住用家屋の土地等だけの贈与をされた場合には、その家屋の所有者が受贈配偶者の配偶者または受贈配偶者と同居するその者の親族である必要があります（相

基通21の6-1（2））。なお、この場合における土地等には、受贈配偶者の配偶者または受贈配偶者と同居するその者の親族の有する借地権の設定されている土地（いわゆる底地）を含みます。また、共有持分の贈与でも配偶者控除を適用できます。

図にすると、以下のような場合に、贈与税の配偶者控除の適用が受けられます。

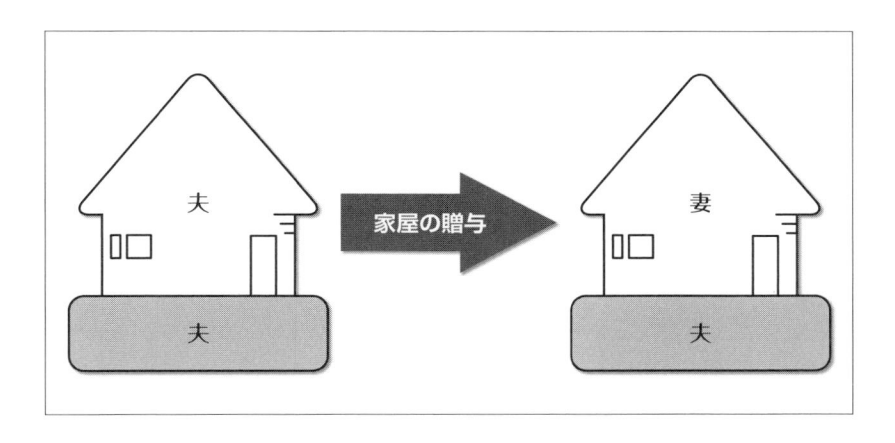

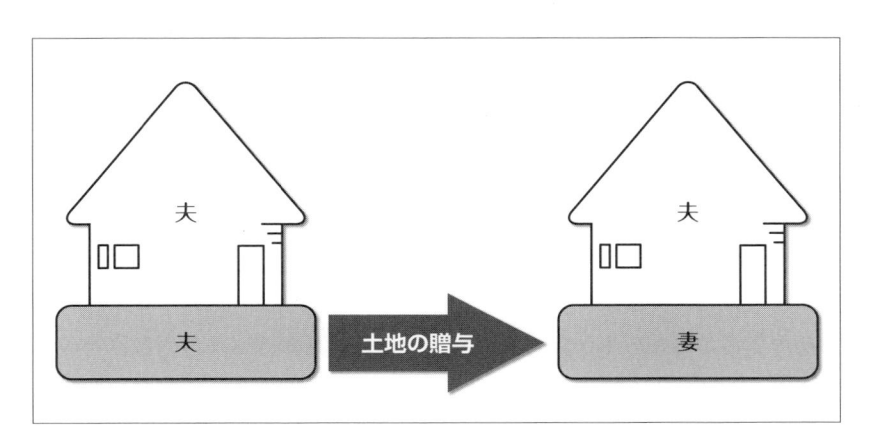

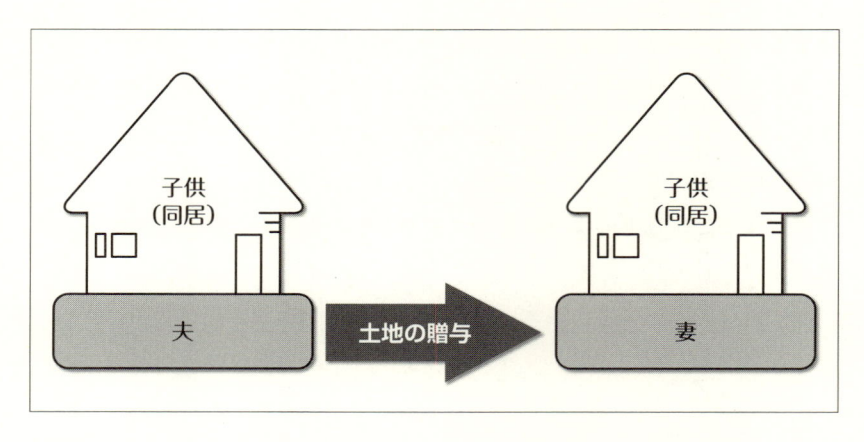

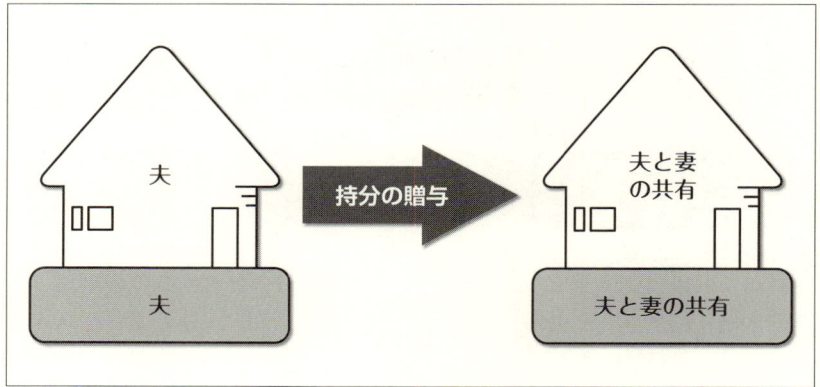

[図：夫から妻への土地の贈与（子供同居）]

[図：夫の単独所有から夫と妻の共有への持分の贈与]

(2) 居住用不動産を取得するための金銭の贈与

　贈与税の配偶者控除は、居住用不動産の贈与だけでなく、居住用不動産を取得するための金銭の贈与でも適用を受けることができます（相法21の6①）。ただし、贈与を受けた年の翌年3月15日までに居住用不動産を、受贈配偶者の居住の用に供し、かつ、その後引き続き居住の用に供する見込みであることが必要です。そのため、現在居住している不動産を贈与するのであるならば、「翌年3月15日までに居住の用に供する」という要件は満たすことは簡単にできますが、金銭の贈与をし、その金銭をもって居

住用家屋を建築する場合には、遅くとも翌年3月15日までには居住の用に供するようできるように注意が必要です。なお、家屋の建築工事をする請負人が病気になってしまったため等のようなやむを得ない事情により家屋の建築工事が遅れた場合は、贈与の日の翌日から翌年3月15日までにその家屋について屋根及び周壁が完成しているなど表示登記のできる状態まで進行しており、その後速やかに家屋の建築が完成し、居住の用に供されることが確実であると認められるときは、贈与税の配偶者控除の適用が認められるとされています（国税庁質疑応答事例：贈与税の配偶者控除の適用を受ける場合における居住用不動産の居住の用に供する時期）。

また、「金銭」には相続税法5条の規定により贈与により取得したものとみなされる保険金も含まれると解されます（国税庁質疑応答事例：贈与により取得したものとみなされる保険金で配偶者が居住用不動産を取得した場合の贈与税の配偶者控除）。

第3節　申告・手続

配偶者控除の適用により贈与税額が算出されない場合でも申告をしなければなりません。申告書（期限後申告書を含みます）に、配偶者控除を受ける金額その他その控除に関する事項及びその控除を受けようとする年の前年以前の各年分の贈与税につき配偶者控除の適用を受けていない旨を記載した書類と、その他の財務省令（相規9）で定める書類の添付がある場合に限り、贈与税の配偶者控除が適用されます（相法21の6②）。なお、要

件を満たしていれば、更正の請求によっても贈与税の配偶者控除が適用されます。

　財務省令で定める書類とは、以下のものです（相規9）。
① 　財産の贈与を受けた日から10日を経過した日以後に作成された受贈者の戸籍謄本または抄本
② 　財産の贈与を受けた日から10日を経過した日以後に作成された受贈者の戸籍の附票の写し
③ 　居住用不動産に関する登記事項証明書
④ 　居住用不動産に住んだ日以後に作成された受贈者の住民票の写し

　ただし、戸籍の附票の写しに記載されている受贈者の住所が居住用不動産の所在場所である場合には、住民票の写しの添付は不要です。

　また、税務署長は、上述の財務省令で定める書類の添付がない申告書があった場合においても、その添付がなかったことについてやむを得ない事情があると認めるときは、その書類の提出があった場合に限り贈与税の配偶者控除を適用することができます（相法21の6③）。

　なお、贈与当事者が日本国籍を有しないため戸籍謄本または抄本の添付ができない場合は、当事者の婚姻地及び婚姻前の国籍により、戸籍謄（抄）本に代わるものとして、次のものを添付します(国税庁質疑応答事例：日本国籍を有しない者が受ける贈与税の配偶者控除に係る贈与税の申告書の添付書類）。
① 　当事者の一方が日本人である場合で、その婚姻が日本国内で行われた場合
　　婚姻届の受理証明書または婚姻届出書に基づく記載事項証明書
② 　当事者の双方が外国人である場合で、その婚姻が日本国内で行われ、かつ、地方公共団体の戸籍係に婚姻届をしている場合
　　婚姻届の受理証明書または婚姻届出書に基づく記載事項証明書
③ 　①及び②以外の場合
　　当事者の本国の戸籍謄本等公の機関においてその婚姻期間を証明する

書類

なお、国交等がないために③の書類が得られない場合には、外国人登録済証明書など婚姻の事実、婚姻期間が確認できるもの。

第4節 相続税の3年以内の贈与加算との関係

　相続または遺贈により財産を取得した者が、その相続の開始前3年以内（被相続人の死亡の日からさかのぼって3年前の日から死亡の日までの間）にその相続に係る被相続人から贈与により財産を取得したことがある場合には、その贈与により取得した財産の価額は相続税の課税価格に加算されます（相法19①）。

　しかし、被相続人からの贈与による財産であっても、以下のように贈与税の配偶者控除の適用を受けているまたは受けようとする財産のうち、その配偶者控除額に相当する金額は加算する必要はありません（相法19②）。つまり、相続税の課税価格に算入されません。

① 居住用不動産の贈与が相続の開始の年の前年以前にされた場合

　贈与が相続の開始の年の前年以前にされた場合で、被相続人の配偶者が贈与による取得の日の属する年分の贈与税につき贈与税の配偶者控除の適用を受けているとき

　贈与税の配偶者控除により控除された金額に相当する部分は、相続税の課税価格に加算されません。

② 居住用不動産の贈与が相続開始の年においてされた場合（贈与の年に贈与者が死亡した場合）

　贈与が相続の開始の年においてされた場合で、被相続人の配偶者が被相続人からの贈与について過去に贈与税の配偶者控除の適用を受けた者でないとき（「相令4②で定める場合」に限ります）。

　贈与税の配偶者控除の適用があるものとした場合に、贈与税の配偶者控除により控除されることとなる金額に相当する部分は、相続税の課税価格に加算されません。

　上記の「相令4②で定める場合」とは、被相続人の配偶者が相続税の申告書に、居住用不動産または金銭の価額を贈与税の課税価格に算入する旨等を記載し、一定の書類を添付して提出した場合のことをいいます。

　したがって、上記②の財産は相続税法21条の2第4項の規定の適用を受けないことになりますので、その財産の価額が相続の開始の日の属する年分の贈与税の課税価格に算入されることとなりますので、贈与税の申告をする必要があります（相基通19-9）。なお、この場合、贈与税の配偶者控除の適用要件を満たしていれば、贈与税の配偶者控除の適用を受けることができます。

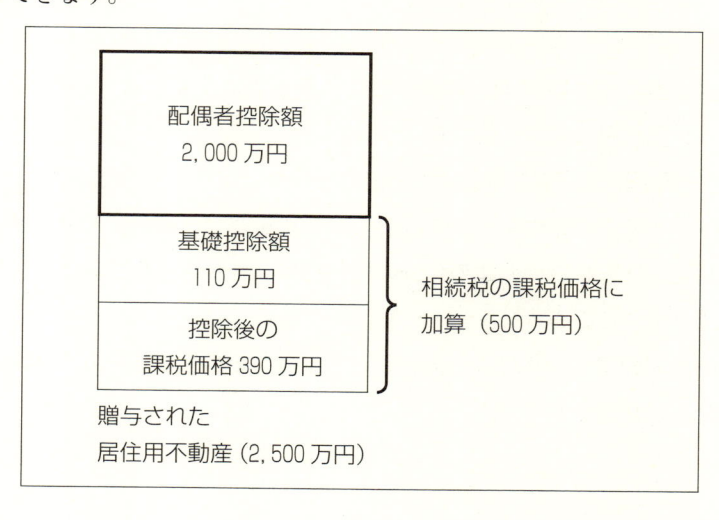

```
┌─────────────────────┐
│   配偶者控除額      │
│    2,000万円        │
├─────────────────────┤ ┐
│   基礎控除額        │ │
│    110万円          │ │ 相続税の課税価格に
├─────────────────────┤ ├ 加算（500万円）
│   控除後の          │ │
│   課税価格 390万円  │ │
├─────────────────────┘ ┘
贈与された
居住用不動産（2,500万円）
```

第5節 店舗兼住宅等

　贈与税の配偶者控除は居住用不動産または、居住用不動産の取得資金の贈与というように、「居住用」不動産のための贈与に適用されます。そのため、受贈配偶者の居住の用に供している家屋のうちに居住の用以外の用に供されている部分のある家屋及びその家屋の敷地の用に供されている土地等、例えば、店舗兼住宅及びその店舗兼住宅の敷地の用に供されている土地等（以下「店舗兼住宅等」といいます）のような不動産である場合には、居住の用に供している部分のみについて配偶者控除が適用されます。

　ただし基本的に、「居住用」部分から優先的に贈与を受けたものとして配偶者控除を適用して申告することができるような配慮がされています。

（1）居住の用に供している部分の面積がおおむね90％以上

　受贈配偶者が取得した土地等または家屋で、専ら居住の用に供している部分と居住の用以外の用に供されている部分がある場合で、その「居住の用に供している部分」の面積が、その土地等または家屋の面積のそれぞれのおおむね90％以上であるときは、その土地等または家屋の全部を居住用不動産に該当するものとして扱うことができます（相基通21の6-1(1)）。

(例) 家屋（店舗兼住宅）の総床面積 288m² （価額 500 万円）

居住用部分の床面積 270m²、店舗用部分の床面積 18m²

敷地の面積は 420m²（価額 1,500 万円）で、家屋の利用状況で使用されている。

〈贈与税の配偶者控除の対象となる価額〉

270m² ／ 288m² ＝ 93.75％ ＞ 90％　なので、

500 万円＋1,500 万円＝2,000 万円

(2) 店舗兼住宅等の居住用部分の判定

店舗兼住宅等に係る「居住の用に供している部分」は、次により判定します（相基通 21 の 6 - 2）。

(イ) 当該家屋のうちその居住の用に供している部分は、次の算式により計算した面積に相当する部分となります。

$$\text{当該家屋のうちその居住の用に専ら供している部分の床面積（A）} + \text{当該家屋のうちその居住の用と居住の用以外の用とに併用されている部分の床面積（B）} \times \frac{A}{\text{当該家屋の床面積} - B}$$

(ロ) 当該土地等のうちその居住の用に供している部分は、次の算式により計算した面積に相当する部分となります。

$$\text{当該土地等のうちその居住の用に専ら供している部分の面積} + \text{当該土地等のうちその居住の用と居住の用以外の用とに併用されている部分の面積} \times \frac{\text{当該家屋の面積のうち（イ）の算式により計算した面積}}{\text{当該家屋の床面積}}$$

(例) 家屋（店舗兼住宅）の総床面積 288m²（価額 900 万円）

・居住用部分の床面積 160m²、店舗用部分の床面積 80m²、併用部分の床面積 48m²

・敷地の面積 420m²（価額 2,100 万円）

〈家屋のうちその居住の用に供している部分〉

$160m^2 + 48m^2 \times \dfrac{160m^2}{288m^2 - 48m^2} = 192m^2$

よって、家屋のうちその居住の用に供している部分の価額

900万円 × 192m² ／ 288m² = 600万円

〈敷地のうちその居住の用に供している部分〉

$420m^2 \times 192m^2 ／ 288m^2 = 280m^2$

よって、敷地のうちその居住の用に供している部分の価額

2,100万円 × 280m² ／ 420m² = 1,400万円

〈贈与税の配偶者控除の対象となる価額〉

600万円 + 1,400万円 = 2,000万円

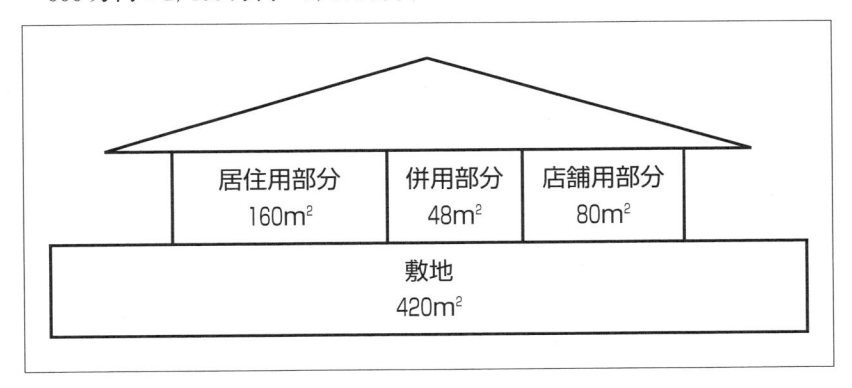

```
         居住用部分  併用部分  店舗用部分
          160m²      48m²      80m²
                  敷地
                 420m²
```

(3) 店舗兼住宅等の持分の贈与があった場合の居住用部分の判定

　配偶者から店舗兼住宅等の持分の贈与を受けた場合には、上記(2)により求めたその店舗兼住宅等の「居住の用に供している部分」の割合にその贈与を受けた持分の割合を乗じて計算した部分を居住用不動産に該当するものとするのが原則となります（相基通21の6-3）。

　ただし、その贈与を受けた持分の割合が、その店舗兼住宅等の居住の用に供している部分（居住の用に供している部分に受贈配偶者とその配偶者との

持分の割合を合わせた割合を乗じて計算した部分をいいます）の割合以下である場合においては、その贈与を受けた持分の割合に対応するその店舗兼住宅等の部分を居住用不動産に該当するものとして申告があったときは、認めることとされています。また、贈与を受けた持分の割合が、その店舗兼住宅等の居住の用に供している部分の割合を超える場合における居住の用に供している部分についても同様とされます（相基通21の6-3ただし書）。

つまり、店舗兼住宅等に次の①、②のいずれか少ない割合を乗じて計算した部分を居住用不動産に該当するものとすることができるということになります。

① 贈与を受けた持分の割合
② 居住の用に供している部分の割合

【例1】 店舗兼住宅（相続税評価額4,000万円）、居住の用に供している部分の割合60%、贈与を受けた持分の割合50%の場合における贈与を受けた居住用不動産の価額

● 原則：相基通21の6-3本文

4,000万円×60%（居住の用に供している部分の割合）×50%（贈与を受けた持分の割合）＝1,200万円が居住用不動産の価額となります。

よって、4,000万円×50%－1,200万円－110万円＝690万円が基礎控除後の課税価格となります。

● 例外：相基通21の6-3ただし書

4,000万円×50%（贈与を受けた持分の割合）＝2,000万円が居住用不動産の価額と認められます。

60%（居住の用に供している部分の割合）＞50%（贈与を受けた持分の割合）により50%

よって、4,000万円×50%－2,000万円＝0円が基礎控除後の課税価格となります。

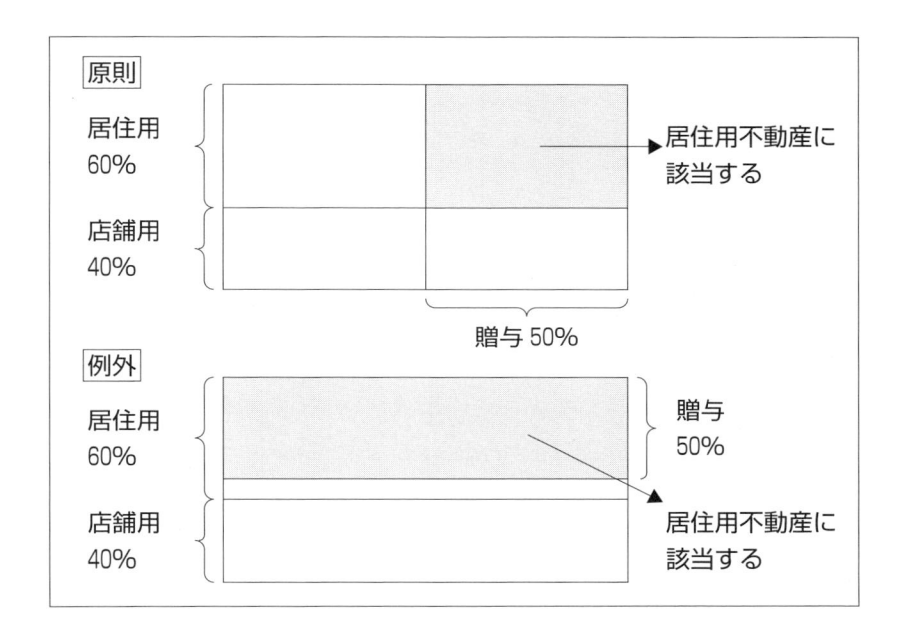

```
┌─────────────────────────────────────────────────┐
│ 原則                                             │
│ 居住用   ┌──────────────┬──────────────┐        │
│ 60%     │              │░░░░░░░░░░░░░│ → 居住用不動産に │
│         │              │░░░░░░░░░░░░░│   該当する      │
│ 店舗用   ├──────────────┼──────────────┤        │
│ 40%     │              │              │        │
│         └──────────────┴──────────────┘        │
│                        └──贈与50%──┘             │
│                                                 │
│ 例外                                             │
│ 居住用   ┌─────────────────────────────┐ ┐      │
│ 60%     │░░░░░░░░░░░░░░░░░░░░░░░░░░░░│ │贈与    │
│         │░░░░░░░░░░░░░░░░░░░░░░░░░░░░│ │50%    │
│         ├─────────────────────────────┤ ┘ → 居住用不動産に │
│ 店舗用   │                             │     該当する    │
│ 40%     │                             │            │
│         └─────────────────────────────┘            │
└─────────────────────────────────────────────────┘
```

【例2】 店舗兼住宅（相続税評価額4,000万円）、居住の用に供している部分の割合40％、贈与を受けた持分の割合50％の場合における贈与を受けた居住用不動産の価額

● 原則：相基通21の6-3本文

　4,000万円×40％（居住の用に供している部分の割合）×50％（贈与を受けた持分の割合）＝800万円が居住用不動産の価額となります。

● 例外：相基通21の6-3ただし書

　4,000万円×40％（居住の用に供している部分の割合）＝1,600万円が居住用不動産の価額と認められます。

　50％（贈与を受けた持分の割合）＞40％（居住の用に供している部分の割合）により40％

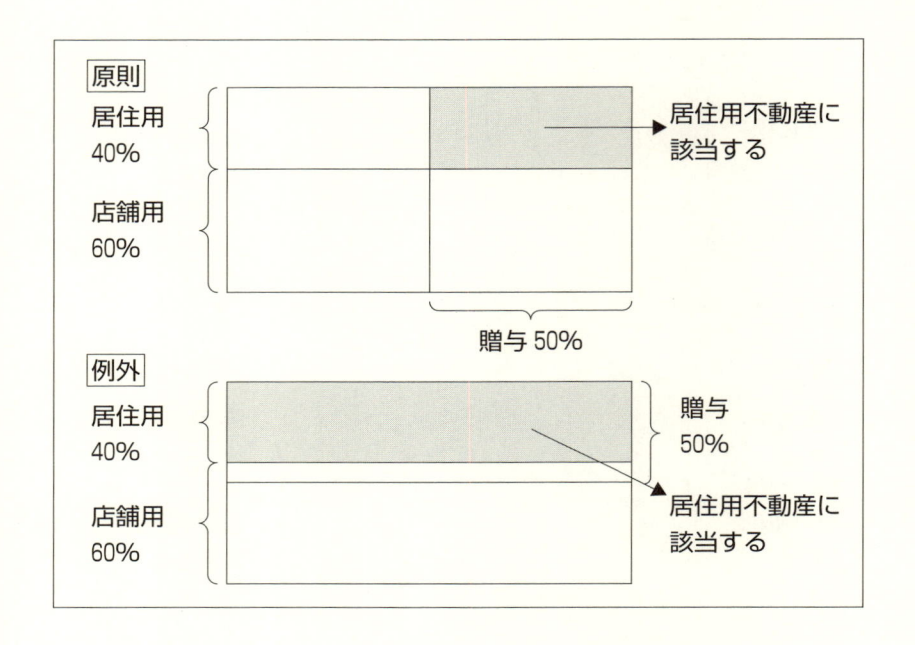

```
┌─────────────────────────────────────────────────┐
│ 原則                                             │
│ 居住用   ┌──────────┬──────────┐  ← 居住用不動産に │
│ 40%     │          │▓▓▓▓▓▓▓▓▓▓│     該当する    │
│         │          │▓▓▓▓▓▓▓▓▓▓│                │
│ 店舗用   │          │          │                │
│ 60%     │          │          │                │
│         └──────────┴──────────┘                │
│                   贈与 50%                       │
│                                                 │
│ 例外                                             │
│ 居住用   ┌─────────────────────┐   贈与          │
│ 40%     │▓▓▓▓▓▓▓▓▓▓▓▓▓▓▓▓▓▓▓▓▓│   50%          │
│         ├─────────────────────┤                │
│ 店舗用   │                     │  ↘ 居住用不動産に│
│ 60%     │                     │    該当する     │
│         └─────────────────────┘                │
└─────────────────────────────────────────────────┘
```

(4) 店舗兼住宅の用に供する家屋の存する土地等のみを取得した場合

　受贈配偶者が店舗兼住宅の用に供する家屋の存する土地等のみを取得した場合で、受贈配偶者がその家屋のうち住宅の部分に居住し、かつ、その家屋の所有者が受贈配偶者の配偶者または受贈配偶者と同居するその者の親族であるときにおけるその居住の用に供している部分の土地等は、居住用不動産に該当するものとして取り扱われます（相基通21の6-1 (3)）。つまり、土地等のうち居住の用に供している部分が居住用不動産として取り扱われます。

第6章 贈与税の配偶者控除

```
┌─────────────────────────────────────┐
│         店舗兼住宅           「贈与税の配偶者控  │
│  ┌──────────┬──────────┐   除」が受けられま  │
│  │          │          │   す。           │
│  │  店舗部分 │居住の用に供して│               │
│  │          │ いる部分  │               │
│  └──────────┴──────────┘               │
└─────────────────────────────────────┘
```

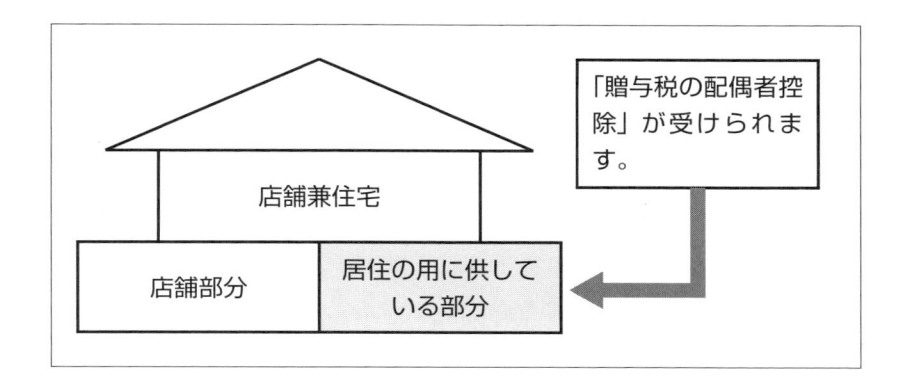

(5) 店舗兼住宅の敷地の持分の贈与について贈与税の配偶者控除の適用

▶(相続税法基本通達21の6-3ただし書の取扱い)を受けていた場合における小規模宅地等についての相続税の課税価格の計算(小規模宅地等についての相続税の課税価格の計算の特例に係る相続税の申告書の記載例等について(情報):店舗兼住宅の敷地の持分の贈与について贈与税の配偶者控除の適用を受けていた場合より一部抜粋)

「租税特別措置法第69条の4第1項の規定の適用がある店舗兼住宅の敷地の用に供されていた宅地等で、相続の開始の前年以前に被相続人からその持分の贈与について、①相続税法第21条の6第1項《贈与税の配偶者控除》の規定による贈与税の配偶者控除を相続税法基本通達21の6-3の但し書の取扱いにより適用したもの又は②相続開始の年に被相続人からその持分の贈与について相続税法第19条第2項第2号《相続開始前3年以内に贈与があった場合の相続税額》の規定を相続税法基本通達19-10の後段の取扱いにより同項に規定する特定贈与財産に該当することとなったものであっても、租税特別措置法施行令第40条の2第2項に規定する被相続人等の事業の用又は居住の用に供されていた部分の判定については、その相続開始の直前における現況によって行うこととなる。」

173

【解説】

〈贈与時〉

甲は、配偶者乙に対して、店舗兼住宅（店舗部分の割合2分の1、甲と乙の居住の用に供されていた住宅部分の割合2分の1）の土地・建物について持分3分の1を贈与したとします。

この場合、1／2（居住用部分の割合）＞1／3（贈与を受けた持分の割合）であるため、相続税法基本通達21の6-3ただし書の取扱いを適用すれば、贈与を受けた持分に相当する部分（つまり1／3）はすべて居住用部分であるとして、乙は、贈与税の配偶者控除を適用して贈与税の申告を行うことができます。

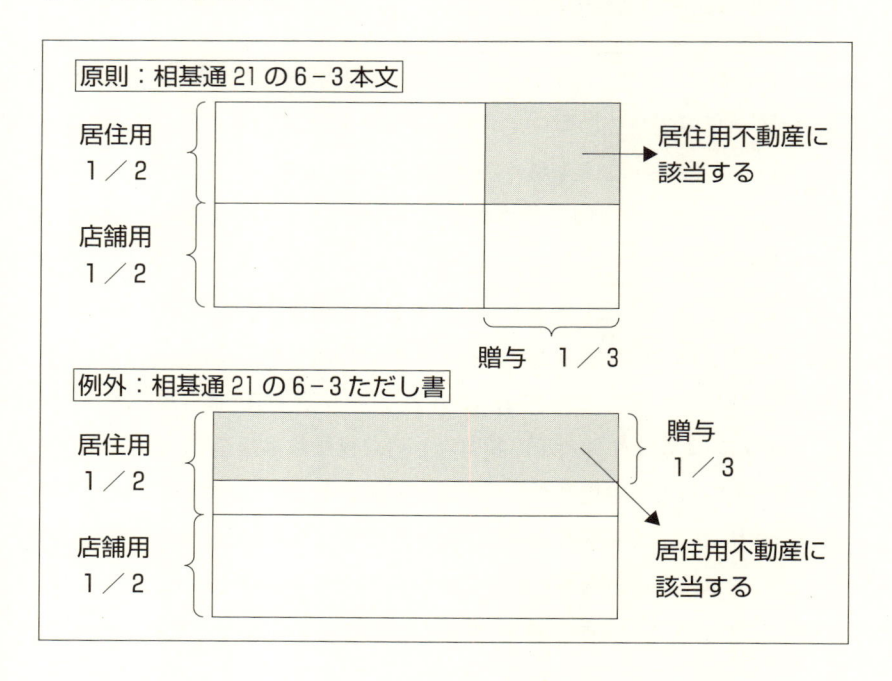

原則：相基通21の6-3本文

居住用 1／2
店舗用 1／2
贈与 1／3
居住用不動産に該当する

例外：相基通21の6-3ただし書

居住用 1／2
店舗用 1／2
贈与 1／3
居住用不動産に該当する

〈相続時〉

　乙は被相続人甲の土地・建物（贈与時と利用形態に変更なし）の共有持分のすべて（甲の持分3分の2）を相続により取得し、相続財産である土地について特定居住用宅地等または特定事業用宅地等の要件を満たしているとした場合の各部分に相当する部分は、次の通りとなります。土地の面積を300m²とします。

〈特定居住用宅地等に相当する部分〉

300m²（土地の面積）×1／2（住宅部分の割合）×2／3（甲の持分）＝100m²

〈特定事業用宅地等に相当する部分〉

300m²（土地の面積）×1／2（事業部分の割合）×2／3（甲の持分）＝100m²

　つまり、贈与税の配偶者控除において相続税法基本通達21の6-3のただし書を適用したとしても、小規模宅地等についての相続税の課税価格の計算の特例に影響を与えません。

第6節　その他

(1) 居住用不動産と同時に居住用不動産以外の財産を取得した場合

　配偶者から贈与により取得した金銭及びその金銭以外の資金で、居住用不動産と同時に居住用不動産以外の財産を取得した場合には、配偶者から贈与により取得した金銭はまず居住用不動産の取得に充てられたものとして取り扱うことができます（相基通21の6-5）。

　例えば、配偶者から贈与により取得した金銭1,800万円と自己資金500

万円で、居住用不動産2,000万円と居住用不動産以外の財産300万円を取得したとします。この場合、配偶者から贈与により取得した金銭1,800万円はまず居住用不動産の取得に充てられたものとして取り扱うことができ、配偶者控除の対象とすることができます。

(2) 信託財産である居住用不動産についての贈与税の配偶者控除の適用

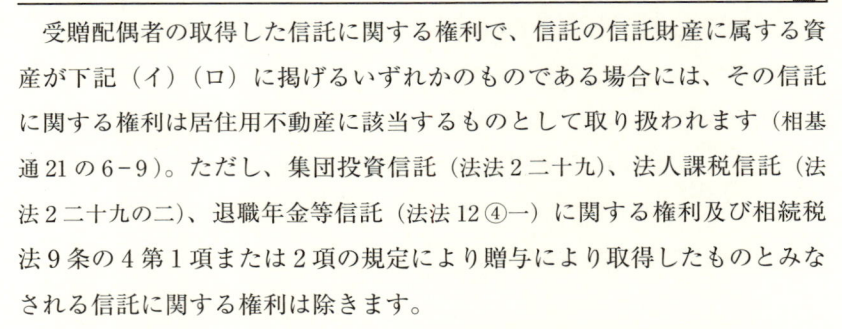

　受贈配偶者の取得した信託に関する権利で、信託の信託財産に属する資産が下記（イ）（ロ）に掲げるいずれかのものである場合には、その信託に関する権利は居住用不動産に該当するものとして取り扱われます（相基通21の6-9）。ただし、集団投資信託（法法2二十九）、法人課税信託（法法2二十九の二）、退職年金等信託（法法12④一）に関する権利及び相続税法9条の4第1項または2項の規定により贈与により取得したものとみなされる信託に関する権利は除きます。

（イ）　信託財産に属する土地等または家屋が居住用不動産に該当するもの

（ロ）　委託者である受贈配偶者が信託した金銭により、受託者が、信託財産として取得した土地等または家屋（信託の委託者である受贈配偶者が信託した金銭（贈与税の配偶者控除に規定する配偶者から贈与により取得した金銭に限ります）により取得したもので、かつ、当該金銭に対応する部分に限ります）が居住用不動産に該当するもの

　この場合において、受贈配偶者が、贈与税の申告書に添付すべき居住用不動産に関する登記事項証明書については、居住用不動産に係る信託目録が含まれたものが必要となります。

第7節 裁判例・裁決例

ケース1

平成 13 年 9 月 13 日裁決

・裁決事例集　No. 62-329 ページ

・TAINZ コード J62-4-25

〈居住用と居住用以外の建物の敷地となっている土地の持分である本件受贈財産のそのすべてが居住用家屋の敷地であるとはいえないとした事例〉

事案の概要

——相続税法 21 条の 6 《贈与税の配偶者控除》に規定する居住用不動産の特例（以下「本件特例」といいます）の適用に当たり、〔1〕審査請求人（以下「請求人」といいます）が夫から持分の贈与を受けた土地の範囲いかん、〔2〕土地の持分の贈与に対する本件特例の適用に当たり、店舗兼住宅等の持分の贈与に関する相続税法基本通達 21 の 6-3 のただし書きと同様の取扱いをすべきか否かということが争点となった事案である。

請求人は、平成 10 年 10 月 26 日に夫から持分の贈与を受け、同年 12 月 3 日に所有権移転登記を経由した不動産のすべてが本件特例に該当するとして、平成 11 年 2 月 26 日に平成 10 年分贈与税の申告をしたところ、原処分庁から、利用状況の違う 2 棟の建物の敷地となっている土地について本件特例を適用しようとする場合には、居住用部分と居住用以外の部分に区分しなければならず、この区分に応じて土地を分筆した上で居住用部分を贈与すれば、そのすべてが本件特例の対象となる旨の指導を受けたことから、分筆手続はしなかったものの、居住用部分の面積を実測した上で、

同年3月12日に訂正申告をした。

その後、請求人は、平成11年8月12日に夫が死亡したため、相続財産の現況調査をしたところ、贈与を受けた土地の利用区分ごとの面積に誤りがあったとして、同年10月19日に自発的に修正申告をした。

しかし、請求人は、訂正申告及び修正申告はしたものの、居住用以外の部分も持分の贈与の対象となっていることを前提とする原処分庁の指導には承服できないとして、平成12年3月10日に更正の請求をした。

なお、本件土地上には、居住用家屋のほか貸物置及び賃貸アパートの3棟がそれぞれ独立して存在している。本件土地は、居住用家屋の敷地部分690.85平方メートル、貸物置の敷地部分32.00平方メートル及び賃貸アパートの敷地部分462.30平方メートルから構成されている一筆の土地である。

裁決の要旨

——請求人は、相続税法基本通達上、店舗兼住宅等の持分の贈与があった場合には、一定の範囲で配偶者の特別控除の特例の適用が認められているのであるから、土地の持分の贈与についても同様の取扱いをすべきであり、分筆をしてまで居住用家屋の敷地であることを特定しなければ、本件特例が受けられないということになると、配偶者控除の設けられた趣旨にも反し、他の者との間において不公平が生ずることとなると主張する。

しかしながら、相続税法基本通達21の6-3のただし書きは、店舗兼住宅等について配偶者が持分の贈与を受けた場合には、区分所有権の対象となり得る場合を除いて、法律上も実際の利用上も明確な分割ないし分離が困難な家屋について、その居住用部分のみを贈与し、あるいはその全部を使用させるというのが贈与当事者間の通常の意思と解されるため、立法趣旨にかんがみ例外的に認められた取扱いである。これに対し、本件のように、一筆の敷地に利用区分の違う3棟がそれぞれ独立して存在しているような場合は、法律上も実際の利用上も明確な分割ないし分離が可能である

から、店舗兼住宅等の場合とは事情が異なるというべきであり、この通達の趣旨を直ちに及ぼすことはできない。

　また、贈与税における配偶者控除の制度は、生存配偶者の老後の生活安定に配慮する趣旨から、婚姻期間が20年以上である等一定の要件を充たす夫婦間の居住用不動産の贈与について、一生に一回限り、その取得した居住用不動産の課税価格から2,000千万円を限度として控除することを登記簿の謄本または抄本ならびに住民票等の提出を要件として認める措置であるから、租税負担公平の原則に照らし、その解釈は厳格にされるべきである。

　したがって、本件においては、本件受贈財産のそのすべてが居住用家屋の敷地であるとはいえず、請求人の更正の請求には理由がない。

ケース2

平成4年10月28日判決
・TAINZ コード Z193-7004

〈相続税法基本通達21の6-3ただし書の取扱いを受けた土地の評価方法〉

事案の概要

　——原告は、平成元年7月15日、夫から、一部が住居、その余は貸店舗である建物及びその敷地の各持分の贈与を受けた。原告は、この贈与について平成元年度分の贈与税の申告をしたが、この申告に当たっては配偶者控除の適用を求めて所定の手続をし、控除対象不動産の範囲については、配偶者控除の適用を受けるべく、両持分の全部について居住用不動産として申告した。原告の申告に係る課税価格等の金額のうち、本件土地持分の課税価格については、本件土地を貸家建付地兼自用地として、同持分の自用地としての価額から、本件建物の貸家部分の面積割合に対応する価額に借地権割合と借家権割合との相乗積を乗じて計算した額を減算した額と

なっているが、被告（課税庁）は、全部自用地として評価すべきであると主張している。

　つまり、本件においては、もっぱら、一部賃貸に供している本件建物及びその敷地である本件敷地の各持分が相続税法21条の6の居住用不動産とみなされ同条に規定する配偶者控除の対象となった場合、本件敷地の持分の課税価格について、貸家建付地兼自用地として評価するか、全部自用地として評価するかが争われている。

判決の要旨

　——相続税法基本通達21の6-3ただし書は、夫婦間で店舗兼住宅等の持分の贈与をし、その持分割合が店舗兼住宅等のうち夫婦双方が居住の用に供している部分の割合以下である場合において、贈与を受けた持分の割合に対応する当該店舗兼住宅等の部分を居住用不動産に該当するものとして申告があったときは、当該持分全部について、配偶者控除を定めた相続税法21条の6第1項の適用を認めるものとしているが、この通達の意義は、要するに、当該持分全部について同項の居住用不動産と同様に扱うという、いわば擬制を定めたものであるから、居住用不動産の範囲について納税者の選択により右通達を適用する以上、その課税価格の評価においても、申告のあった当該受贈持分全体について、居住用不動産すなわち自用不動産として評価せざるを得ず、これを現況に即して、一部賃貸用のものと評価する余地はない。

第6章　贈与税の配偶者控除

【参考資料：申告書記載例とチェックシート】

① 贈与税の配偶者控除の申告書記載例

平成24年分贈与税の申告書

提出用　麻布税務署長　平成25年3月7日提出　FD4723

住所：〒106-0032　(電話 03-××××-××××)　港区六本木○丁目○番○号
フリガナ：ヤマダ ハナコ
氏名：山田 花子（印：山田）
生年月日：3（昭和）20年05月07日　職業：無職

Ⅰ 暦年課税分

贈与者	種類	細目	利用区分・銘柄等	所在場所	数量 / 固定資産税評価額 / 単価 / 倍数	財産の価額	財産を取得した年月日
港区六本木○丁目○番○号 ヤマダ タロウ　山田 太郎（夫） 明・大・昭・平 20年7月8日	土地	宅地	自用地 （持分2分の1）	港区六本木○丁目○番	200.00㎡ 210,000	21,000,000	平成24年07月06日
〃	家屋	（木・瓦 居宅）	自用家屋	港区六本木○丁目○番	125.00㎡ 1,000,000　1.0	1,000,000	平成24年07月06日

① 財産の価額の合計額（課税価格）　22,000,000
② 配偶者控除額（最高2,000万円）　20,000,000
　贈与を受けた居住用不動産の価額及び贈与を受けた金銭のうち居住用不動産の取得に充てた部分の金額の合計　22,000,000
③ 基礎控除額　1,100,000
④ ②及び③の控除後の課税価格（①−②−③）【1,000円未満切捨て】　900,000
⑤ ④に対する税額（申告書第一表（控用）の裏面の「贈与税の速算表」を使って計算します。）　90,000
⑥ 外国税額の控除額　
⑦ 差引税額（⑤−⑥）　90,000

Ⅱ 相続時精算課税分
⑧ 特定贈与者ごとの課税価格の合計額
⑨ 特定贈与者ごとの差引税額の合計額

Ⅲ 合計
⑩ 課税価格の合計額（①+⑧）　22,000,000
⑪ 差引税額の合計額（納付すべき税額）（⑦+⑨）【100円未満切捨て】　90,000
⑫ 農地等納税猶予税額
⑬ 株式等納税猶予税額
⑭ 申告期限までに納付すべき税額（⑪−⑫−⑬）　90,000
⑮ この申告書が修正申告書である場合　差引税額の合計額（納付すべき税額）の増加額
⑯ 申告期限までに納付すべき税額の増加額

（資5-10-1-1-A4統一）（平24.10）

181

② 贈与税の配偶者控除のチェックシート

平成24年分　贈与税の配偶者控除の特例のチェックシート

○　このチェックシートは、平成24年中に贈与を受けた財産について、「配偶者控除（2,000万円控除）の特例」を適用することができるかどうかについて主なチェック項目を示したものです。下の回答欄の<u>左側のみに○がある場合</u>には、原則としてこの特例の適用を受けることができます。

住所＿＿＿＿＿＿＿＿＿＿＿＿＿＿＿　氏名＿＿＿＿＿＿＿＿＿＿＿＿＿＿＿

【回答欄】該当する回答を○で囲んでください。

1	贈与者はあなたの配偶者（夫又は妻）ですか。	はい	いいえ
2	婚姻の届出をした日から贈与を受けた日までの期間は20年以上ですか。	はい	いいえ
3	これまでに、この特例の適用を受けたことがありますか。	はい / いいえ	
4	【3で「はい」と回答した人のみ記入してください。】前回、この特例の適用を受けたときの贈与者と今回の贈与者は同じですか。	いいえ	はい
5	贈与を受けた財産は不動産（土地等・建物）又は金銭ですか。	はい	いいえ
6	【贈与を受けた財産のうちに不動産がある人のみ記入してください。】その不動産は、国内にある不動産ですか。	はい	いいえ
7	【贈与を受けた財産のうちに金銭がある人のみ記入してください。】その金銭を平成25年3月15日までに国内にある居住用の不動産の取得に充てますか。	はい	いいえ
8	6又は7の不動産に現在居住していますか。又は平成25年3月15日までに居住する見込みですか。	はい	いいえ
9	今後引き続きこの不動産に居住する予定ですか。	はい	いいえ

（注）店舗兼住宅などのように居住の用とそれ以外の用とに供されている不動産である場合は、居住の用に供している部分のみについて配偶者控除が適用されます。

○　この特例の適用を受ける場合には、贈与税の申告書に次の表に掲げる書類を添付し提出してください。

	提出書類	※	チェック欄
1	受贈者の戸籍の謄本又は抄本（居住用不動産等の贈与を受けた日から10日を経過した日以後に作成されたものに限ります。）	◎	□
2	受贈者の戸籍の附票の写し（居住用不動産等の贈与を受けた日から10日を経過した日以後に作成されたものに限ります。）	◎	□
3	控除の対象となった居住用不動産の登記事項証明書	◎	□
4	受贈者の住民票の写し（控除の対象となった居住用不動産を居住の用に供した日以後に作成されたものに限ります。） ※　上記2の「戸籍の附票の写し」に記載されている贈与を受けた人の住所が、この特例の対象となった居住用不動産の所在場所と同じである場合には、提出する必要はありません。	◎	□
5	贈与を受けた土地・家屋の固定資産税評価証明書（土地を路線価方式により評価する場合には、土地の固定資産税評価証明書は必要ありません。） ※　金銭の贈与を受けた方は、固定資産税評価証明書の代わりに売買（工事請負）契約書、領収証等の写しの提出をお願いします。	○	□

※　必ず提出していただく書類を『◎』で、提出をお願いしている書類を『○』で表示しております。

※　このチェックシートは、贈与税の申告書に添付して提出してください。

（参考）　不動産を取得された場合には、<u>不動産取得税（地方税）</u>が課税されます。詳しいことは<u>都税・県税事務所</u>にお尋ねください。

出典：東京国税局「平成24年分　贈与税の配偶者控除の特例のチェックシート」より

第7章

相続時精算課税

第1節 相続時精算課税の基本

　贈与税の課税制度には、「暦年課税」と「相続時精算課税」の2つがあります。そして、一定の要件に該当する場合には、相続時精算課税を選択することができます。

　簡単にいうと、相続時精算課税制度とは、贈与してもらっても2,500万円までは税金がかかりません。また、2,500万円を超えても一律20%の贈与税がかかるだけです。なお、2,500万円の非課税枠（特別控除額といいます）とは、財産をもらう人が一生でもらえる財産の総額であり、贈与の回数は何回あってもかまいません。また、贈与財産の種類、価額（金額）、贈与回数に制限はありません。

　上述したように贈与税は、暦年課税制度に比べて軽減されるのですが、その代わりに相続時（その贈与者が亡くなった時）には、相続または遺贈された財産に贈与された財産を加算した金額を基に相続税が計算されます。

　例えば、相続時精算課税を選択し被相続人から生前贈与された財産の価額が3,000万円あり、相続財産の価額が1億円あれば合計の1億3,000万円を基に相続税が計算されます。一方、暦年課税制度の方は、相続開始前3年以内に贈与した財産でなければ加算はされません。

　なお、贈与時に贈与財産に対する贈与税を納めていれば、すでに納めたその贈与税相当額を控除することができるため、2重に税金を払うようなことはありません。

　平成25年度の税制改正の内容については、**第1章**を参照してください。

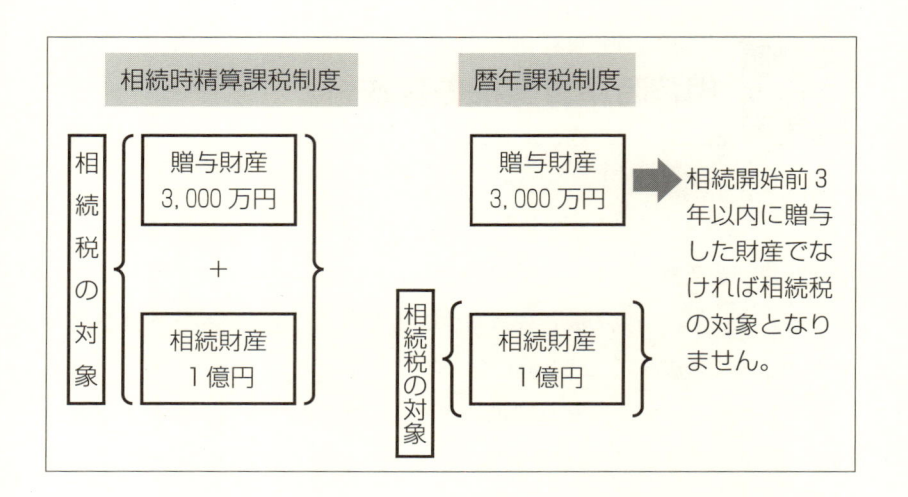

```
                相続時精算課税制度              暦年課税制度

相           ┌ 贈与財産 ┐              ┌ 贈与財産 ┐    → 相続開始前3
続           │ 3,000万円 │              │ 3,000万円 │      年以内に贈与
税           │    +    │         相    └─────────┘      した財産でな
の           │         │         続    ┌ 相続財産 ┐      ければ相続税
対           │ 相続財産 │         税    │  1億円   │      の対象となり
象           └  1億円  ┘         の    └─────────┘      ません。
                                  対
                                  象
```

第2節 適用対象者

(1) 適用対象者

　一般的には贈与者は65歳以上の親であり、受贈者は20歳以上の子となりますが、正確にいうと以下のようになります。

　贈与者とは、贈与をした年の1月1日において65歳以上の者です（相法21の9①）。

　受贈者とは、贈与を受けた年の1月1日において20歳以上の贈与者の直系卑属である推定相続人です（相法21の9①）。なお、贈与者の推定相続人とは、贈与をした日現在において、その贈与者の直系卑属のうち、最も先順位の相続権（代襲相続権を含みます）のある人をいいます。推定相

続人であるかどうかの判定は、その贈与の日において行います（相基通21の9-1）。

なお、相続時精算課税制度において、「相続時精算課税選択届出書」を納税地の所轄税務署長に提出した受贈者を「相続時精算課税適用者」といい、その届出書に係る贈与者を「特定贈与者」といいます（相法21の9⑤）。

受贈者が外国に居住している場合についても、相続時精算課税の要件を満たしているときは、贈与について相続時精算課税の適用を受けることができます（国税庁質疑応答事例：受贈者が外国に居住している場合の相続時精算課税の適用）。

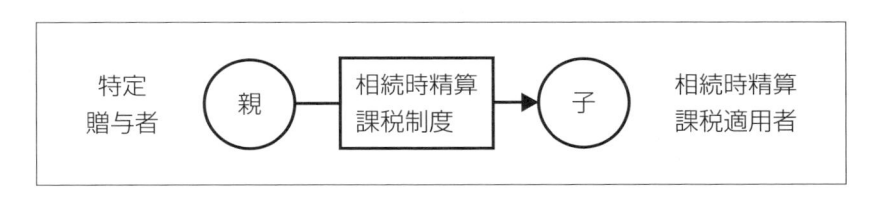

```
特定           相続時精算              相続時精算
贈与者  親 ──→ 課税制度  ──→ 子     課税適用者
```

なお、贈与者が65歳以上、受贈者は20歳以上となっていますが、この理由は以下のことからと考えられます。

平成14年9月3日開催、税制調査会における川上企画官（当時）の発言で「贈与者に65歳以上の年齢要件を設けることとした理由でございますけれども、もともとこの制度、今回の趣旨は、高齢化の進展に伴いまして、相続による財産の移転時期がライフサイクルの後ろにシフトしてきている、こういうことへの対応でございますので、ある程度高齢の方がこの制度にのってくるのが適当であろう。もちろん、長期管理の手間というものもございますけれども、その制度の趣旨から言ってそうであろうと。そして、いま、高齢者ということで基準を見てまいりますと、例えば年金の受給資格の65歳。それから12ページ（税制調査会資料＝筆者注）に、いままでの税法等での高齢者の基準も掲げさせていただいておりますが、税法では65歳ないし70歳というのがいままでの基準になっておりますので、

ここは 65 歳ということで掲げたということでございます。」と、あります。

【主な年齢要件（当時）】

70 歳以上	老人控除対象配偶者（所得税法） 老人扶養親族（所得税法） 老人医療（老人保健法）
65 歳以上	老年者控除（所得税法） 公的年金等控除額［割増］（所得税法） 老人マル優（所得税法等） 国民年金、厚生年金、共済年金の受給資格

出典：税制調査会第 32 回総会議事録（http://www.cao.go.jp/zeicho/gijiroku/azc032.html）より抜粋

　また、平成 14 年 10 月 18 日開催、税制調査会における川上企画官（当時）の発言で「制度の趣旨を踏まえますと、贈与の受け手につきましても、最低、もらった資産を管理・処分できる成人である必要があるのではないかということで、今回、20 歳以上ということを明示させていただいております。」と、あります。

出典：税制調査会第 33 回総会議事録（http://www.cao.go.jp/zeicho/gijiroku/azc033a.html）より抜粋

(2) 養子縁組・離縁者に対する相続時精算課税の適用

　一般的には受贈者は 20 歳以上の子となります。養子も実子と同じ取り扱いで、その人数に制限はありません。

　贈与のあった年の年 1 月 1 日において 20 歳以上の者が同日において 65 歳以上の者からの贈与により財産を取得した場合に、その年の中途においてその贈与者の養子となったことその他の事由によりその贈与者の推定相続人となったとき（配偶者となったときを除きます）には、推定相続人となった時前にその者からの贈与により取得した財産については、相続時精算課

税の適用はできないとなっています（相法21の9④）。つまり、贈与者の養子となった時以後に、その贈与者から贈与を受けた財産について、相続時精算課税の適用を受けることができるということです。

なお、その後に離縁等により、その特定贈与者の推定相続人でなくなった場合でも、その特定贈与者からの贈与により取得した財産については、引き続き相続時精算課税が適用されます（相法21の9⑤）。

【事例】養子縁組・解消の前後に財産の贈与を受けた場合
　　09年 2 月20日　財産の贈与（イ）
　　09年 5 月 5 日　養子縁組
　　09年11月20日　財産の贈与（ロ）
　　10年 3 月 5 日　届出書提出
　　10年 6 月20日　財産の贈与（ハ）
　　16年 1 月24日　解消
　　17年 5 月30日　財産の贈与（ニ）

【解説】
　09年の贈与について相続時精算課税を選択した場合、養子縁組により贈与者の推定相続人となった以後の贈与については、相続時精算課税の適用を受けることができます。したがって、養子縁組以後の贈与である(ロ)(ハ)については、適用を受けることにより相続時精算課税により贈与税額を計算します。なお、養子縁組前の贈与（イ）については、相続時精算課税の適用はできないため、暦年課税により贈与税額を計算しますが、110万円の基礎控除（相法21の5、措法70の2の2）の適用があります（相法21の9④、相基通21の9-4）。

　また、相続時精算課税の適用を受けている場合には、離縁後の贈与(ニ)についても、相続時精算課税が適用されることになります。

第3節 適用手続

(1) 内容

　相続時精算課税の適用を受けようとする受贈者は、その適用に係る最初の贈与を受けた年の翌年2月1日から3月15日までの間（贈与税の申告書の提出期間）に贈与税の申告書に添付して「相続時精算課税選択届出書」（贈与者ごとに作成）を、贈与税の納税地の所轄税務署長に提出しなければなりません（相法21の9②、相令5①、相規10、11）。受贈者である贈与者の推定相続人それぞれが贈与者ごとに、相続時精算課税の適用を受けるかどうかを選択できます。例えば、父、母、長男、次男の4人家族があったとします。この場合、父からの贈与について、長男が相続時精算課税制度を選択し、次男が暦年課税制度を選択する、というようなことでもかまいません。また、長男が父からの贈与は相続時精算課税制度を選択し、母からの贈与は暦年課税制度を選択するということをしてもかまいません。もちろん、父、母の両親からの贈与について、相続時精算課税制度を選択してもかまいません。この場合、2,500万円＋2,500万円＝5,000万円まで財産を贈与してもらっても、贈与税がかからないということになります。

　「相続時精算課税選択届出書」を提出した場合には、その届出書に係る贈与者からの贈与により取得する財産については、その届出書に係る年分以後、相続時精算課税の適用により贈与税額を計算します（相法21の9③）。つまり、いったん相続時精算課税の適用を受けると、以後その贈与者からの贈与については継続して適用されるため、暦年課税に変更することはできないということです。そのため、110万円以下の贈与でも申告は必要ということです。なお、提出した「相続時精算課税選択届出書」を撤回する

ことはできません（相法21の9⑥）。

相続時精算課税選択届出書をその提出期限（原則として贈与の年の翌年3月15日）までに提出しなかった場合には、宥恕規定は設けられてなく相続時精算課税の適用を受けることはできません（相基通21の9-3）。

●　事例1
長男、次男が父から財産の贈与を受けた場合、長男、次男のそれぞれが父からの贈与により取得した財産について、相続時精算課税制度か暦年課税制度かを選択します。

贈与者　父　→　相続時精算課税制度　→　長男　受贈者
　　　　　　→　暦年課税制度　→　次男

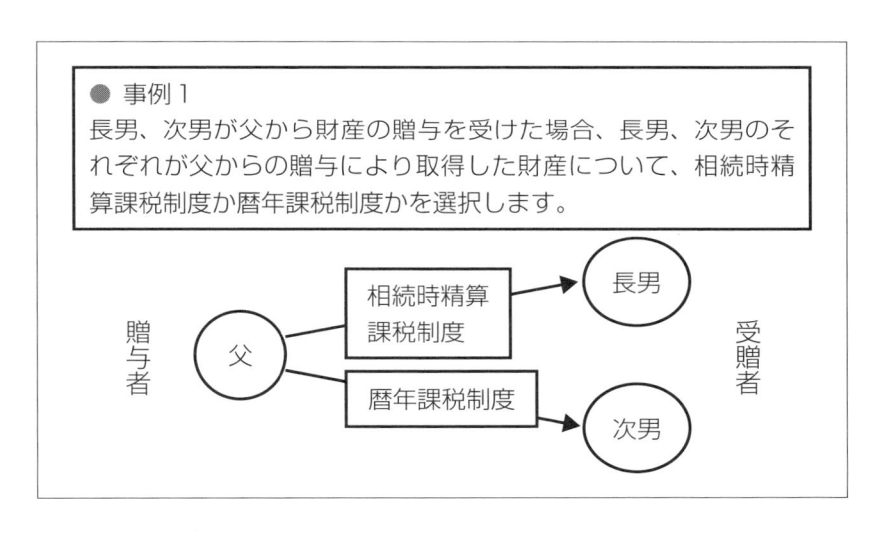

●　事例2
長男が父母から財産の贈与を受けた場合、長男は父母からの贈与により取得したそれぞれの財産について、相続時精算課税制度か暦年課税制度かを選択します。

贈与者　父　→　相続時精算課税制度　→　長男　受贈者
　　　　母　→　暦年課税制度

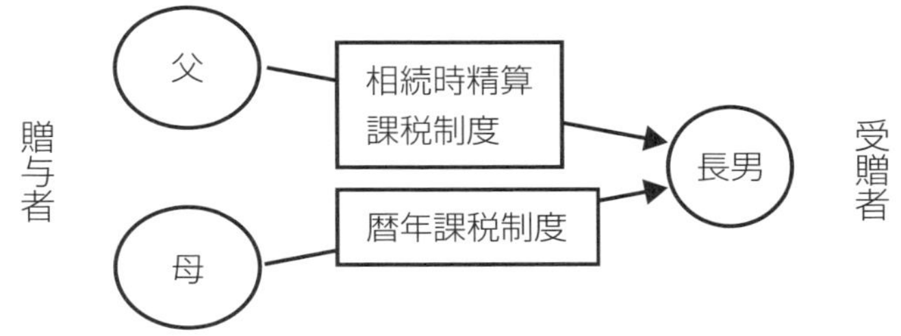

(2) 相続時精算課税選択届出書の添付書類

相続時精算課税選択届出書には、次の書類を添付することとされています（相令5②、相規11①）。

① 受贈者の戸籍の謄本または抄本その他の書類で、次の内容を証する書類
イ 受贈者の氏名、生年月日
ロ 受贈者が贈与者の推定相続人であること
② 受贈者の戸籍の附票の写しその他の書類で、次の内容を証する書類
イ 受贈者が20歳に達した時以後の住所または居所

なお、上記イは受贈者の平成15年1月1日以後の住所または居所を証する書類によることもできます（相基通21の9-5）。

③ 贈与者の住民票の写し、戸籍の附票の写しその他の書類で、次の内容を証する書類
イ 贈与者の氏名、生年月日
ロ 贈与者が65歳に達した時以後の住所または居所

なお、上記ロは贈与者の平成15年1月1日以後の住所または居所を証する書類によることもできます（相基通21の9-5）。

第4節　相続時精算課税の計算

(1) 贈与税の計算

① 内　容

相続時精算課税に係る贈与税額は、特定贈与者ごとに計算された贈与税

の「課税価格」から「特別控除額」を控除した後の残額に一律20％の税率を乗じて計算した金額となります（相法21の13）。

なお、相続時精算課税の適用を受ける贈与財産については、その選択をした年以後、相続時精算課税に係る贈与者以外の者からの贈与財産と区分して、その特定贈与者から1年間に贈与を受けた財産の価額の合計額をもって贈与税の「課税価格」とします（相法21の10）。

また、「特別控除額」とは、次のうちいずれか低い金額となり複数年にわたり利用できます（相法21の12①）。

イ　2,500万円（前年以前にこの特別控除の適用を受けて控除した金額がある場合には、その金額の合計額を控除した残額）

ロ　特定贈与者ごとの贈与税の課税価格

なお、相続時精算課税に係る贈与者以外の者から贈与を受けた財産については、贈与財産の価額の合計額から暦年課税の基礎控除額110万円を控除し贈与税の税率を適用し贈与税額を計算します。

特別控除額2,500万円という金額についてですが、平成14年10月18日開催、税制調査会における川上企画官（当時）の発言で「非課税措置（特別控除）の水準でございますが、定額部分と法定相続人比例部分からなる相続税の基礎控除の水準との関連を踏まえて設定すべきではないかという書き方をしてございます。先ほど、現行5,000万円＋相続人一人当たり1,000万円ということを申し上げました。これは相続人みんなのものでございます。したがって、これを贈与段階で一人当たりベースで考えるとどうなるかということがご議論になるかと思います。」

「今、平均的な法定相続人数は3.6人ということでございます……」と、あります。

出典：税制調査会第33回議事録（http://www.cao.go.jp/zeicho/gijiroku/azc033a.html）より抜粋

つまり、平均的な法定相続人数が3.6人を基にすると相続税の基礎控除

額は5,000万円+1,000万円×3.6人=8,600万円となります。これを、平均的な法定相続人数で割り、一人当たりベースで考えると、8,600万円÷3.6人=2,388万円で、キリがいい数字は2,500万円となります。つまり、2,500万円以上の贈与をした場合に税金がかかるのは、将来、相続税の基礎控除額を超え相続税が発生する可能性があるからということになります。非常によく考えられてつくられた制度であることがわかります。ただし、このような考え方からすると、平成25年度税制改正による相続税の基礎控除額の引き下げにより、特別控除額2,500万円は金額的に矛盾があるということになります。

② 贈与税額の計算例

計算例 1

Q 平成23年度分より相続時精算課税を選択して父から1,200万円の贈与を受け、平成24年度にさらに800万円、平成25年度にさらに1,500万円の贈与を父から受けた場合の贈与税額は、いくらになるでしょうか？

A

平成23年度　1,200万円-1,200万円（特別控除額）＝0円
　贈与税額　　0円
　特別控除額の繰越 2,500万円-1,200万円＝1,300万円
平成24年度　800万円-800万円（特別控除額）＝0円
　贈与税額　　0円
　特別控除額の繰越 1,300万円-800万円＝500万円
平成25年度　1,500万円-500万円（特別控除額）＝1,000万円
　贈与税額　　1,000万円×20％＝200万円

計算例 2

Q 同一年中に父から3,000万円、母から2,000万円の財産の贈与を受け、それぞれについて相続時精算課税の適用を受けた場合の贈与税額は、いくらになるでしょうか？

A

(父から贈与を受けた財産に係る贈与税額の計算)

3,000万円－2,500万円(特別控除額)＝500万円

贈与税額　500万円×20％＝100万円

(母から贈与を受けた財産に係る贈与税額の計算)

2,000万円－2,000万円(特別控除額)＝0円

贈与税額　0円

　特別控除額の繰越2,500万円－2,000万円＝500万円

(納付すべき贈与税額)

100万円＋0円＝100万円

> **計算例 3**
>
> **Q** 同一年中に父から 4,000 万円、母から 200 万円の財産の贈与を受け、父からの贈与について相続時精算課税の適用を受け、母からの贈与については暦年課税の適用を受ける場合の贈与税額は、いくらになるでしょうか？
>
> **A**
> （父から贈与を受けた財産に係る贈与税額の計算）
>   4,000 万円 − 2,500 万円（特別控除額）＝ 1,500 万円
>   贈与税額　1,500 万円 × 20％ ＝ 300 万円
> （母から贈与を受けた財産に係る贈与税額の計算）
>   200 万円 − 110 万円（基礎控除額）＝ 90 万円
>   贈与税額　90 万円 × 10％ ＝ 9 万円
> （納付すべき贈与税額）
>   300 万円 + 9 万円 ＝ 309 万円

③「記載がない期限内申告書の提出があった場合」と「期限内申告書の提出がなかった場合」における特別控除の適用

　特別控除の規定は原則として贈与税の期限内申告書に、特別控除を受ける金額、前年以前にこの特別控除の適用を受けて控除した金額がある場合の控除した金額、その他財務省令（相規 12）で定める事項の記載がある場合に限り適用されます（相法 21 の 12 ②）。なお、税務署長は、記載がない期限内申告書の提出があった場合において、その記載がなかったことについてやむを得ない事情があると認めるときは、その記載をした書類の提出があった場合に限り、特別控除を適用することができるとされています（相法 21 の 12 ③）。

贈与税の期限内申告書の提出がなかった場合には、宥恕規定は設けられてなく特別控除の適用を受けることはできません（相基通21の12-1）。つまり、いくら特別控除限度額が残っていようと、期限内に申告書の提出がない場合には特別控除の適用は受けられないことになり、まるまる税金がかかるということです。なお、期限後申告になったことにより適用を受けられなかった特別控除の額は、翌年以降に繰り越すことができます（相法21の12①一カッコ書）。

また、相続時精算課税に係る贈与税額を計算する際には、暦年課税の基礎控除額110万円を控除することはできません（相法21の11）ので、相続時精算課税に係る贈与者から贈与を受けた財産が110万円以下であっても贈与税の申告をする必要があります。上記のように、期限後申告の場合は、相続時精算課税の特別控除が適用されませんので、忘れずに期限内に申告をする必要があります。

④ 外国税額控除（在外財産に対する贈与税額の控除）

贈与により外国の財産（在外財産）を取得した場合において、その財産についてその国の法令により贈与税に相当する税が課せられたときは、その財産を取得した者については、贈与により取得した財産全体に対する贈与税額から、その国において課せられた贈与税相当額を控除した金額をもって、その納付すべき贈与税額とします（相法21の8）。

なお、控除額は次のイまたはロのいずれか少ない金額となります。
イ　外国において課せられた贈与税相当額
ロ　その者の贈与税額×（在外財産の価額／その年分の贈与税の課税価格）

相続時精算課税の適用は、在外財産の贈与についても受けることができ、贈与税の計算上、在外財産に対する外国税額を控除することができます（相法21の11）。また、贈与者に相続が発生した場合に相続税額から控除する贈与税額は、外国税額を控除する前の税額となります（相法21の15③、21

の16④、相令5の3)。

なお、外国税額控除は、暦年課税または相続時精算課税の別(相続時精算課税に係る特定贈与者が2以上ある場合には、さらに当該特定贈与者の別)にそれぞれ適用することとなります(相基通21の8-2)。

(2) 相続税の計算

① 内 容

上述したように贈与税は、暦年課税制度に比べて軽減されるのですが、その代わりに相続時精算課税に係る贈与者が死亡した時には、その特定贈与者からもらった財産(相続時精算課税の適用財産)も相続や遺贈により取得した財産に加算して相続税額の計算を行います(相法21の15)。相続時精算課税適用者ならば、その特定贈与者から相続や遺贈により財産を取得しなかった場合であっても、相続時精算課税の適用を受けるその特定贈与者からの贈与財産については相続や遺贈により取得したものとみなして相続税額の計算を行います(相法21の16)。上記の贈与税額の計算例(例1)の場合ですと、相続時精算課税の適用により父から贈与を受けた財産の合計額3,500万円を、父が死亡したときの相続税の課税価格に加算することとなります。

また、相続税の課税価格に加算される相続時精算課税の適用財産の価額は、相続開始時におけるその財産の状態にかかわらず、贈与の時における価額によるとされています(相基通21の15-2、相法21の16③)。つまり、贈与した後値上がりした財産であっても、値上がり益は加算されません。また、消費して相続時に贈与者からもらった財産がなくなっていたとしても、その分について加算されます。

なお、すでに支払った相続時精算課税に係る贈与税相当額は、相続の時の相続税額から控除はできます(相法21の15③、相法21の16④)。上記の贈与税額の計算例(例1)の場合ですと、贈与税額200万円は相続税額

から控除できます。ですから、税金を二重に払うようなことはありません。

　つまり、この制度を別の言い方で説明すると、生前の贈与はなかったものとされ、再度、相続税を計算し直すということです。サラリーマンの給料に置き換えるならば、生前に支払った贈与税は給料から天引きされる源泉所得税のようなものであり、再度、相続税を計算し直すことは年末調整をするようなものです。なお、相続税の申告に係る相続時精算課税適用財産については物納に充てることができません（相法41②）。

　相続税額から控除しきれない相続時精算課税に係る贈与税相当額については、相続税の申告書を提出することにより還付を受けることができます（相法27③、33の2）。つまり、相続税額の計算の結果、相続税の基礎控除額以下であれば、本来、相続税の申告は必要ありません。ただし、そのような相続税の申告の必要がない場合でも、すでに納めた相続時精算課税に係る贈与税相当額があり、その税金の還付を受けたいならば、相続税の申告書を提出しなければなりません。

　また、還付を受けるための相続税の申告書（以下「相続税還付申告書」といいます）は、特定贈与者に係る相続開始の日の翌日から起算して5年を経過する日まで提出することができます（通則法74①、相基通27-8）。相続税還付申告書に記載した還付税額が過少であった場合には、国税通則法第23条（更正の請求）の規定により、更正の請求をすることができます（通則法23、相基通27-9）。

② 相続時精算課税適用者の相続税額の計算における適用関係
（ア）課税価格（相法11の2）
（一）　相続または遺贈により財産を取得した相続時精算課税適用者の場合
ⅰ　相続時精算課税の適用を受ける財産については相続税の課税価格に加算します（相法21の15①）。
ⅱ　相続税の課税価格に加算される財産の価額は、贈与の時における価額

によります（相基通21の15-2）。

(二) 相続または遺贈により財産を取得しなかった相続時精算課税適用者の場合

i 相続時精算課税の適用を受ける財産については相続または遺贈により取得したものとみなします（相法21の16①）。

ii 相続税の課税価格に算入される財産の価額は、贈与の時における価額によります（相法21の16③）。

(イ) 債務控除（相法13）

　適用あり（相法21の15②、21の16①、相令5の4①、相基通13-9）。

(ウ) 相続開始前3年以内の贈与加算（相法19）

　適用あり。なお、相続時精算課税の適用財産については適用ありませんが、相続時精算課税に係る贈与財産として課税価格に加算します（相法21の15②、21の16②、相基通19-11）。

【例】

被相続人（特定贈与者）の相続開始　平成25年6月
被相続人からの生前贈与　平成23年6月500万円（暦年課税制度の適用）
平成24年6月500万円（相続時精算課税の適用）

　平成23年6月の500万円は相続開始前3年以内の贈与財産として課税価格に加算し、平成24年6月の500万円は相続時精算課税に係る贈与財産として課税価格に加算します。

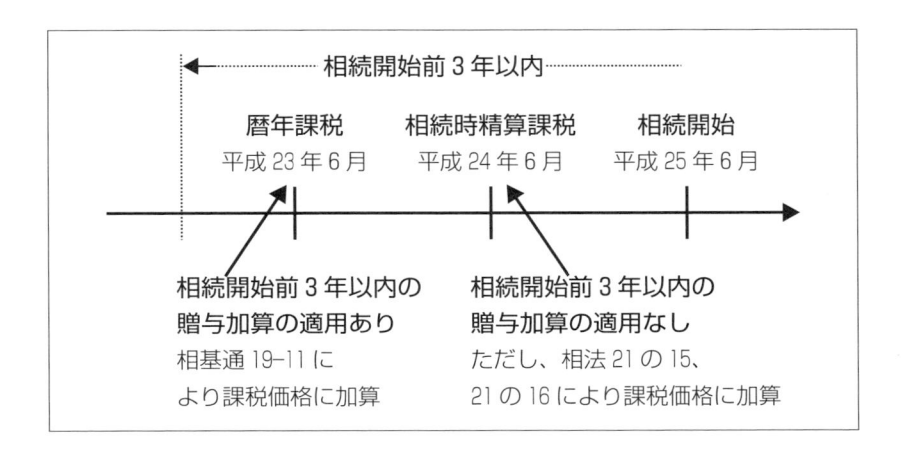

第7章 相続時精算課税

```
←――――相続開始前3年以内――――→
          暦年課税        相続時精算課税      相続開始
         平成23年6月      平成24年6月      平成25年6月

     相続開始前3年以内の      相続開始前3年以内の
     贈与加算の適用あり      贈与加算の適用なし
     相基通19-11に        ただし、相法21の15、
     より課税価格に加算      21の16により課税価格に加算
```

　結局のところ、相続開始前3年以内の贈与財産であっても、相続時精算課税に係る贈与財産であっても課税価格に加算することになります。しかし、債務控除の取扱いに違いがあります。

　上記（イ）債務控除で説明したように、相続時精算課税に係る贈与財産の場合には、債務控除の適用が可能です。しかし、相続開始前3年以内の贈与財産を相続税の課税価格に加算した場合には、その加算した財産の価額からは債務控除はできないこととされています（相基通19-5）。

【例1】相続開始前3年以内の贈与財産の場合

　相続財産の価額　500万円

　負担した債務の額　1,000万円

　相続開始前3年以内の贈与財産の価額　1,500万円

　500万円−1,000万円=△500万円であるが、債務の通算ができないため課税価格は1,500万円となります。

201

【例2】相続時精算課税に係る贈与財産の場合

　　相続財産の価額　　500万円

　　負担した債務の額　1,000万円

　　相続時精算課税に係る贈与財産の価額1,500万円

　　課税価格は500万円＋1,500万円－1,000万円＝1,000万円となります。

(エ) 基礎控除（相法15）

　　適用あり（相法21の14）。

(オ) 相続税額の2割加算（相法18）

　　適用あり。

(孫養子)

　相続または遺贈により財産を取得した者が、その被相続人の一親等の血族（被相続人の直系卑属が相続開始以前に死亡し、または相続権を失ったため、代襲して相続人となった被相続人の直系卑属を含みます。）及び配偶者のいずれかでない場合には、その者に係る相続税額にその相続税額の100分の20に相当する金額を加算（2割加算）することになっています（相法18①）。

　なお、被相続人の一親等の血族には、被相続人の直系卑属でその被相続人の養子となっている者（いわゆる孫養子等）は含まれません（相法18②）。つまり、相続時精算課税適用者となっている孫養子は、相続時精算課税適用財産について相続税額の加算の規定が適用されます。ただし、被相続人の直系卑属が相続開始以前に死亡し、または相続権を失つたため、代襲して相続人となっている場合には、相続税額の加算の規定は適用されません（相法18②ただし書）。

(離縁した場合など)

　相続時精算課税選択届出書の提出後に特定贈与者（被相続人）と相続時精算課税適用者が離縁した場合など、相続開始の時において被相続人の一

親等の血族（相続税法18条1項に規定する被相続人の一親等の血族をいいます。以下同じ）に該当しない相続時精算課税適用者の相続税額のうち、被相続人の一親等の血族であった期間内に被相続人からの贈与により取得した相続時精算課税の適用を受ける財産の価額に対応する相続税額は2割加算の対象となりません。なお、この2割加算の対象とならない相続税額は次の算式により算出します（相基通18-5、相法21の15②、21の16②、相令5の2）。

(算　式)

$$A \times \frac{C}{B}$$

Aは、相続時精算課税適用者に係る相続税法17条（各相続人等の相続税額）の規定により算出した相続税額

Bは、次のイとロの合計

イ　相続時精算課税適用者が相続または遺贈により取得した財産の価額の合計額

ロ　相続時精算課税適用者が特定贈与者からの贈与により取得した相続時精算課税制度の適用を受ける財産の価額の合計額

Cは、Bロのうち、特定贈与者と一親等の血族であった期間内にその特定贈与者から贈与により取得した財産の価額の合計額

(カ) 贈与税額控除（暦年課税における贈与税額の控除）（相法19）

適用あり。相続開始前3年以内に贈与により取得した財産の価額について相続税の課税価格に加算されるものがある場合において、その財産の価額に対応する贈与税額については、相続税額から控除することができます（相法19①、相令4①、5の4③）。

(キ) 未成年者控除（相法19の3）

　他の相続人の扶養義務者として未成年者控除の適用がある場合があります（相法21の15②、21の16②）。

(ク) 障害者控除（相法19の4）

　適用あり。ただし、相続開始時において国内に住所を有しない人については適用はありません（相法19の4①③、21の16②）。

(ケ) 相次相続控除（相法20）

　適用あり。なお、控除限度額を計算する場合の「第2次相続に係る被相続人が第1次相続により取得した財産の価額」及び「第2次相続により相続人及び受遺者が取得した財産の価額」には、相続時精算課税の適用財産の価額を含みます（相法20、21の15②、21の16①、相基通20-3、20-4）。

(コ) 外国税額控除（相法20の2）

　適用あり。なお、控除の限度額を計算する場合の「相続又は遺贈により取得した財産の価額」には、当該被相続人からの贈与により取得した相続時精算課税の適用を受ける財産の価額を含みます（相法20の2、相令5の4②）。

(サ) 相続時精算課税における贈与税額の控除（相法21の15、21の16）

　　適用あり

　相続時精算課税の適用財産につき「課せられた贈与税」がある場合において控除する贈与税額は、外国税額控除（相法21の8）の規定による控除前の税額とされ、延滞税、利子税、過少申告加算税、無申告加算税及び重加算税に相当する税額は除かれます（相法21の15③、21の16④、相令5の3）。

　また、「課せられた贈与税」には、相続時精算課税の適用を受ける贈与財産に対して課されるべき贈与税（相続税法36条1項及び2項の規定による更正または決定をすることができなくなった贈与税を除きます）も含まれます（相基通21の15-3、21の16-1）。

なお、相続時精算課税における贈与税額の控除は、「暦年課税における贈与税額の控除」、「未成年者控除」、「障害者控除」、「相次相続控除」及び「外国税額控除」を行った後の残額（赤字となる場合には零となります）から控除します（相基通20の2-4、21の15-4、21の16-1）。

(3) 「申告漏れ財産があった場合」と「申告した財産について評価誤りがあった場合」

① 贈与税

申告期限後に申告漏れ財産を把握した場合には、期限内申告書に特別控除の適用を受けようとする財産としてその申告漏れ財産の記載がないことから、特別控除の適用を受けることはできません。

一方、申告期限後に申告した財産について評価誤りがあった場合には、期限内申告書に特別控除の適用を受けようとする財産としてすでに記載があることから、正しい控除を受ける金額の記載がなかったことについてやむを得ない事情があると税務署長が認める場合には、正しい控除金額を記載した修正申告書の提出があったときに限り、修正申告により増加する課税価格についても特別控除の適用を受けることができます（国税庁質疑応答事例：相続時精算課税適用財産について評価誤り等が判明し修正申告を行う場合の特別控除の適用）。

② 相続税

相続税の課税価格に加算される財産の価額とは、贈与税の期限内申告書に記載された課税価格ではなく、贈与税の課税価格計算の基礎に算入されるその財産に係る贈与の時における価額と解されます（相法21の15、相基通21の15-1、21の15-2）。よって、贈与税の期限内申告書に記載された課税価格に誤りがあり修正申告等により是正した場合は、是正された後のその財産に係る贈与の時における価額が相続税の課税価格に加算される財産の価額となります。

(4) 特定贈与者から贈与を受けた財産について遺留分減殺請求に基づき返還すべき額が確定した場合

① 贈与税

　特定贈与者から贈与を受けた財産について遺留分減殺請求を受け、その返還すべきまたは弁償すべき額が確定した場合、すでに申告した贈与税については更正の請求をすることができます（相法32①三）。

　なお、その財産の価額から次に掲げる算式により求めた価額を控除したところで減額更正されることとなります（国税庁質疑応答事例：特定贈与者から贈与を受けた財産について遺留分減殺請求に基づき返還すべき額が確定した場合の課税価格の計算）。

（算　式）

$$\boxed{\text{相続時精算課税適用財産の贈与時の価額}} \times \frac{\text{価額による弁償すべき額}}{\text{相続時精算課税適用財産の弁償時の時価}}$$

　上記の算式は、特定贈与者からの贈与財産について遺留分減殺請求を受けた場合は、贈与時の価額と弁償時の時価に格差が生じる場合があると考えられるので、このような式となっています。

　例えば、贈与時の価額が1億円で、弁償時の時価が2億円に値上がりしている土地（相続税精算課税適用財産）について、価額弁償額1億円が支払われたとします。この場合に仮に、1億円全額について更正の請求が行えるとすると、贈与財産の2分の1相当の価額弁償額を支払っているだけなので、おかしなこととなります。ですから、算式のように、贈与財産の2分の1相当が失われたということで減額更正されることとなります。

② 相続税

　特定贈与者の死亡に係る相続税の計算において相続税精算課税適用者の相続税の課税価格に算入される財産の価額は、減額更正後の価額となります。

第5節 相続時精算課税制度のメリット・デメリット

(1) 相続時精算課税制度のメリット

① 一度に大型贈与がしやすい

相続時精算課税制度では子供1人につき、2,500万円までは親が贈与しても、子供には贈与税がかかりません。また、2,500万円を超えた金額に対しても一律20%の贈与税がかかるだけです。つまり、一度に大型贈与がしやすいということです。時価3,000万円の土地であれば、相続税評価額はおよそ2,400万円ぐらいになるでしょうから、相続時精算課税の非課税枠に収まってしまうでしょう。

② 収益物件の贈与により、相続財産の増加を防ぐ

アパートなど収益物件を贈与すれば、贈与後はその果実（賃貸収入）は子供のものとなるため、相続財産の増加を防ぐ効果があります。

③ 将来価値の上昇する財産を贈与すれば、節税になる

相続財産と合算する贈与財産（相続時精算課税適用財産）の価額は、贈与時の価額とされています。そのため、将来値上がりしそうな土地、株式などの財産を贈与し、相続時に実際に価額が上がっていれば、結果的に節税となります。

(2) 相続時精算課税制度のデメリット

① 暦年課税制度には戻れない

いったん相続時精算課税制度を選択すると、その贈与者からの贈与については暦年課税制度には戻れません。

② 相続税を安くすることができない

相続時には、贈与財産（相続時精算課税適用財産）と、相続または遺贈された財産を足した金額を基に相続税が計算されるため、基本的に相続税を安くすることはできません（上記メリット③の場合、除きます）。暦年課税制度による贈与を、コツコツした方が結果的に相続税は安くなります。

③ 将来、価値の下落する財産を贈与すれば、増税になる

贈与した財産が相続時に価値が下落していた場合には、結果的に、増税となってしまいます。

④ 物納に充てることができない

相続税の申告に係る相続時精算課税適用財産については物納に充てることができません。

⑤ 相続税の納税に困る可能性も

贈与財産を相続時までに消費してしまうと、相続時において手元資金がないと相続税を支払えないこともあり得ます。

第7章 相続時精算課税

【贈与における相続時精算課税制度と暦年課税制度の比較】

		相続時精算課税制度	暦年課税制度
	贈与者	65歳以上の親（住宅取得等資金の場合、年齢制限なし）（相法21の9①）	制限なし。親族間のほか、第三者からの贈与を含む
	受贈者	20歳以上の子供（相法21の9①）	制限なし
贈与時	非課税枠	受贈者、特定贈与者ごとに生涯にわたり2,500万円（特別控除額）（相法21の12①）	贈与を受ける人ごとに毎年、年間110万円（基礎控除額）（相法21の5、措法70の2の2）
	税金	（貰った価額－2,500万円）×20%（相法21の13）	（貰った価額－110万円）×超過累進税率（相法21の7）
	届出	「相続時精算課税選択届出書」の提出必要（相法21の9②）	なし
	申告	特別控除額枠内でも、申告必要（相法28①）	基礎控除額枠内であれば、申告不要（相法28①）
	贈与税額	贈与税がある場合は納付し、相続時に精算	贈与税がある場合は納付し、贈与時に完了
相続時	贈与財産	相続税の課税価格に贈与財産をプラスして相続税の計算をする（相続等により財産を取得した、しないは関係なし）（相法21の15①、21の16①）	贈与財産は、相続税の計算には関係しない。ただし、相続開始前3年以内の贈与財産は課税価格にプラスして相続税の計算をする（相続等により財産を取得しなかった者には適用なし）（相法19）

		相続時精算課税制度	暦年課税制度
相続時	加算する贈与財産の価額	贈与時の価額（相基通21の15-2、相法21の16③）	贈与時の価額(相基通19-1)
	相続税＜贈与税の場合	還付あり（相法27③、33の2）	還付なし

第6節 裁決例

　相続時精算課税制度を選択した贈与の場合、2,500万円の特別控除額があるため、金額が大きくなる不動産を贈与するケースは多いでしょう。なお、相続時精算課税の適用により不動産を贈与され、贈与直後に、その不動産を譲渡して争われた例があります。

第 7 章　相続時精算課税

ケース

平成 22 年 6 月 24 日裁決
・tainz コード J79-2-21

〈10 年以上居住の用に供していた家屋及びその敷地について、贈与を受けた直後に譲渡した場合には、租税特別措置法 35 条の適用を受けることはできないとした事例〉

事案の概要

── （ア）　平成 18 年 1 月下旬、平成 8 年から請求人が居住を開始している土地建物（請求人の母である D 所有）を、その隣に居住している J が購入希望していることを、請求人及び請求人の母である D は聞いた。請求人及び D は、そのころ、平成 17 年 12 月に急逝した請求人の父である E の相続税の相談をしていた K 税理士に対し、土地建物の売買の話を持ち出したところ、K 税理士は、請求人及び D に対し、請求人が本件 A 建物に 10 年も住んでいるので、請求人が請求人の母 D から本件 A 建物及びその敷地の贈与を受けた上で譲渡すれば、当該贈与に係る贈与税について相続時精算課税制度の適用が受けられ、かつ、当該譲渡に係る譲渡所得について本件特例（措置法第 35 条第 1 項に規定する 3,000 万円を限度とする控除「特別控除」）の適用が受けられる旨助言した。

（イ）　K 税理士は、平成 18 年 3 月末ころ、請求人が請求人の母 D から本件 A 建物及びその敷地の贈与を受けた場合の贈与税について検討するため、本件土地及び本件 A 建物の評価を行った。K 税理士は、平成 17 年分の路線価等により本件土地の評価額を算定した上で、相続時精算課税に係る贈与税の控除の金額の上限額が 2,500 万円であることから、請求人の受贈価額が 2,500 万円を少し超えるよう検討を加え、本件土地の半分と請求人が居住している本件 A 建物を贈与すること

を請求人及びDに提案することとした。
(ウ)　K税理士は、平成18年5月16日、請求人の母Dが請求人に本件A建物及びその敷地について贈与をした後に請求人及びDが本件土地建物を譲渡した場合において、請求人が贈与について相続時精算課税制度を適用した場合の贈与税額及び譲渡について本件特例を適用した場合の所得税額ならびにDの譲渡に係る所得税額を試算した。
(エ)　購入希望者のJは、平成18年6月、請求人の母Dに電話し、本件土地建物の売買の話をしたいと申し出て、同月中旬、D宅を訪れ、請求人及びDに対し、正式に本件土地建物の購入の申込みを行った。その際、Jは、請求人及びDに対し、仲介人を入れず直接本件土地建物の売買の話を進めたいという意向であること、購入するのはJの子Fであり売買価額を○○○○円とし、手付金を○○○○円支払うつもりであることなどの諸条件を提示した。
(オ)　請求人は、Jから上記の諸条件を提示した購入の申込みを受けた直後、その内容を知り合いの不動産業者に相談したところ、良い話である旨助言されたので、請求人及び請求人の母Dは、本件土地建物を譲渡することを決断し、請求人は、Jに電話でその旨連絡した（平成18年6月26日までに）。
(カ)　請求人は、平成18年7月1日、本件A土地建物を請求人の母Dから贈与により取得した。請求人は、平成18年7月18日、本件A土地建物について、同月1日贈与を原因として所有権移転登記を経由した。
(キ)　A土地建物に係る買主であるF（購入希望者であったJの子）は、平成18年7月に入って、本件土地建物の売買契約書の原案を作って請求人の母D宅を訪問し、売買契約の特約事項などについて請求人及びDと協議し、同月19日、請求人及びDと買主であるFとの間で、本件売買契約が締結された。請求人及びDは、同日、買主であるF

から手付金を受領した。なお、請求人は、本件売買契約を締結した以降も本件A建物に居住し、平成18年12月末まで本件A建物に居住していた。

(ク) 請求人は、平成19年3月12日、本件贈与に係る贈与税について、相続税法21条の9《相続時精算課税の選択》1項の規定に基づき、相続時精算課税制度を適用して平成18年分の贈与税の申告書を原処分庁に提出した。

(ケ) 請求人は、本件A土地建物について、各変更登記等を経由した後、平成19年4月19日、買主であるFとの間で、本件A土地建物を○○○○円で売買する旨の不動産売買契約書を作成するとともに、同人から残額○○○○円を受け取り、本件A土地建物の引渡しを行った。なお、本件土地建物の売買については、上記のとおり、すでに不動産売買契約書が作成されていたが、再度、不動産売買契約書を作成した理由は、平成18年7月19日付の不動産売買契約書には、本件A土地建物の売買価額が記載されていなかったこと等から、これらを明確にするためであった。

(コ) 請求人は、平成20年3月10日、本件A土地建物の譲渡に係る譲渡所得の金額の計算において、本件特例を適用する旨記載した平成19年分の所得税の確定申告書を原処分庁に提出した。

(サ) 平成21年3月17日付で、原処分庁が、居住用財産の譲渡所得の特別控除の適用はないとして所得税の更正処分及び過少申告加算税の賦課決定処分を行った。

(シ) 本件A建物は、措置法35条1項に規定する個人がその居住の用に供している家屋に該当するか否かが、争点となった。つまり、居住用財産の譲渡所得の3,000万円の特別控除の適用が受けられるかどうかということである。

裁決の要旨

――請求人は、譲渡したＡ建物を、10年以上にわたって生活の拠点としており、また、贈与により取得して所有者になった日から売買契約締結の日の前後を通じて5か月の間、居住の意思を持って居住の用に供していたところ、租税特別措置法35条1項には、所有期間及び居住期間についての定めはないから、Ａ建物の所有者になってからの居住期間が短いとしても、Ａ建物は、同項に規定する個人が居住の用に供している家屋に該当する旨主張する。

しかしながら、租税特別措置法第35条第1項に規定する個人がその居住の用に供している家屋に該当するというためには、当該家屋を所有者として居住する意思を持って、客観的にもある程度の期間継続して生活の本拠としていたことを要すると解すべきであるところ、請求人がＡ建物の所有者となる前の居住期間は、同項の適用を判断するに当たり考慮すべき事実とはならず、また、請求人がＡ建物の所有者となった日前にＡ土地建物の買主から諸条件の提示を受けて購入申込みを受諾していることからすれば、同受諾した日以降は、Ａ土地建物は買主に譲渡されることが予定されていたものといえるから、請求人がＡ建物の所有者となった日以降において、請求人は、Ａ建物を所有者として居住する意思を持って居住の用に供していたものとは認められない。

したがって、請求人がＡ建物に居住していた全期間について、Ａ建物を租税特別措置法35条1項に規定する個人が居住の用に供している家屋であると認めることはできない。

第7章　相続時精算課税

【参考資料：申告書記載例とチェックシート】

① 相続時精算課税選択届出書と申告書の記載例

相続時精算課税選択届出書

（平成21年分以降用）

税務署受付印

平成 25 年 3 月 7 日
麻布 税務署長

受贈者
- 住所又は居所：〒106-0032　港区六本木○丁目○番○号　電話（ 03 - ×××× - ×××× ）
- フリガナ：ヤマダ イチロウ
- 氏名（生年月日）：山田 一郎　（大・㊺・平） 50 年 7 月 7 日　㊞（山田）
- 特定贈与者との続柄：長男

私は、下記の特定贈与者から平成 24 年中に贈与を受けた財産については、相続税法第21条の9第1項の規定の適用を受けることとしましたので、下記の書類を添えて届け出ます。

記

1 特定贈与者に関する事項

住所又は居所	港区六本木○丁目○番○号
フリガナ	ヤマダ　タロウ
氏　名	山田　太郎
生年月日	明・大・㊺・平　20 年 3 月 8 日

2 年の途中で特定贈与者の推定相続人となった場合

推定相続人となった理由	
推定相続人となった年月日	平成　　年　　月　　日

3 添付書類

次の（1）～（4）の全ての書類が必要となります。
なお、いずれの添付書類も、贈与を受けた日以後に作成されたものを提出してください。
（書類の添付がなされているか確認の上、□に✔印を記入してください。）

(1) ☑ 受贈者の戸籍の謄本又は抄本その他の書類で、次の内容を証する書類
　　① 受贈者の氏名、生年月日
　　② 受贈者が特定贈与者の推定相続人であること

(2) ☑ 受贈者の戸籍の附票の写しその他の書類で、受贈者が 20 歳に達した時以後の住所又は居所を証する書類（受贈者の平成 15 年 1 月 1 日以後の住所又は居所を証する書類でも差し支えありません。）

(3) ☑ 特定贈与者の住民票の写しその他の書類で、特定贈与者の氏名、生年月日を証する書類

(4) ☑ 特定贈与者の戸籍の附票の写しその他の書類で、特定贈与者が 65 歳に達した時以後の住所又は居所を証する書類（特定贈与者の平成 15 年 1 月 1 日以後の住所又は居所を証する書類でも差し支えありません。）
　　（注）1　租税特別措置法第 70 条の 3（（特定の贈与者から住宅取得等資金の贈与を受けた場合の相続時精算課税の特例））の適用を受ける場合には「平成 15 年 1 月 1 日以後の住所又は居所を証する書類」となります。
　　　　2　(3)の書類として特定贈与者の住民票の写しを添付する場合で、特定贈与者が 65 歳に達した時以後（租税特別措置法第 70 条の 3 の適用を受ける場合を除きます。）又は平成 15 年 1 月 1 日以後、特定贈与者の住所に変更がないときは、(4)の書類の添付を要しません。

（注）この届出書の提出により、特定贈与者からの贈与については、特定贈与者に相続が開始するまで相続時精算課税の適用が継続されるとともに、その贈与を受ける財産の価額は、相続税の課税価格に加算されます（この届出書による相続時精算課税の選択は撤回することができません。）。

作成税理士	㊞	電話番号	

※税務署整理欄　届出番号　-　名簿　　　確認
※印欄には記入しないでください。

○「相続時精算課税選択届出書」は、必要な添付書類とともに**申告書第一表及び第二表**と一緒に提出してください。

(資5-42-A4統一)　(平24.10)

215

平成24年分贈与税の申告書

麻布税務署長 平成25年3月7日提出

提出用

住所 〒106-0032 (電話 03-××××-××××)
港区六本木○丁目○番○号

フリガナ ヤマダ イチロウ
氏名 山田 一郎
生年月日 昭和35年07月07日
職業 会社員

整理番号 FD4723

第一表（平成22年分以降用）（住宅取得等資金の非課税の申告は申告書第一表の二又は第一表の三と、相続時精算課税の申告は申告書第二表と、一緒に提出してください。）

I 暦年課税分

贈与者の住所・氏名（フリガナ）申告者との続柄・生年月日	取得した財産の明細	財産を取得した年月日 財産の価額

（贈与者ごとに記入欄あり：住所、氏名、続柄、生年月日 明・大・昭・平）

	①
財産の価額の合計額（課税価格）	①
配偶者控除額（最高2,000万円）	②
基礎控除額	③ 1100000
②及び③の控除後の課税価格（①－②－③）【1,000円未満切捨て】	④ 000
④に対する税額	⑤
外国税額の控除額	⑥
差引税額（⑤－⑥）	⑦

II 相続時精算課税分

| 特定贈与者ごとの課税価格の合計額 | ⑧ 26000000 |
| 特定贈与者ごとの差引税額の合計額 | ⑨ 200000 |

III 合計

課税価格の合計額（①＋⑧）	⑩ 26000000
差引税額の合計額（納付すべき税額）（⑦＋⑨）【100円未満切捨て】	⑪ 200000
農地等納税猶予税額	⑫
株式等納税猶予税額	⑬
申告期限までに納付すべき税額（⑪－⑫－⑬）	⑭ 200000
差引税額の合計額（納付すべき税額）の増加額	⑮ 00
申告期限までに納付すべき税額の増加額	⑯ 00

作成税理士の事務所所在地・署名押印・電話番号

□ 税理士法第30条の書面提出有
□ 税理士法第33条の2の書面提出有

216

第7章 相続時精算課税

平成24年分贈与税の申告書（相続時精算課税の計算明細書） FD4732

受贈者の氏名　山田　一郎

第二表（平成22年分以降用）（第二表は、必要な添付書類とともに申告書第一表と一緒に提出してください。）

提出用

次の特例の適用を受ける場合には、□の中にレ印を記入してください。
□ 私は、租税特別措置法第70条の3第1項の規定による相続時精算課税選択の特例の適用を受けます。

（単位は円）

相続時精算課税分

特定贈与者の住所・氏名（フリガナ）
申告者との続柄・生年月日

住所　港区六本木○丁目○番○号
フリガナ　ヤマダ　タロウ
氏名　山田　太郎
続柄　父
生年月日　3 20年03月08日
（明治1．大正2．昭和3．平成4）

左の特定贈与者から取得した財産の明細

種類	細目	利用区分・銘柄等	数量	単価
所在場所等		固定資産税評価額		倍数
土地	宅地	自用地	100.00㎡	260,000
港区六本木○丁目○番				

財産を取得した年月日／財産の価額

平成 24年 05月 06日
26,000,000円

平成　年　月　日

平成　年　月　日

特別控除額の計算

財産の価額の合計額（課税価格）	⑰	26,000,000
過去の年分の申告において控除した特別控除額の合計額（最高2,500万円）	⑱	
特別控除額の残額（2,500万円−⑱）	⑲	25,000,000
特別控除額（⑰の金額と⑲の金額のいずれか低い金額）	⑳	25,000,000
翌年以降に繰り越される特別控除額（2,500万円−⑱−⑳）	㉑	

税額の計算

⑳の控除後の課税価格（⑰−⑳）【1,000円未満切捨て】	㉒	1,000,000
㉒に対する税額（㉒×20%）	㉓	200,000
外国税額の控除額（外国にある財産の贈与を受けた場合で、外国の贈与税を課せられたときに記入します。）	㉔	
差引税額（㉓−㉔）	㉕	200,000

上記の特定贈与者からの贈与により取得した財産に係る過去の相続時精算課税分の贈与税の申告状況

申告した税務署名	控除を受けた年分	受贈者の住所及び氏名（「相続時精算課税選択届出書」に記載した住所・氏名と異なる場合にのみ記入します。）
署	平成　年分	
署	平成　年分	
署	平成　年分	
署	平成　年分	

（注）上記の欄に記入しきれないときは、適宜の用紙に記載し提出してください。

◎ 上記に記載された特定贈与者からの贈与について初めて相続時精算課税の適用を受ける場合には、申告書第一表及び第二表と一緒に「相続時精算課税選択届出書」を必ず提出してください。なお、同じ特定贈与者から翌年以降財産の贈与を受けた場合には、「相続時精算課税選択届出書」を改めて提出する必要はありません。

※税務署整理欄　整理番号□□□□□□　名簿□□□□□□　届出番号□□□□□−□□□□□
財産細目コード□□□□□　確認

※印欄には記入しないでください。

（資5−10−2−1−A4統一）（平24.10）

217

② 相続時精算課税に関するチェックシート

相続時精算課税用

平成24年分 相続時精算課税を選択する場合のチェックシート

○ このチェックシートは、平成24年中に贈与を受けた財産について相続時精算課税を選択することができるかどうかについて主なチェック項目を示したものです。下の回答欄の左側のみに○がある場合には、原則として相続時精算課税を選択することができます。

　なお、相続時精算課税は、受贈者が贈与者ごとに適用を受けるかどうか選択することができますが、一度相続時精算課税の適用を受けた場合には、その後、その贈与者からの贈与については、常に相続時精算課税が適用され、暦年課税への変更はできませんのでご注意ください。

○ 申告期限までに、申告書、相続時精算課税選択届出書及び添付書類の提出がない場合には、相続時精算課税の適用を受けることができません。暦年課税が適用されますのでご注意ください。

○ 相続時精算課税を適用した贈与財産については、将来、その贈与者が亡くなった時の相続税の計算をする際に、その贈与財産の贈与時の価額を相続財産の価額に加算して相続税額を計算します。

【住宅取得等のための金銭の贈与を受けた人へ】
　住宅取得等のための金銭の贈与を受けた人で、「直系尊属から住宅取得等資金の贈与を受けた場合の贈与税の非課税」や「相続時精算課税選択の特例」の適用を受ける人は、「平成24年分　住宅取得等資金の贈与税の非課税制度及び相続時精算課税選択の特例のチェックシート」をご確認ください。

住　所＿＿＿＿＿＿＿＿＿＿＿＿＿＿＿＿＿　氏　名＿＿＿＿＿＿＿＿＿＿＿＿＿＿＿＿＿
　（贈与者の氏名＿＿＿＿＿＿＿＿＿＿）※このチェックシートは贈与者ごとに作成してください。

【回答欄】該当する回答を○で囲んでください。

1	贈与者は、昭和22年1月2日以前に生まれた人ですか。	は　い	いいえ
2	あなたは、平成4年1月2日以前に生まれた人ですか。	は　い	いいえ
3	あなたは、贈与を受けた日現在において贈与者の子（直系卑属）である推定相続人（子が亡くなっているときには孫を含みます。）ですか。	は　い	いいえ

○ 相続時精算課税（相続時精算課税選択の特例を含みます。）の適用を受ける場合には、贈与税の申告書第一表及び第二表（相続時精算課税の計算明細書）に次の表に掲げる書類を添付し、提出しなければなりません。

	提　出　書　類	チェック欄
1	相続時精算課税選択届出書	□
2	受贈者の戸籍謄本又は抄本など、受贈者の氏名、生年月日、受贈者が贈与者の推定相続人であることを証する書類（贈与を受けた日以後に作成されたものに限ります。）	□
3	受贈者の戸籍の附票の写しなど、受贈者が20歳に達した時以後の住所又は居所を証する書類（平成15年1月1日以後の住所又は居所を証する書類でも差し支えありません。）（贈与を受けた日以後に作成されたものに限ります。）	□
4	贈与者の住民票の写しその他の書類（贈与者の戸籍の附票の写しなど）で贈与者の氏名、生年月日、贈与者が65歳に達した時以後の住所又は居所を証する書類（平成15年1月1日以後の住所又は居所を証する書類でも差し支えありません。）（贈与を受けた日以後に作成されたものに限ります。）	□

（注）　受贈者が相続時精算課税選択届出書を提出する前に死亡している場合の提出書類については、税務署（資産課税部門）にお尋ねください。

※　このチェックシートは、贈与税の申告書に添付して提出してください。
（参考）　不動産を取得された場合には、不動産取得税（地方税）が課税されます。詳しいことは都道・県税事務所にお尋ねください。

出典：東京国税局「平成24年分　相続時精算課税制度を選択する場合のチェックシート」より

第8章

住宅取得等資金に係る相続時精算課税選択の特例

第1節 基 本

(1) 制度の概要

　平成15年1月1日から平成26年12月31日までの間に、住宅取得等資金の贈与を受けた受贈者が、贈与を受けた年の翌年3月15日までにその住宅取得等資金を一定の家屋の新築、取得または一定の増改築等の対価に充てて新築、取得または増改築等をし、その家屋を同日までに自己の居住の用に供したときまたは同日後遅滞なく自己の居住の用に供することが確実であると見込まれるときには、贈与者の年齢が65歳未満であっても相続時精算課税を選択することができます（措法70の3）。この特例のことを、以下「住宅取得等資金に係る相続時精算課税選択特例」といいます。

	相続時精算課税（通常）	住宅取得等資金に係る相続時精算課税選択の特例
贈与者の年齢	65歳以上の者 （平成27年より60歳以上のもの）	年齢不問

(2) 贈与により取得したものとみなされる保険金

　住宅取得等資金を贈与により取得した場合には、相続税法5条の規定により「贈与により取得したものとみなされる保険金」を取得した場合も含まれると解し、その保険金に係る贈与税については特例の適用があるものと解されます（国税庁質疑応答事例：贈与により取得したものとみなされる生命保険金を住宅取得資金に充てた場合の住宅取得等資金の贈与の特例の適用）。

(3) 一定の要件

　住宅取得等資金に係る相続時精算課税選択の特例を満たすための要件には大きく分けて「居住」「受贈者」「住宅取得等資金」「住宅用家屋」「期限内申告」があります。
　以下、各要件について具体的にみていきます。

第2節　居住の要件

(1) 内　容

　以下の居住要件を満たす場合に、住宅取得等資金に係る相続時精算課税選択特例の適用が受けられます（措法70の3①）。
① 　贈与を受けた年の翌年の3月15日までに、住宅取得等資金の全額を「住宅用家屋の新築」や「建築後使用されたことのない住宅用家屋の取得」のための対価に充てて新築または取得をし、同日までに自己の居住の用に供したときまたは同日後自己の居住の用に供することが確実であると見込まれるとき
② 　贈与を受けた年の翌年の3月15日までに、住宅取得等資金の全額を「既存住宅用家屋の取得」のための対価に充てて取得をし、同日までに自己の居住の用に供したときまたは同日後自己の居住の用に供することが確実であると見込まれるとき
③ 　贈与を受けた年の翌年の3月15日までに、住宅取得等資金の全額を「自己の居住の用に供している住宅用の家屋について行う増改築等」の

対価に充てて増改築等をし、同日までに自己の居住の用に供したときまたは同日後自己の居住の用に供することが確実であると見込まれるとき

(2) 居住の用に供したとき等

「居住の用に供した」かどうかは、その住宅用家屋をその者(住宅取得等資金の贈与を受け住宅用家屋を取得等した者)の生活の拠点として利用したかどうかにより判断すべきであると解されます(国税庁質疑応答事例：住宅取得等資金の贈与を受けた者が年の中途で出国した場合の住宅取得等資金の贈与の特例の適用の可否)。

なお、その者が、転勤、転地療養その他のやむを得ない事情により、配偶者、扶養親族その他その者と生計を一にする親族と日常の起居を共にしていない場合において、その者と生計を一にする親族が居住の用に供し、または居住の用に供することが確実であると見込まれるときで、やむを得ない事情が解消した後はその者が共にその住宅用家屋に居住することとなると認められるときは、特例の適用が受けられます(措通70の3-1)。

第3節 受贈者の要件

住宅取得等資金に係る相続時精算課税選択特例の適用のある受贈者とは、次のすべての要件に当てはまる必要があります(措法70の3③一)。なお、次に掲げる要件をすべて満たすものを「特定受贈者」といいます。

① 贈与を受けたときに国内に住所があるか、国内に住所がないが次のイ、ロに当てはまること
イ 受贈者が日本国籍を有している個人(受贈者または贈与者が、贈与前5年以内に日本国内に住所を有していたことがある場合に限ります)。
ロ 受贈者が日本国籍を有しない個人(贈与者がその贈与時において日本国内に住所を有していた場合に限ります)。
② 贈与を受けたときに贈与者の直系卑属である推定相続人であること
③ 贈与を受けた年の1月1日現在において20歳以上であること

第4節 住宅取得等資金の要件

(1) 内容

　住宅取得等資金に係る相続時精算課税選択特例の適用のある住宅取得等資金とは、次のいずれかに掲げる新築、取得または増改築等の対価または費用に充てるための金銭をいいます(措法70の3③五)。
① 受贈者による住宅用家屋の新築または建築後使用されたことのない住宅用家屋の取得
② 受贈者による既存住宅用家屋の取得
③ 受贈者が所有している住宅用家屋につき行う増改築等
　住宅取得等資金は、上記のような住宅用家屋の新築、取得または増改築等の対価の額または費用に充てられたものであることが要件とされていますが、具体的には、特例の適用のある住宅取得等資金に含まれる、含まれ

ないには以下のようなものがあります（国税庁質疑応答事例：住宅用家屋の新築等の対価又は増改築等の費用の範囲）。

含まれる	・住宅用家屋の新築工事の請負代金（新築） ・住宅用家屋の売買代金（取得） ・住宅用家屋の増改築等に係る工事の請負代金（増改築等） ・建築の請負業者以外の建築士に支払った家屋の設計料 ・住宅用家屋と一体として取得した電気設備等の附属設備の取得対価
含まれない	・売買契約書等にちょう付した印紙 ・不動産仲介手数料 ・不動産取得税等 ・登録免許税

(2) 土地等の取得

　住宅用家屋の新築、取得または増改築等とともにするその家屋の敷地の用に供されている（供されることとなる）土地や借地権等の土地等の取得も住宅取得等資金に含まれます（措法70の3①、③五）。なお、住宅用家屋の新築、取得とともに取得するその家屋の敷地の用に供されている土地等とは次に掲げる土地等のことをいいます（措通70の3-2）。

① 住宅用家屋の新築の場合

　平成23年1月1日以後の贈与については、住宅用家屋の新築（住宅取得等資金の贈与を受けた日の属する年の翌年3月15日までに行われたものに限ります）に先行して取得する土地等も含まれます。

・住宅用家屋の新築請負契約と同時に締結された売買契約によって取得した土地等
・住宅用家屋の新築請負契約を締結することを条件とする売買契約によって取得した土地等
・住宅用家屋を新築する前に取得したその家屋の敷地の用に供されること

となる土地等

なお、贈与により取得した金銭が上記に該当する土地等の取得の対価に充てられ、住宅用家屋の新築の対価に充てられた贈与により取得した金銭がない場合であっても、その土地等の取得の対価に充てられた贈与により取得した金銭は住宅取得等資金に該当します（措通70の3-2（注）1）。ただし、その贈与があった日の属する年の翌年の3月15日までに、住宅用家屋の新築をしていない場合には、その贈与により取得した金銭については住宅取得等資金に係る相続時精算課税選択特例の適用はありません（措通70の3-2（注）1ただし書）。

例えば、平成25年中に贈与により取得した金銭で住宅用家屋の敷地の用に供されることとなる土地等を住宅用家屋の新築に先行して取得した場合で、平成26年3月15日までにその土地等の上に住宅用家屋の新築をした場合には、住宅用家屋の新築を自己資金で行い贈与により取得した金銭をその対価に充てていなくても、その土地等の取得の対価に贈与により取得した金銭を充てているので、その贈与により取得した金銭について相続時精算課税選択特例の適用はあることとなります。しかし、平成26年3月15日までにその土地等の上に住宅用家屋の新築をしない場合には、その贈与により取得した金銭についての適用はないこととなります。

② 住宅用家屋の取得の場合

　住宅用家屋とその敷地を同時に取得する売買契約によって取得したいわゆる建売住宅、分譲マンションの土地等

(3) 住宅取得等資金が法施行地外にある場合等

　住宅取得等資金に係る相続時精算課税選択特例の適用を受ける場合には、住宅取得等資金により新築等する住宅用家屋等の所在地は国内でなければなりませんが、住宅取得等資金の所在地は国内外のいずれでもよいこととになっています（措通70の3-3）。

第5節 住宅用家屋の要件（第6節～第8節に共通するもの）

　特例の適用の対象となる新築、取得または増改築等をした住宅用家屋は、次のすべての要件に当てはまる必要があります。
① 住宅用家屋は、日本国内にあること（措令40の5）。
② 受贈者の一定の親族など受贈者と特別の関係がある者として政令で定める者との請負契約等により新築、増改築等をする場合またはこれらの者から取得する場合の住宅用家屋ではないこと（措法70の3③五カッコ書）。

　政令で定める者とは、次に掲げる者です（措令40の5⑤）。
イ　受贈者の配偶者及び直系血族
ロ　受贈者の親族で生計を一にしているもの
ハ　受贈者と婚姻の届出をしていないが事実上婚姻関係と同様の事情にある者及びその者の親族でその者と生計を一にしているもの
ニ　受贈者から受ける金銭その他の財産によつて生計を維持しているもの及びその者の親族でその者と生計を一にしているもの

　上記ニは、受贈者から給付を受ける金銭その他の財産または給付を受けた金銭その他の財産の運用によって生ずる収入を日常生活の資金の主要部分としている者をいいますが、その受贈者から離婚に伴う財産分与、損害賠償その他これらに類するものとして受ける金銭その他の財産によって生計を維持している者は含まれないものとして取り扱われます（措通70の3-9）。
③ 住宅取得等資金の贈与を受けた日の属する年の翌年3月15日までに住宅用家屋の新築、取得または増改築等をすること（措法70の3①）
　「新築」には、屋根（その骨組みを含みます）を有し、土地に定着した建

造物として認められる時以後の状態（新築に準ずる状態）にあるものが含まれます（措規23の6①）。

「増改築等」には、増築または改築部分の屋根（その骨組みを含みます）を有し、既存の家屋と一体となって土地に定着した建造物として認められる時以後の状態（増改築等の完了に準ずる状態）にあるものが含まれます（措規23の6②）。

「取得」の場合には、これらの状態にあるものが含まれませんので、贈与を受けた住宅取得等資金を建売住宅や分譲マンションの取得の対価に充てている場合、売買契約が締結されている場合またはこれらの建物が新築に準ずる状態（措規23の6①）にある場合であっても、贈与を受けた年の翌年の3月15日までにその引渡しを受けていなければ、この特例の適用を受けることはできません（措通70の3-8）。

第6節　住宅用家屋の新築、建築後使用されたことのない住宅用家屋の取得の要件

住宅用家屋の新築、建築後使用されたことのない住宅用家屋の取得において、特例の適用の対象となる住宅用家屋は、次のすべての要件に当てはまる必要があります（措法70の3①一、③二、措令40の5①）。

① 床面積の2分の1以上に相当する部分が専ら居住の用に供されるものであること
② 居住の用に供する家屋が2つ以上ある場合には、受贈者が主として居住の用に供すると認められる1つの家屋に限る

③　家屋の登記簿上の床面積（区分所有の場合には、その区分所有する部分の床面積）が50平方メートル以上であること

第7節　既存住宅用家屋の取得の要件

　既存住宅用家屋（建築後使用されたことのある住宅用家屋）の取得において、特例の適用の対象となる既存住宅用家屋は、次のすべての要件に当てはまる必要があります（措法70の3①二、③三、措令40の5②）。
①　床面積の2分の1以上に相当する部分が専ら居住の用に供されるものであること
②　居住の用に供する家屋が2つ以上ある場合には、受贈者が主として居住の用に供すると認められる1つの家屋に限る
③　家屋の登記簿上の床面積（区分所有の場合には、その区分所有する部分の床面積）が50平方メートル以上であること
④　家屋の構造によって次のような建築年数の制限がある
イ　耐火建築物である家屋の場合は、その家屋の取得の日以前25年以内に建築されたものであること
　　耐火建築物とは、建物登記簿に記録された家屋の構造のうち建物の主たる部分の構成材料が石造、れんが造、コンクリートブロック造、鉄骨造、鉄筋コンクリート造、鉄骨鉄筋コンクリート造の建築物をいいます（措規23の6④）。

ロ　耐火建築物以外の家屋の場合は、その家屋の取得の日以前20年以内に建築されたものであること
ハ　家屋が建築基準法施行令第3章及び第5章の4の規定または国土交通大臣が財務大臣と協議して定める地震に対する安全性に係る基準に適合するものであること（建築年数の制限なし）

第8節　住宅用の家屋について行う増改築等の要件

　住宅用の家屋について行う増改築等において、特例の適用の対象となる増改築等、住宅用家屋は、次のすべての要件に当てはまる必要があります（措法70の3①三、③四、措令40の5③、④、措通70の3-10）。
①　受贈者が所有し、主として居住の用に供すると認められる家屋につき行う増改築等の工事であること
②　増改築等の工事に要した費用の総額が100万円以上であること。なお居住用部分の工事費が全体の工事費の2分の1以上であること
③　増改築等後の家屋の床面積の2分の1以上に相当する部分が専ら居住の用に供されること
④　増改築等後の家屋の登記簿上の床面積（区分所有の場合には、その区分所有する部分の床面積）が50平方メートル以上であること
⑤　増改築等の要件
　下記工事に該当するものであることにつき財務省令で定めるところにより証明がされたもの

イ 「戸建住宅」

　戸建住宅について行う次に掲げるいずれかの修繕または模様替

（一）　増築、改築、建築基準法第2条第14号に規定する大規模の修繕または同条第15号に規定する大規模の模様替

（二）　家屋のうち居室、調理室、浴室、便所その他の室で国土交通大臣が財務大臣と協議して定めるものの一室の床または壁の全部について行う修繕または模様替

（三）　家屋について行う建築基準法施行令第3章及び第5章の4の規定または国土交通大臣が財務大臣と協議して定める地震に対する安全性に係る基準に適合させるための修繕または模様替

ロ 「区分所有建築物」

　区分所有建築物について行う次に掲げるいずれかの修繕または模様替

（一）　区分所有する部分の床（建築基準法2条5号に規定する主要構造部である床及び最下階の床をいいます）の過半または主要構造部である階段の過半について行う修繕または模様替

（二）　区分所有する部分の間仕切壁（主要構造部である間仕切壁及び建築物の構造上重要でない間仕切壁をいいます）の室内に面する部分の過半について行う修繕または模様替（その間仕切壁の一部について位置の変更を伴うものに限ります）

（三）　区分所有する部分の主要構造部である壁の室内に面する部分の過半について行う修繕または模様替（修繕または模様替に係る壁の過半について遮音または熱の損失の防止のための性能を向上させるものに限ります）

（四）　上記「戸建住宅」の（二）と同じ

（五）　上記「戸建住宅」の（三）と同じ

第9節　床面積

　特例の適用の対象となる家屋の床面積は、50平方メートル以上であることが必要です（措令40の5）。なお、「直系尊属から住宅取得等資金の贈与を受けた場合の贈与税の非課税（措法70の2）」（第9章）の適用の対象となる家屋のように、240平方メートル以下というような上限面積の要件は付されていません（措通70の3-5（注）3）。

(1) 床面積の意義（措通70の3-5）
① 1棟の家屋の場合
　家屋の床面積とは、家屋の各階またはその一部で壁その他の区画の「中心線」で囲まれた部分の水平投影面積（登記簿上表示される床面積）をいい、その家屋が2以上の階を有する家屋であるときは、各階の床面積の合計となります。
② 区分所有建物の場合
　区分所有する部分の床面積とは、建物の区分所有等に関する法律2条3項に規定する専有部分（区分所有権の目的たる建物の部分）の床面積をいいますが、その床面積は、登記簿上表示される壁その他の区画の「内側線」で囲まれた部分の水平投影面積によります。なお、専有部分の床面積には、数個の専有部分に通ずる廊下、階段室、エレベーター室、共用の便所及び洗面所、屋上等の部分の床面積は含まれません。

(2) 内法面積と壁芯面積
　分譲マンション等の区分所有建物の専有部分の床面積の計算方法には、

内法面積と壁芯面積の2つがあります。

内法面積とは、部屋を真上から見下ろしたときの壁で囲まれた内側だけ、つまり壁の内側の部分の面積のことをいいます。不動産登記における計算方法で、住宅取得等資金に係る相続時精算課税選択特例における床面積も、この計算方法によります。

① **不動産登記規則第115条**

建物の床面積は、各階ごとに壁その他の区画の中心線（区分建物にあっては、壁その他の区画の内側線）で囲まれた部分の水平投影面積により、平方メートルを単位として定め、1平方メートルの100分の1未満の端数は、切り捨てるものとします。

一方、壁芯面積とは、壁の中心線で囲まれた部分の面積のことをいいます。建築確認申請で用いられる床面積は、この壁芯面積となります。

② **建築基準法施行令2条1項3号**

床面積：建築物の各階またはその一部で壁その他の区画の中心線で囲まれた部分の水平投影面積による。

当然、壁芯面積のほうが面積数値は大きくなります。なお、この2つの計算方法による広さの差は、およそ5～8％あるといわれています。

不動産業者が物件のパンフレットや広告等に表示している専有部分の床面積は壁芯面積の方が多いようです。しかし、この特例で適用できる専有部分の床面積50平方メートル以上とは、登記簿上表示される床面積で、内法面積の方となっています。ですから、パンフレット上の床面積で50平方メートルをわずかに上回っているマンション購入の場合は要注意です。登記簿に表示される床面積が、50平方メートル未満の場合がありえるからです。よって、購入前に、登記簿に表示される床面積がいくらであるのかを不動産業者に確認しておく必要があります。

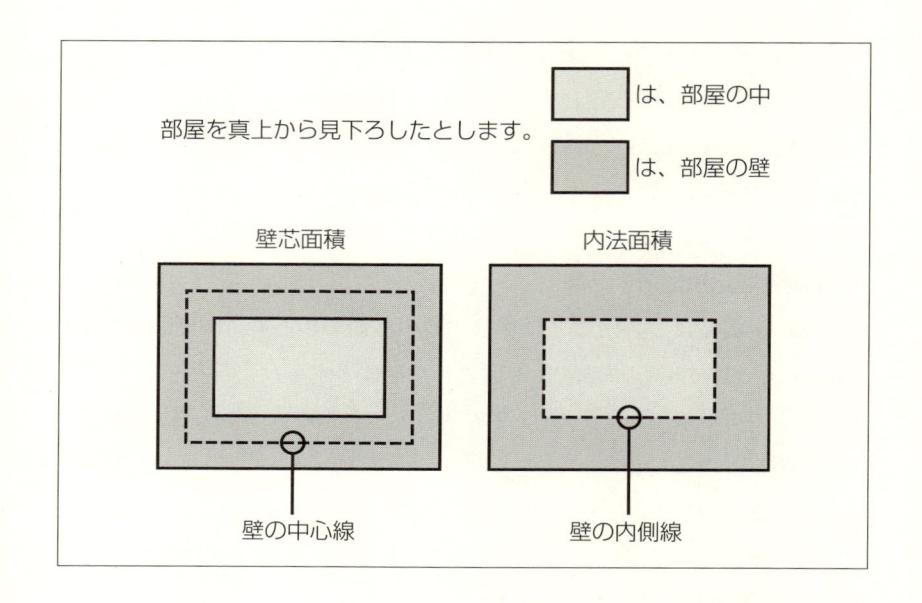

部屋を真上から見下ろしたとします。

□ は、部屋の中
■ は、部屋の壁

壁芯面積　　　　　内法面積

壁の中心線　　　　壁の内側線

(3) その他

① 店舗兼住宅等の場合の床面積基準の判定

　店舗や事務所などと併用になっている家屋（区分所有の場合には、その区分所有する部分。以下同じ）の場合は、店舗や事務所等の部分も含めた家屋全体の床面積によって判定します（措通70の3-6(1)）。

② 2人以上の者で共有されている家屋

　夫婦や親子など2人以上の者で共有する家屋の場合は、床面積に共有持分を乗じて判断するのではなく、ほかの人の共有持分を含めた家屋全体の床面積によって判定します（措通70の3-6(2)）。

第10節 適用手続

　住宅取得等資金に係る相続時精算課税選択特例の適用を受けるためには、贈与税の申告期間内に、この特例の適用を受ける旨を記載した贈与税の申告書に相続時精算課税選択届出書及び一定の書類を添付して、納税地の所轄税務署に提出する必要があります（措法70の3⑦、措規23の6⑥）。

　なお、期限後申告もしくは修正申告または更正もしくは決定に係る贈与税については適用がありません（措通70の3-15）。

第11節 住宅取得等資金を贈与により取得した年分以降に財産の贈与を受けた場合の取扱い

(1) 内容

　住宅取得等資金に係る相続時精算課税選択特例の適用を受けた年分以降は、その住宅取得等資金の贈与者から財産の贈与を受けた場合には、住宅取得等資金以外の贈与についても相続時精算課税の適用を受けることになります（措法70の3②）。なお、贈与者が贈与をした年の1月1日において65歳未満であっても、相続時精算課税の適用があります（措通70の3-4）。

　同一の者から同一年中に住宅取得等資金の贈与とそれ以外の財産の贈与があった場合には、住宅取得等資金以外の財産の贈与が住宅取得等資金の

贈与前にあったとしても、住宅取得等資金に係る相続時精算課税選択特例の適用を受けるときには、住宅取得等資金以外の財産についても相続時精算課税が適用されます（措通70の3-4（注））。

(2) 計算例

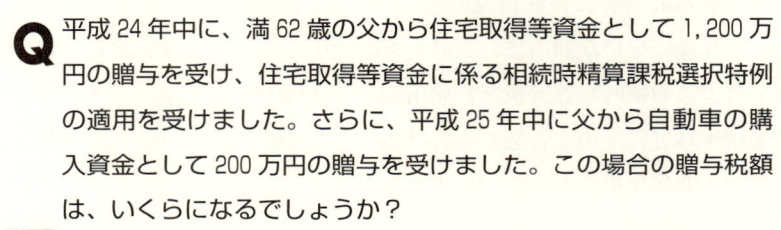

> **Q** 平成24年中に、満62歳の父から住宅取得等資金として1,200万円の贈与を受け、住宅取得等資金に係る相続時精算課税選択特例の適用を受けました。さらに、平成25年中に父から自動車の購入資金として200万円の贈与を受けました。この場合の贈与税額は、いくらになるでしょうか？
>
> **A**
>
> 平成24年分　1,200万円－1,200万円（特別控除額）＝0円
> 　贈与税額　0円
> 　特別控除額の繰越　2,500万円－1,200万円＝1,300万円
> 平成25年分　200万円－200万円（特別控除額）＝0円
> 　贈与税額　0円
> 　特別控除額の繰越　1,300万円－200万円＝1,100万円

第12節 期限までに住宅取得等資金で取得等した家屋に居住できない場合

　住宅取得等資金に係る相続時精算課税選択特例を適用するには、受贈者が贈与を受けた年の翌年の3月15日までに取得等した住宅用家屋に居住することが必要とされています。しかし、翌年の3月15日までに居住できない場合でも、その後遅滞なく居住の用に供することが確実であると見込まれる場合には、特例の適用を受けることができることになっています（措法70の3①）。

　ただし、贈与により取得した住宅取得等資金を充てて取得をした家屋を、贈与を受けた年の翌年12月31日までに受贈者の居住の用に供していなかった場合には、相続時精算課税選択届出書を提出していなかったものとみなされます。この場合には、同日から2か月を経過する日までに暦年課税により計算した修正申告書を提出するとともに、修正申告書により増加した税額を納付しなければなりません（措法70の3④、措通70の3-14）。

　なお、その贈与の属する年の翌年以降に贈与により財産を取得した場合において、その財産について相続時精算課税の適用を受けようとするときは、相続時精算課税選択届出書の提出が再度必要となります（措通70の3-14(注)2）。

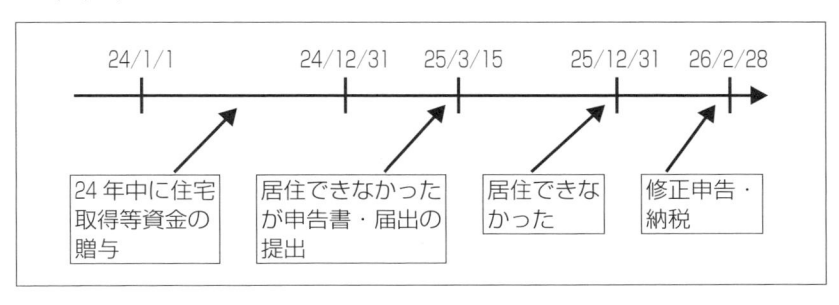

24/1/1	24/12/31	25/3/15	25/12/31	26/2/28
24年中に住宅取得等資金の贈与	居住できなかったが申告書・届出の提出		居住できなかった	修正申告・納税

237

第13節　他の特例との併用

(1) 所得税の(特定増改築等)住宅借入金等特別控除を適用する場合

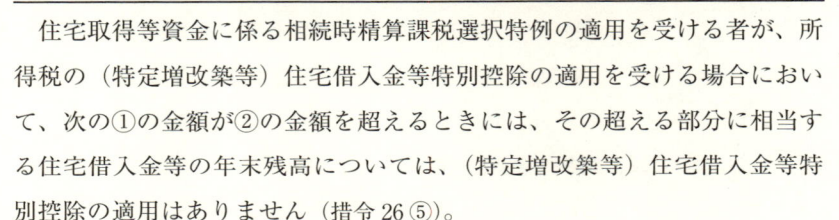

　住宅取得等資金に係る相続時精算課税選択特例の適用を受ける者が、所得税の（特定増改築等）住宅借入金等特別控除の適用を受ける場合において、次の①の金額が②の金額を超えるときには、その超える部分に相当する住宅借入金等の年末残高については、（特定増改築等）住宅借入金等特別控除の適用はありません（措令26⑤）。
① 「住宅借入金等の金額」
② 住宅用家屋の新築、取得または増改築等の対価の額または費用の額から、「その贈与の特例を受けた部分の金額」を差し引いた額

(2)「直系尊属から住宅取得等資金の贈与を受けた場合の非課税の特例」の適用を受ける場合

　「住宅取得等資金に係る相続時精算課税選択特例」は、住宅資金贈与者から贈与により取得した住宅取得等資金のうち贈与税の課税価格に算入される価額について適用があります。そのため、「直系尊属から住宅取得等資金の贈与を受けた場合の非課税の特例（措法70の2）」の適用を受けた結果、住宅取得等資金について贈与税の課税価格に算入すべき価額がない場合には、適用がありません（措通70の3-3の2）。

計算例

Q
- 住宅用家屋の取得対価の額　　3,000万円
- 単独名義での銀行からの住宅借入金　　2,500万円
- 住宅取得等資金の贈与（特例）を受けた金額　　800万円

この場合における住宅借入金等特別控除の計算の基礎となる家屋等の取得対価の額等はいくらになるか？

A

3,000万円（住宅用家屋の取得対価の額）－800万円（住宅取得等資金に係る相続時精算課税選択特例を受けた金額）
＝2,200万円

2,500万円（住宅借入金等の金額）＞2,200万円のため、2,200万円が住宅借入金等特別控除の計算の基礎となる家屋等の取得対価の額等となります。

【参考資料：申告書例とチェックシート】

① 相続時精算課税選択届出書と申告書の記載例

相続時精算課税選択届出書

（平成21年分以降用）

平成 25 年 3 月 7 日

麻布 税務署長

受贈者
- 住所又は居所：〒106-0032　電話（03-××××-××××）
港区六本木○丁目○番○号
- フリガナ：ヤマダ イチロウ
- 氏名（生年月日）：山田 一郎　（大・㊣昭・平）60 年 7 月 7 日　㊞山田
- 特定贈与者との続柄：長男

※「相続時精算課税選択届出書」は、必要な添付書類とともに申告書第一表及び第二表と一緒に提出してください。

私は、下記の特定贈与者から平成 24 年中に贈与を受けた財産については、相続税法第21条の9第1項の規定の適用を受けることとしましたので、下記の書類を添えて届け出ます。

記

1 特定贈与者に関する事項

住所又は居所	港区六本木○丁目○番○号
フリガナ	ヤマダ タロウ
氏名	山田 太郎
生年月日	明・大・㊣昭・平 34 年 7 月 8 日

2 年の途中で特定贈与者の推定相続人となった場合

推定相続人となった理由	
推定相続人となった年月日	平成　年　月　日

3 添付書類

次の（1）～（4）の全ての書類が必要となります。
なお、いずれの添付書類も、贈与を受けた日以後に作成されたものを提出してください。
（書類の添付がなされているか確認の上、□に✓印を記入してください。）

(1) ☑ 受贈者の戸籍の謄本又は抄本その他の書類で、次の内容を証する書類
　　① 受贈者の氏名、生年月日
　　② 受贈者が特定贈与者の推定相続人であること

(2) ☑ 受贈者の戸籍の附票の写しその他の書類で、受贈者が 20 歳に達した時以後の住所又は居所を証する書類（受贈者の平成 15 年 1 月 1 日以後の住所又は居所を証する書類でも差し支えありません。）

(3) ☑ 特定贈与者の住民票の写しその他の書類で、特定贈与者の氏名、生年月日を証する書類

(4) ☑ 特定贈与者の戸籍の附票の写しその他の書類で、特定贈与者が 65 歳に達した時以後の住所又は居所を証する書類（特定贈与者の平成 15 年 1 月 1 日以後の住所又は居所を証する書類でも差し支えありません。）

　（注）1　租税特別措置法第 70 条の 3（（特定の贈与者から住宅取得等資金の贈与を受けた場合の相続時精算課税の特例））の適用を受ける場合には「平成 15 年 1 月 1 日以後の住所又は居所を証する書類」となります。
　　　　2　(3)の書類として特定贈与者の住民票の写しを添付する場合で、特定贈与者が 65 歳に達した時以後（租税特別措置法第 70 条の 3 の適用を受ける場合を除きます。）又は平成 15 年 1 月 1 日以後、特定贈与者の住所に変更がないときは、(4)の書類の添付を要しません。

（注）この届出書の提出により、特定贈与者からの贈与については、特定贈与者に相続が開始するまで相続時精算課税の適用が継続されるとともに、その贈与を受ける財産の価額は、相続税の課税価格に加算されます（この届出書による相続時精算課税の選択は撤回することができません。）。

作成税理士	㊞	電話番号	

| ※ | 税務署整理欄 | 届出番号 | － | 名簿 | | 確認 | |

※印欄には記入しないでください。

（資5-42-A4統一）（平24.10）

第8章　住宅取得等資金に係る相続時精算課税選択の特例

平成24年分贈与税の申告書（住宅取得等資金の非課税の計算明細書）

提出用

受贈者の氏名　山田　一郎

第一表の二（平成24年分用）（第一表の二は、必要な添付書類とともに申告書第一表と一緒に提出してください。）

次の住宅取得等資金の非課税の適用を受ける人は、□の中にレ印を記入してください。
☑ 私は、租税特別措置法第70条の2第1項の規定による住宅取得等資金の非課税の適用を受けます。(注1)　（単位は円）

住宅取得等資金の非課税分

贈与者の住所・氏名(フリガナ)・申告者との続柄・生年月日	取得した財産の所在場所等	住宅取得等資金を取得した年月日 / 住宅取得等資金の金額
住所　港区六本木○丁目○番○号 フリガナ　ヤマダ　タロウ　続柄　父 氏名　山田　太郎 生年月日　明・大・㊊・平　34年7月8日	港区六本木○丁目○番○号	平成 24年 05月 06日 280,000,000
		平成　　年　　月　　日

㉖ 住宅取得等資金の合計額　280,000,000

贈与者の住所・氏名(フリガナ)・申告者との続柄・生年月日	取得した財産の所在場所等	住宅取得等資金を取得した年月日 / 住宅取得等資金の金額
住所 フリガナ　　　　　続柄 氏名 生年月日　明・大・昭・平　年　月　日		平成　　年　　月　　日 平成　　年　　月　　日

㉗ 住宅取得等資金の合計額

㉘ 非課税限度額（1,500万円又は1,000万円）(注2)　15,000,000

㉙ ㉖のうち非課税の適用を受ける金額　15,000,000

㉚ ㉗のうち非課税の適用を受ける金額

㉛ 非課税の適用を受ける金額の合計額（㉙＋㉚）（㉘の金額を限度とします。）　15,000,000

㉜ ㉖のうち課税価格に算入される金額（㉖－㉙）（㉜に係る贈与者の「財産の価額」欄（申告書第一表又は第二表）にこの金額を転記します。）　13,000,000

㉝ ㉗のうち課税価格に算入される金額（㉗－㉚）（㉝に係る贈与者の「財産の価額」欄（申告書第一表又は第二表）にこの金額を転記します。）

㉜又は㉝に金額の記載のある場合における申告書第一表又は第二表贈与者又は特定贈与者の「住所・氏名（フリガナ）・申告者との続柄・生年月日」欄の記載は、㉜又は㉝の金額に係る贈与者又は特定贈与者の「氏名（フリガナ）」のみとして差し支えありません。

(注1)　住宅取得等資金の非課税の適用を受ける人で、平成24年分の所得税の確定申告書を提出した人は次の欄を記入し、提出していない人は合計所得金額を明らかにする書類を贈与税の申告書に添付する必要があります。

所得税の確定申告書を提出した年月日　25・3・7　提出した税務署　麻布　税務署

(注2)　新築若しくは取得又は増改築等をした住宅用の家屋が、一定の省エネルギー性又は耐震性を満たす住宅用の家屋（租税特別措置法施行令第40条の4の2第6項の規定により証明がされたものをいいます。）である場合は「1,500万円」と、それ以外の住宅用の家屋である場合は「1,000万円」となります。

※ 税務署整理欄　整理番号　□□□□□□　名簿　□□□□□　確認　□

※印欄には記入しないでください。

（資5-10-1-3-A4統一）（平24.10）

第8章 住宅取得等資金に係る相続時精算課税選択の特例

平成24年分贈与税の申告書（相続時精算課税の計算明細書）

FD4732

受贈者の氏名：山田　一郎

第二表（平成22年分以降用）（第二表は、必要な添付書類とともに申告書第一表と一緒に提出してください。）

提出用

次の特例の適用を受ける場合には、□の中にレ印を記入してください。

☑ 私は、租税特別措置法第70条の3第1項の規定による**相続時精算課税選択の特例**の適用を受けます。

（単位は円）

相続時精算課税分

特定贈与者の住所・氏名（フリガナ）申告者との続柄・生年月日	左の特定贈与者から取得した財産の明細					財産を取得した年月日
	種類	細目	利用区分・銘柄所在場所等	数量固定資産税評価額	単価倍数	財産の価額
住所	現金、預貯金等	現金	（住宅取得等資金）		円	平成 24 年 05 月 06 日
	申告書第一表の二のとおり				円	13 000 000
フリガナ ヤマダ タロウ					円	平成　年　月　日
氏名 山田　太郎					円	
					円	平成　年　月　日
続柄						
生年月日 明治1・大正2・昭和3・平成4						

特別控除額の計算

財産の価額の合計額（課税価格）	⑰	13 000 000
過去の年分の申告において控除した特別控除額の合計額（最高2,500万円）	⑱	
特別控除額の残額（2,500万円－⑱）	⑲	25 000 000
特別控除額（⑰の金額と⑲の金額のいずれか低い金額）	⑳	13 000 000
翌年以降に繰り越される特別控除額（2,500万円－⑱－⑳）	㉑	12 000 000

税額の計算

⑳控除後の課税価格（⑰－⑳）【1,000円未満切捨て】	㉒	0 0 0
㉒に対する税額（㉒×20％）	㉓	0 0
外国税額の控除額（外国にある財産の贈与を受けた場合で、外国の贈与税を課せられたときに記入します。）	㉔	
差引税額（㉓－㉔）	㉕	0

上記の特定贈与者からの贈与により取得した財産に係る過去の相続時精算課税分の贈与税の申告状況	申告した税務署名	控除を受けた年分	受贈者の住所及び氏名（「相続時精算課税選択届出書」に記載した住所・氏名と異なる場合にのみ記入します。）
	署	平成　年分	
	署	平成　年分	
	署	平成　年分	
	署	平成　年分	

（注）上記の欄に記入しきれないときは、適宜の用紙に記載し提出してください。

◎ 上記に記載された特定贈与者からの贈与について初めて相続時精算課税の適用を受ける場合には、申告書第一表及び第二表と一緒に「相続時精算課税選択届出書」を必ず提出してください。なお、同じ特定贈与者から翌年以降財産の贈与を受けた場合には、「相続時精算課税選択届出書」を改めて提出する必要はありません。

※	税務署整理欄	整理番号	□□□□□	名簿	□□□□	確認	届出番号	□□□□□－□□□□
		財産細目コード	□□□□					

※印欄には記入しないでください。

（資5－10－2－1－A4統一）（平24.10）

② 相続時精算課税特例(添付書類を含む)に関するチェックシート

平成24年分　住宅取得等資金の贈与税の非課税制度及び相続時精算課税選択の特例のチェックシート		
「相続時精算課税選択の特例」	**新築又は取得用**	一面

　このチェックシートは、平成24年中に贈与を受けた金銭に対して、「相続時精算課税選択の特例」を適用することができるかどうかについて主なチェック項目を示したものです。回答欄の左側のみに○がある場合には、原則としてその特例の適用を受けることができます。
　なお、このチェックシートは、<u>住宅用の家屋の新築又は取得をした人</u>を対象としています。

　　　　　　　　　　　　　　　　　　　　　　　　　該当する回答を○で囲んでください

○ 「受贈者」に関する事項

№	項目		
1	あなたは、贈与を受けた時において贈与者の子である推定相続人（子が亡くなっているときには孫を含みます。）ですか。	はい	いいえ
2	あなたは、平成4年1月2日以前に生まれた人ですか。	はい	いいえ

○ 「住宅用の家屋の新築又は取得」に関する事項

№	項目		
3	あなたの配偶者、親族など特別の関係がある人から住宅用の家屋の新築又は取得（その敷地の用に供されている土地等の取得を含みます。）をしたものですか。	いいえ	はい
4	平成25年3月15日までにあなたの居住の用に供する（供している）住宅用の家屋の新築又は取得（その敷地の用に供されている土地等の取得を含みます。）をし、贈与を受けた金銭の全額をその対価又は工事の費用に充てましたか。 　また、平成25年3月15日までに住宅用の家屋の新築の工事が完了（その工事の完了に準ずる状態を含みます。）又は住宅用の家屋を取得していますか。 　(注)　**「工事の完了に準ずる状態」**とは、屋根を有し、建造物として認められる時以後の状態をいいます。	はい	いいえ
5	新築又は取得をした住宅用の家屋は日本国内にあり、登記簿上の床面積（区分所有建物の場合はその専有部分の床面積）は <u>50㎡以上</u>で、かつ、その家屋の床面積の2分の1以上に相当する部分があなたの居住の用に供されるものですか。 　(参考)　「住宅取得等資金の非課税」の適用を受ける場合には、適用対象となる家屋の床面積に上限（240㎡以下）がありますのでご注意ください。	はい	いいえ
6	【住宅用の家屋を「取得」した人のみ記入してください。】 　取得した住宅用の家屋は、次のいずれかに該当します。 　① 建築後使用されたことのないもの 　② 建築後使用されたことのあるもので、その取得の日以前20年以内（耐火建築物の場合は25年以内）に建築されたもの 　　(注) 耐火建築物とは、鉄骨造、鉄筋コンクリート造又は鉄骨鉄筋コンクリート造などのものをいいます。 　③ 建築後使用されたことのあるもので、地震に対する安全性に係る基準に適合するものとして<u>二面</u>の「№4・5・6」に掲げる書類により証明されたもの	はい	いいえ

○ 「受贈者の居住」に関する事項

№	項目		
7	贈与を受けた時に、あなたの住所は日本国内にありましたか。 　(注) 日本国内に住所を有しない人であっても、次のいずれにも該当する場合には、「はい」を○で囲んでください。 　　a　贈与を受けた時に、日本国籍を有していること。 　　b　受贈者又は贈与者がその贈与前5年以内に日本国内に住所を有したことがあること。	はい	いいえ
8	既に新築又は取得をした住宅用の家屋に居住していますか。又は、平成25年12月31日までに遅滞なくその家屋に居住する見込みですか。	はい	いいえ

　平成　　年　　月　　日
　受贈者の住所：＿＿＿＿＿＿＿＿＿＿＿＿＿＿＿　フリガナ
　　　　　　　　　　　　　　　　　　　　　　　　　受贈者の氏名：＿＿＿＿＿＿＿＿

※　このチェックシートは、贈与税の申告書に添付して提出してください。

第8章　住宅取得等資金に係る相続時精算課税選択の特例

平成24年分　住宅取得等資金の贈与税の非課税制度及び相続時精算課税選択の特例のチェックシート

| 「相続時精算課税選択の特例」の添付書類一覧 | 新築又は取得用 | 二面 |

この添付書類一覧は、平成24年中に贈与を受けた金銭に対して、「相続時精算課税選択の特例」の適用を受けるための添付書類等を確認する際に使用してください（「No.1～8」は一面の番号に対応しています。）。
なお、この添付書類一覧は、住宅用の家屋の新築又は取得をした人を対象としています。

○「受贈者」に関する事項

No.	添　付　書　類　等	チェック欄
1・2	○　受贈者の戸籍の謄本又は抄本などで、次の内容を証する書類 　① 受贈者の氏名、生年月日 　② 受贈者が贈与者の推定相続人であること	□

○「住宅用の家屋の新築又は取得」に関する事項

No.	添　付　書　類　等	チェック欄
3	○　住宅用の家屋に係る工事の請負契約書や売買契約書など新築又は取得（その敷地の用に供されている土地等の取得を含みます。）をした相手方を明らかにする書類 （注）上記の内容が登記事項証明書で明らかになる場合は、登記事項証明書で差し支えありません。	□
4・5・6	【平成25年3月15日までに新築の工事が完了又は取得している場合】 ○　登記事項証明書 （注）1　取得をした建築後使用されたことのある住宅用の家屋で、登記事項証明書によって床面積及び築年数が明らかでないときには、それらを明らかにする書類も必要です。 2　贈与を受けた住宅用の家屋の新築又は取得のための金銭により、その新築又は取得をした住宅用の家屋の敷地の用に供されている土地等を取得したときには、その「土地等に関する登記事項証明書」も併せて提出してください。 ○　耐震基準適合証明書又は住宅性能評価書の写し（取得した家屋が、一面の「6」の③のみに該当する場合に必要となります。） （注）その家屋の取得前2年以内にその証明のための家屋の調査が終了したもの又は評価されたものに限ります。	【平成25年3月15日までに新築の工事が完了に準ずる状態の場合】 ○　新築に係る工事の請負契約書などでその家屋が住宅用の家屋に該当すること及び床面積を明らかにする書類又はその写し ○　新築に係る工事を請け負った建設業者などの住宅用の家屋が工事の完了に準ずる状態にあることを証する書類（工事の完了予定年月の記載があるものに限ります。） ○　新築をした住宅用の家屋を居住の用に供したときは遅滞なく左記に掲げる書類を所轄税務署長に提出することを要する書類	□

○「受贈者の居住」に関する事項

No.	添　付　書　類　等	チェック欄
7・8	【平成25年3月15日までに居住した人】 ○　受贈者の住民票の写し （注）新築又は取得をした住宅用の家屋に居住した日以後に作成されたもので、その住宅用の家屋の所在場所が本人の住所として記載されているものに限ります。	【平成25年3月15日までに居住していない人】 ○　住宅用の家屋の新築又は取得後直ちに居住の用に供することができない事情及び居住の用に供する予定時期を記載した書類 ○　新築又は取得をした住宅用の家屋を遅滞なく居住の用に供すること及び居住の用に供したときには遅滞なく左記の書類を所轄税務署長に提出することを要する書類	□

◎ その他に必要な添付書類

No.	添　付　書　類　等	チェック欄
9	○　相続時精算課税選択届出書	□
10	○　受贈者の戸籍の附票の写しなどで、受贈者が20歳に達した時以後又は受贈者の平成15年1月1日以後の住所又は居所を証する書類	□
11	○　贈与者の住民票の写しなどで、贈与者の氏名、生年月日を証する書類	□
12	○　贈与者の戸籍の附票の写しなどで贈与者の平成15年1月1日以後の住所又は居所を証する書類 （注）贈与者の住民票の写しを添付する場合で、平成15年1月1日以後、贈与者の住所に変更がないときは、贈与者の戸籍の附票の写しなどを提出する必要はありません。	□

平成24年分　住宅取得等資金の贈与税の非課税制度及び相続時精算課税選択の特例のチェックシート

「相続時精算課税選択の特例」　増改築等用　一面

　このチェックシートは、平成24年中に贈与を受けた金銭に対して、「相続時精算課税選択の特例」を適用することができるかどうかについて主なチェック項目を示したものです。回答欄の左側のみに○がある場合には、原則としてその特例の適用を受けることができます。
　なお、このチェックシートは、**住宅用の家屋の増改築等をした人**を対象としています。

> 該当する回答を○で囲んでください

○「受贈者」に関する事項

1	あなたは、贈与を受けた時において贈与者の子である推定相続人（子が亡くなっているときには孫を含みます。）ですか。	はい	いいえ
2	あなたは、平成4年1月2日以前に生まれた人ですか。	はい	いいえ

○「住宅用の家屋の増改築等」に関する事項

3	あなたの配偶者、親族など特別の関係がある人から住宅用の家屋の増改築等（その敷地の用に供されている土地等の取得を含みます。）をしたものですか。	いいえ	はい
4	平成25年3月15日までにあなたの居住の用に供する（供している）住宅用の家屋の増改築等（その敷地の用に供されている土地等の取得を含みます。）をし、贈与を受けた金銭の全額をその対価又は工事の費用に充てましたか。 また、平成25年3月15日までに住宅用の家屋の増改築等の工事が完了（その工事の完了に準ずる状態を含みます。）していますか。 (注)　「**工事の完了に準ずる状態**」とは、増築又は改築部分の屋根を有し、建造物として認められる時以後の状態をいいます。	はい	いいえ
5	増改築等をした住宅用の家屋は日本国内にあり、増改築等後の住宅用の家屋の登記簿上の床面積（区分所有建物の場合はその専有部分の床面積）は <u>50 ㎡以上</u>で、かつ、その家屋の床面積の2分の1以上に相当する部分があなたの居住の用に供されるものですか。 (参考)　「住宅取得等資金の非課税」の適用を受ける場合には、適用対象となる家屋の床面積に上限（240 ㎡以下）がありますのでご注意ください。	はい	いいえ
6	増改築等に係る工事は、あなたが所有し、かつ、居住している家屋に対して行ったもので、一定の工事に該当することにつき<u>二面</u>の「No.6」に掲げる書類により証明されたものですか。	はい	いいえ
7	増改築等に係る工事に要した費用の額は100万円以上ですか。 また、増改築等に係る工事に要した費用の額の2分の1以上が、あなたの居住の用に供される部分の工事に充てられていますか。	はい	いいえ

○「受贈者の居住」に関する事項

8	贈与を受けた時に、あなたの住所は日本国内にありましたか。 (注)　日本国内に住所を有しない人であっても、次のいずれにも該当する場合には、「はい」を○で囲んでください。 　a　贈与を受けた時に、日本国籍を有していること。 　b　受贈者又は贈与者がその贈与前5年以内に日本国内に住所を有したことがあること。	はい	いいえ
9	既に増改築等をした住宅用の家屋に居住していますか。又は、平成25年12月31日までに遅滞なくその家屋に居住する見込みですか。	はい	いいえ

平成　　年　　月　　日
受贈者の住所：＿＿＿＿＿＿＿＿＿＿＿＿＿＿＿＿　フリガナ
　　　　　　　　　　　　　　　　　　　　　　　受贈者の氏名：＿＿＿＿＿＿＿

※　このチェックシートは、贈与税の申告書に添付して提出してください。

第8章　住宅取得等資金に係る相続時精算課税選択の特例

平成24年分　住宅取得等資金の贈与税の非課税制度及び相続時精算課税選択の特例のチェックシート		
「相続時精算課税選択の特例」の添付書類一覧　**増改築等用**　　**二面**		

この添付書類一覧は、平成24年中に贈与を受けた金銭に対して、「相続時精算課税選択の特例」の適用を受けるための添付書類等を確認する際に使用してください（「No.1～9」は、**一面**の番号に対応しています。）。
なお、この添付書類一覧は、**住宅用の家屋の増改築等をした人**を対象としています。

○「受贈者」に関する事項

No.	添　付　書　類　等	チェック欄
1・2	○ 受贈者の戸籍の謄本又は抄本などで、次の内容を証する書類 　① 受贈者の氏名、生年月日 　② 受贈者が贈与者の推定相続人であること	□

○「住宅用の家屋の増改築等」に関する事項

No.	添　付　書　類　等	チェック欄
3	○ 住宅用の家屋に係る工事の請負契約書など増改築等（その敷地の用に供されている土地等の取得を含みます。）をした相手方を明らかにする書類 　（注）上記の内容が登記事項証明書で明らかになる場合は、登記事項証明書で差し支えありません。	□
4・5	【平成25年3月15日までに増改築等の工事が完了している場合】 ○ 登記事項証明書 （注）1 増改築等をした住宅用の家屋で、登記事項証明書によって床面積が明らかでないときには、それらを明らかにする書類も必要です。 2 贈与を受けた住宅用の家屋の増改築等のための金銭により、その増改築等をした住宅用の家屋の敷地の用に供されている土地等を取得したときには、その「土地等に関する登記事項証明書」も併せて提出してください。	【平成25年3月15日までに増改築等の工事が完了に準ずる状態の場合】 ○ 増改築等に係る工事の請負契約書などでその家屋が住宅用の家屋に該当すること及び床面積を明らかにする書類又はその写し ○ 増改築等に係る工事を請け負った建設業者などの住宅用の家屋が工事の完了に準ずる状態にあることを証する書類（工事の完了予定年月の記載があるものに限ります。） ○ 増改築等に係る工事が完了したときは遅滞なく左記に掲げる書類を所轄税務署長に提出することを約する書類	□
6	【平成25年3月15日までに増改築等の工事が完了している場合】 次に掲げるいずれかの書類 ① 確認済証の写し ② 検査済証の写し ③ 増改築等工事証明書	【平成25年3月15日までに増改築等の工事が完了に準ずる状態の場合】 ○ 増改築等に係る工事が完了したときは遅滞なく左記に掲げる書類を所轄税務署長に提出することを約する書類	□
7	○ 増改築等に係る**工事の請負契約書**など（その増改築等をした年月日並びにその増改築等に係る工事に要した費用の額及びその明細を明らかにするもの又はその写し）	□

○「受贈者の居住」に関する事項

No.	添　付　書　類　等	チェック欄
8・9	【平成25年3月15日までに居住した人】 ○ 受贈者の戸籍の附票の写しなど （注）増改築等の工事後の住宅用の家屋に居住した日以後に作成されたもので、増改築等の工事前後にその増改築等をした家屋に居住している（居住していた）ことを明らかにする書類に限ります。	【平成25年3月15日までに居住していない人】 ○ 住宅用の家屋の増改築等後直ちに居住の用に供することができない事情及び居住の用に供する予定時期を記載した書類 ○ 増改築等をした住宅用の家屋を遅滞なく居住の用に供すること及び居住の用に供したときには遅滞なく左記の書類を所轄税務署長に提出することを約する書類	□

◎ その他に必要な添付書類

No.	添　付　書　類　等	チェック欄
10	○ 相続時精算課税選択届出書	□
11	○ **受贈者の戸籍の附票の写し**などで、受贈者が20歳に達した時以後又は受贈者の平成15年1月1日以後の住所又は居所を証する書類（上記「No.8・9」に掲げる書類により証されている場合は、重ねて提出する必要はありません。）	□
12	○ **贈与者の住民票の写し**などで、贈与者の氏名、生年月日を証する書類	□
13	○ **贈与者の戸籍の附票の写し**などで贈与者の平成15年1月1日以後の住所又は居所を証する書類 （注）贈与者の住民票の写しを添付する場合で、平成15年1月1日以後、贈与者の住所に変更がないときは、贈与者の戸籍の附票の写しなどを提出する必要はありません。	□

出典：東京国税局「平成24年分　相続時精算課税選択の特例のチェックシート」より

第9章

直系尊属から住宅取得等資金の贈与を受けた場合の非課税

第9章　直系尊属から住宅取得等資金の贈与を受けた場合の非課税

第1節　基　本

(1) 制度の概要

　平成24年1月1日から平成26年12月31日までの間に、父母や祖父母などの直系尊属から住宅取得等資金の贈与を受けた受贈者が、贈与を受けた年の翌年3月15日までにその住宅取得等資金を家屋の新築、取得または増改築等の対価に充てて新築、取得または増改築等をし、その家屋を同日までに自己の居住の用に供したときまたは同日後遅滞なく自己の居住の用に供することが確実であると見込まれるときには、住宅取得等資金のうち一定金額について贈与税が非課税となります（措法70の2）。この特例のことを、以下「住宅取得等資金の非課税特例」といいます。なお、この特例の適用を受けるためには、一定の要件を満たす必要があります。

　住宅取得等資金の贈与が対象となるため、不動産の贈与を受けた場合には居住用であっても非課税制度の対象となりません。

　なお、この特例は暦年課税の基礎控除（110万円、相法21の5、措法70の2の2）、相続時精算課税の特別控除（2,500万円、相法21の12）、住宅取得等資金に係る相続時精算課税選択特例（措法70の3）と併せて適用が可能です。

(2) 贈与により取得したものとみなされる保険金

　住宅取得等資金を贈与により取得した場合には、相続税法5条の規定により「贈与により取得したものとみなされる保険金」を取得した場合も含まれると解し、その保険金に係る贈与税については特例の適用があるものと解されます（国税庁質疑応答事例：贈与により取得したものとみなされる生

命保険金を住宅取得資金に充てた場合の住宅取得等資金の贈与の特例の適用）。

(3) 一定の要件
　住宅取得等資金の非課税特例を満たすための要件には大きく分けて「居住」「受贈者」「住宅取得等資金」「住宅用家屋」「期限内申告」があります。
　以下、各要件について具体的にみていきます。

第2節　非課税限度額

(1) 内　容
　住宅取得等資金の非課税特例における受贈者1人についての非課税限度額は、下記表のとおりとなります（措法70の2②六）。最初に非課税の特例を受けようとする住宅取得等資金の贈与を受けた年に応じて、次の金額が非課税限度額となります。なお、すでに非課税の特例の適用を受けて贈与税が非課税となった金額がある場合には、その金額を控除した残額が非課税限度額になります。

	平成24年	平成25年	平成26年
省エネ等住宅の場合	1,500万円	1,200万円	1,000万円
上記以外の住宅の場合	1,000万円	700万円	500万円

「省エネ等住宅」とは、エネルギーの使用の合理化に著しく資する住宅用の家屋または大規模な地震に対する安全性を有する住宅用の家屋として国土交通大臣が財務大臣と協議して定める基準に適合するものであることにつき財務省令で定めるところにより証明がされたものをいいます（措法70の2②六イ、措令40の4の2⑥、措規23の5の2⑥）。

なお、「国土交通大臣が財務大臣と協議して定める基準」とは、省エネルギー対策等級4相当であること、耐震等級（構造躯体の倒壊等防止）2以上であることまたは免震建築物であることをいいます（平成24年国土交通省告示第389号及び第392号）。

(2) 計算例

計算例 1

Q1 他の要件を満たし、平成25年中に祖父と父の両方から省エネ等住宅に係る住宅取得等資金として贈与を受けた場合の受贈者1人の非課税限度額はいくらになるでしょうか。

A1
　贈与者ごとに1,200万円が非課税となるわけではないため、贈与者が複数の場合には贈与を受けた金額を合計し、そのうち1,200万円までを非課税とすることができます。

> **計算例 2**
>
> **Q2** 平成24年中に省エネ等住宅以外の住宅の取得のため、平成25年中にその住宅の増改築のために住宅取得等資金として贈与を受けた場合の受贈者1人の非課税限度額はいくらになるでしょうか。
>
> **A2**
>
> 　最初に非課税の特例を受けようとする住宅取得等資金の贈与を受けた年に応じて、非課税限度額が決められていますので、平成24年中の贈与と平成25年中の贈与に特例の適用を受ける場合は、1,000万円が非課税限度額となります。仮に、平成24年中の贈与でこの特例の適用を受けて贈与税が非課税となった金額が700万円ある場合には、その金額を控除した残額300万円が平成25年中の贈与の非課税限度額になります。

(3) 改正経緯

　この特例の非課税限度額は、過去数回改正されてきたのですが、それは、下記の理由からです（財務省「平成24年度税制改正の解説」より抜粋）。

　「この特例は、「経済危機対策」（平成21年4月10日「経済危機対策」に関する政府・与党会議、経済対策閣僚会議合同会議）に基づき、非課税限度額を500万円として平成21年に創設されたものですが、その後、平成22年度税制改正において、「明日の安心と成長のための緊急経済対策」（平成21年12月8日閣議決定）に基づき、非課税限度額を引き上げたうえ（平成22年：1,500万円、平成23年：1,000万円）、平成23年まで延長されました。

　平成24年度税制改正では、
・若年世代への早期の資産移転が引き続き重要な課題となっていること、

また、
・裾野の広い住宅需要を刺激することはデフレ脱却に向けた内需拡大に資すること

から、省エネルギー性及び耐震性を備えた良質な住宅ストックを形成する観点も踏まえ、この特例について、拡充・延長を行うこととされました。」

出典：「平成24年度税制改正の解説」478p (http://www.mof.go.jp/tax_policy/tax_reform/outline/fy2012/explanation/pdf/p430_486.pdf)

第3節　居住の要件

(1) 内容

以下の居住要件を満たす場合に、住宅取得等資金の非課税特例の適用が受けられます（措法70の2①）。

① 贈与を受けた年の翌年の3月15日までに、住宅取得等資金の全額を「住宅用家屋の新築」や「建築後使用されたことのない住宅用家屋の取得」のための対価に充てて新築または取得をし、同日までに自己の居住の用に供したときまたは同日後自己の居住の用に供することが確実であると見込まれるとき

② 贈与を受けた年の翌年の3月15日までに、住宅取得等資金の全額を「既存住宅用家屋の取得」のための対価に充てて取得をし、同日までに自己の居住の用に供したときまたは同日後自己の居住の用に供することが確実であると見込まれるとき

③　贈与を受けた年の翌年の3月15日までに、住宅取得等資金の全額を「自己の居住の用に供している住宅用の家屋について行う増改築等」の対価に充てて増改築等をし、同日までに自己の居住の用に供したときまたは同日後自己の居住の用に供することが確実であると見込まれるとき

(2) 居住の用に供したとき等

　「居住の用に供した」かどうかは、その住宅用家屋をその者（住宅取得等資金の贈与を受け住宅用家屋を取得等した者）の生活の拠点として利用したかどうかにより判断すべきであると解されます（国税庁質疑応答事例：住宅取得等資金の贈与を受けた者が年の中途で出国した場合の住宅取得等資金の贈与の特例の適用の可否）。

　なお、その者が、転勤、転地療養その他のやむを得ない事情により、配偶者、扶養親族その他その者と生計を一にする親族と日常の起居を共にしていない場合において、その者と生計を一にする親族が居住の用に供し、または居住の用に供することが確実であると見込まれるときで、やむを得ない事情が解消した後はその者が共にその住宅用家屋に居住することとなると認められるときは、特例の適用が受けられます（措通70の2-2）。

第4節　受贈者の要件

　住宅取得等資金の非課税特例の適用のある受贈者とは、次のすべての要件に当てはまる必要があります（措法70の2②一）。なお、次に掲げる要

件をすべて満たすものを特定受贈者といいます。
① 贈与を受けたときに国内に住所があるか、国内に住所がないが次のイ、ロに当てはまること
イ 受贈者が日本国籍を有している個人（受贈者または贈与者が、贈与前5年以内に日本国内に住所を有していたことがある場合に限ります）。
ロ 受贈者が日本国籍を有しない個人（贈与者がその贈与時において日本国内に住所を有していた場合に限ります）
② 贈与を受けた時に贈与者の直系卑属であること
　贈与者は受贈者の直系尊属ということでもありますが、直系尊属には、受贈者の養親及びその養親の直系尊属は含まれますが、例えば、次に掲げるものは含まれません（措通70の2－1）。
イ 受贈者の配偶者の直系尊属（民法727条《縁組による親族関係の発生》に規定する親族関係がある場合を除きます。下記ロにおいて同じ）
ロ 受贈者の父母が養子の縁組による養子となっている場合において、受贈者がその養子の縁組前に出生した子である場合のその父母の養親及びその養親の直系尊属
ハ 受贈者が民法817条の2第1項《特別養子縁組の成立》に規定する特別養子縁組による養子である場合のその実方の父母及び実方の直系尊属
③ 贈与を受けた年の1月1日現在において20歳以上であること。
④ 贈与を受けた年の合計所得金額（所法2①三十）が2,000万円以下であること
⑤ 平成21年から平成23年までにおいて、平成24年改正前のこの特例（平成22年度、24年度の税制改正前の措法70の2）の適用を受けたことがないこと（平成24年改正法附則41⑥）。

第5節　住宅取得等資金の要件

(1) 内容

　住宅取得等資金の非課税特例の適用のある住宅取得等資金とは、次のいずれかに掲げる新築、取得または増改築等の対価または費用に充てるための金銭をいいます（措法70の2②五）。

イ　受贈者による住宅用家屋の新築または建築後使用されたことのない住宅用家屋の取得
ロ　受贈者による既存住宅用家屋の取得
ハ　受贈者が所有している住宅用家屋につき行う増改築等

　住宅取得等資金は、上記のような住宅用家屋の新築、取得または増改築等の対価の額または費用に充てられたものであることが要件とされていますが、具体的には、特例の適用のある住宅取得等資金に含まれる、含まれないには以下のようなものがあります（国税庁質疑応答事例：住宅用家屋の新築等の対価又は増改築等の費用の範囲）。

含まれる	・住宅用家屋の新築工事の請負代金（新築） ・住宅用家屋の売買代金（取得） ・住宅用家屋の増改築等に係る工事の請負代金（増改築等） ・建築の請負業者以外の建築士に支払った家屋の設計料 ・住宅用家屋と一体として取得した電気設備等の附属設備の取得対価
含まれない	・売買契約書等にちょう付した印紙 ・不動産仲介手数料 ・不動産取得税等 ・登録免許税

(2) 土地等の取得

　住宅用家屋の新築、取得または増改築等とともにするその家屋の敷地の用に供されている（供されることとなる）土地や借地権等の土地等の取得も住宅取得等資金に含まれます（措法70の2①、②五）。なお、住宅用家屋の新築、取得とともに取得するその家屋の敷地の用に供されている土地等とは次に掲げる土地等のことをいいます（措通70の2-3、70の3-2準用）。

① 住宅用家屋の新築の場合

　平成23年1月1日以後の贈与については、住宅用家屋の新築（住宅取得等資金の贈与を受けた日の属する年の翌年3月15日までに行われたものに限ります）に先行して取得する土地等も含まれます。

・住宅用家屋の新築請負契約と同時に締結された売買契約によって取得した土地等
・住宅用家屋の新築請負契約を締結することを条件とする売買契約によって取得した土地等
・住宅用家屋を新築する前に取得したその家屋の敷地の用に供されることとなる土地等

　なお、贈与により取得した金銭が上記に該当する土地等の取得の対価に充てられ、住宅用家屋の新築の対価に充てられた贈与により取得した金銭がない場合であっても、その土地等の取得の対価に充てられた贈与により取得した金銭は住宅取得等資金に該当します（措通70の3-2（注）1）。ただし、その贈与があった日の属する年の翌年の3月15日までに、住宅用家屋の新築をしていない場合には、その贈与により取得した金銭については住宅取得等資金の非課税特例の適用はありません（措通70の3-2（注）1ただし書）。

② 住宅用家屋の取得の場合

　住宅用家屋とその敷地を同時に取得する売買契約によって取得したいわゆる建売住宅、分譲マンションの土地等

(3) 住宅取得等資金が法施行地外にある場合等

住宅取得等資金の非課税特例の適用を受ける場合には、住宅取得等資金により新築等する住宅用家屋等の所在地は国内でなければなりませんが、住宅取得等資金の所在地は国内外のいずれでもよいことになっています（措通70の2-4）。

第6節 住宅用家屋の要件（第7節〜第9節に共通するもの）

特例の適用の対象となる新築、取得または増改築等をした住宅用家屋は、次のすべての要件に当てはまる必要があります。
① 住宅用家屋は、日本国内にあること（措令40の4の2）
② 受贈者の一定の親族など受贈者と特別の関係がある者として政令で定める者との請負契約等により新築、増改築等をする場合またはこれらの者から取得する場合の住宅用家屋ではないこと（措法70の2②五カッコ書）政令で定める者とは、次に掲げる者です（措令40の4の2⑤）。
イ 受贈者の配偶者及び直系血族
ロ 受贈者の親族で生計を一にしているもの
ハ 受贈者と婚姻の届出をしていないが事実上婚姻関係と同様の事情にある者及びその者の親族でその者と生計を一にしているもの
ニ 受贈者から受ける金銭その他の財産によって生計を維持しているもの及びその者の親族でその者と生計を一にしているもの

第9章　直系尊属から住宅取得等資金の贈与を受けた場合の非課税

　上記ニは、受贈者から給付を受ける金銭その他の財産または給付を受けた金銭その他の財産の運用によって生ずる収入を日常生活の資の主要部分としている者をいいますが、その受贈者から離婚に伴う財産分与、損害賠償その他これらに類するものとして受ける金銭その他の財産によって生計を維持している者は含まれないものとして取り扱われます（措通70の2-9）。
③　住宅取得等資金の贈与を受けた日の属する年の翌年3月15日までに住宅用家屋の新築、取得または増改築等をすること（措法70の2①）。
　「新築」には、屋根（その骨組みを含みます）を有し、土地に定着した建造物として認められる時以後の状態（新築に準ずる状態）にあるものが含まれます（措規23の5の2①）。
　「増改築等」には、増築または改築部分の屋根（その骨組みを含みます）を有し、既存の家屋と一体となって土地に定着した建造物として認められる時以後の状態（増改築等の完了に準ずる状態）にあるものが含まれます（措規23の5の2②）。
　「取得」の場合には、これらの状態にあるものが含まれませんので、贈与を受けた住宅取得等資金を建売住宅や分譲マンションの取得の対価に充てている場合、売買契約が締結されている場合またはこれらの建物が新築に準ずる状態（措規23の5の2①）にある場合であっても、贈与を受けた年の翌年の3月15日までにその引渡しを受けていなければ、この特例の適用を受けることはできません（措通70の2-8）。

第7節　住宅用家屋の新築、建築後使用されたことのない住宅用家屋の取得の要件

　住宅用家屋の新築、建築後使用されたことのない住宅用家屋の取得において、特例の適用の対象となる住宅用家屋は、次のすべての要件に当てはまる必要があります（措法70の2①一、②二、措令40の4の2①）。

イ　床面積の2分の1以上に相当する部分が専ら居住の用に供されるものであること

ロ　居住の用に供する家屋が2つ以上ある場合には、受贈者が主として居住の用に供すると認められる1つの家屋に限る

ハ　家屋の登記簿上の床面積（区分所有の場合には、その区分所有する部分の床面積）が50平方メートル以上240平方メートル以下であること

第8節　既存住宅用家屋の取得の要件

　既存住宅用家屋（建築後使用されたことのある住宅用家屋）の取得において、特例の適用の対象となる既存住宅用家屋は、次のすべての要件に当てはまる必要があります（措法70の2①二、②三、措令40の4の2②）。

イ　床面積の2分の1以上に相当する部分が専ら居住の用に供されるものであること

第9章　直系尊属から住宅取得等資金の贈与を受けた場合の非課税

ロ　居住の用に供する家屋が2つ以上ある場合には、受贈者が主として居住の用に供すると認められる1つの家屋に限る
ハ　家屋の登記簿上の床面積（区分所有の場合には、その区分所有する部分の床面積）が50平方メートル以上240平方メートル以下であること
ニ　家屋の構造によって次のような建築年数の制限がある
（一）　耐火建築物である家屋の場合は、その家屋の取得の日以前25年以内に建築されたものであること
　　　耐火建築物とは、建物登記簿に記録された家屋の構造のうち建物の主たる部分の構成材料が石造、れんが造、コンクリートブロック造、鉄骨造、鉄筋コンクリート造、鉄骨鉄筋コンクリート造の建築物をいいます（措規23の5の2④）。
（二）　耐火建築物以外の家屋の場合は、その家屋の取得の日以前20年以内に建築されたものであること
（三）　家屋が建築基準法施行令第3章及び第5章の4の規定または国土交通大臣が財務大臣と協議して定める地震に対する安全性に係る基準に適合するものであること（建築年数の制限なし）

| 第9節 | **住宅用の家屋について行う増改築等の要件** |

　住宅用の家屋について行う増改築等において、特例の適用の対象となる増改築等、住宅用家屋は、次のすべての要件に当てはまる必要があります（措法70の2①三、②四、措令40の4の2③④、措通70の2-10）。

イ　受贈者が所有し、主として居住の用に供すると認められる家屋につき行う増改築等の工事であること
ロ　増改築等の工事に要した費用の総額が100万円以上であること。なお居住用部分の工事費が全体の工事費の2分の1以上であること
ハ　増改築等後の家屋の床面積の2分の1以上に相当する部分が専ら居住の用に供されること
ニ　増改築等後の家屋の登記簿上の床面積（区分所有の場合には、その区分所有する部分の床面積）が50平方メートル以上240平方メートル以下であること
ホ　増改築等の要件
　下記工事に該当するものであることにつき財務省令で定めるところにより証明がされたもの
① 「戸建住宅」
　戸建住宅について行う次に掲げるいずれかの修繕または模様替
（一）　増築、改築、建築基準法2条14号に規定する大規模の修繕または同条15号に規定する大規模の模様替
（二）　家屋のうち居室、調理室、浴室、便所その他の室で国土交通大臣が財務大臣と協議して定めるものの一室の床または壁の全部について行う修繕または模様替

第9章　直系尊属から住宅取得等資金の贈与を受けた場合の非課税

(三)　家屋について行う建築基準法施行令第3章及び第5章の4の規定または国土交通大臣が財務大臣と協議して定める地震に対する安全性に係る基準に適合させるための修繕または模様替

(四)　家屋について行う「エネルギーの使用の合理化に著しく資する住宅用の家屋または大規模な地震に対する安全性を有する住宅用の家屋」の基準に適合させるための修繕または模様替

② 「区分所有建築物」

区分所有建築物について行う次に掲げるいずれかの修繕または模様替

(一)　区分所有する部分の床（建築基準法2条5号に規定する主要構造部である床及び最下階の床をいいます）の過半または主要構造部である階段の過半について行う修繕または模様替

(二)　区分所有する部分の間仕切壁（主要構造部である間仕切壁及び建築物の構造上重要でない間仕切壁をいいます）の室内に面する部分の過半について行う修繕または模様替（その間仕切壁の一部について位置の変更を伴うものに限ります）

(三)　区分所有する部分の主要構造部である壁の室内に面する部分の過半について行う修繕または模様替（修繕または模様替に係る壁の過半について遮音または熱の損失の防止のための性能を向上させるものに限ります）

(四)　上記「戸建住宅」の(二)と同じ

(五)　上記「戸建住宅」の(三)と同じ

(六)　上記「戸建住宅」の(四)と同じ

なお、上記の用語の定義は次のとおりです（「相続税法基本通達」（法令解釈通達）の一部改正のあらまし（情報）：措置法第70条の2《直系尊属から住宅取得等資金の贈与を受けた場合の贈与税の非課税》関係）。

① 「増築」とは、一の敷地内にある既存の家屋を、棟続きで床面積を増加させることまたは別棟の扱いで床面積を増加させること（別棟扱いの

部分は、独立して居住の用途に供することができないものに限ります）
② 「改築」とは、家屋の全部または一部を除去し、またはこれらの部分が災害等によって消滅した後、引き続きこれと用途、規模及び構造の著しく異ならない家屋を建てること
③ 「修繕」とは、既存の家屋の部分に対して、おおむね同様の形状、寸法、材料により行われる工事であること
④ 「模様替」とは、おおむね同様の形状、寸法によるが、材料、構造種別等は異なるような既存の家屋の部分に対する工事であること（例えば、木造の柱を鉄骨造の柱とし、土塗りの壁をコンクリートブロック造の壁とし、茅葺きの屋根を亜鉛鉄板葺きの屋根とする等の工事は模様替に該当します）

出典：「相続税法基本通達」（法令解釈通達）の一部改正のあらまし（情報）＞【措置法第70条の2（（直系尊属から住宅取得等資金の贈与を受けた場合の贈与税の非課税））関係】平成21年11月27日（http://www.nta.go.jp/shiraberu/zeiho-kaishaku/joho-zeikaishaku/sozoku/091127/70_2.htm）

第10節 床面積

　特例の適用の対象となる家屋の床面積は、50平方メートル以上240平方メートル以下であることが必要です（措令40の4の2）。なお、「住宅取得等資金に係る相続時精算課税選択の特例（措法70の3）」（第8章）の適用の対象となる家屋は、240平方メートル以下というような上限面積の要件は付されていません（措通70の3-5（注）3）。

(1) 床面積の意義（措通70の2-5）

① 1棟の家屋の場合

　家屋の床面積とは、家屋の各階またはその一部で壁その他の区画の「中心線」で囲まれた部分の水平投影面積（登記簿上表示される床面積）をいい、その家屋が2以上の階を有する家屋であるときは、各階の床面積の合計となります。

② 区分所有建物の場合

　区分所有する部分の床面積とは、建物の区分所有等に関する法律第2条第3項に規定する専有部分（区分所有権の目的たる建物の部分）の床面積をいいますが、その床面積は、登記簿上表示される壁その他の区画の「内側線」で囲まれた部分の水平投影面積によります。なお、専有部分の床面積には、数個の専有部分に通ずる廊下、階段室、エレベーター室、共用の便所及び洗面所、屋上等の部分の床面積は含まれません。

(2) その他

① 店舗兼住宅等の場合の床面積基準の判定

　店舗や事務所などと併用になっている家屋（区分所有の場合には、その区分所有する部分。以下同じ）の場合は、店舗や事務所などの部分も含めた家屋全体の床面積によって判定します（措通70の2-6、70の3-6(1)準用）。

② 2人以上の者で共有されている家屋

　夫婦や親子など2人以上の者で共有する家屋の場合は、床面積に共有持分を乗じて判断するのではなく、ほかの人の共有持分を含めた家屋全体の床面積によって判定します（措通70の2-6、70の3-6(2)準用）。

(3) 床面積240平方メートル以下という上限

　床面積240平方メートル以下という上限は、平成24年度税制改正により設けられたのですが、下記の理由からです。

　以下、財務省「平成24年度税制改正の解説」より抜粋

　「この特例の対象となる住宅用家屋の床面積は50m^{2}以上とされており、上限は設けられていませんでした。この特例については、非課税となる金額が大きく、金持ち優遇ではないかといった指摘もなされていたことから、平成24年度税制改正では、非課税限度額の引上げに併せ、床面積240m^{2}以下という上限が設けられました（措令40の4の2①④）。」

(注)　上限面積の水準については、全国の持家ストックにおける1世帯当たりの平均床面積が119m^{2}となっており（平成17年「国勢調査」）、2世帯住宅を取得する場合も特例の適用対象となるよう、240m^{2}とされました。

出典：財務省「平成24年度税制改正の解説」p479（http://www.mof.go.jp/tax_policy/tax_reform/outline/fy2012/explanation/pdf/p430_486.pdf）

第11節　適用手続

　住宅取得等資金の非課税特例の適用を受けるためには、贈与税の申告期間内に、この特例の適用を受ける旨を記載した贈与税の申告書に一定の書類を添付して、納税地の所轄税務署に提出する必要があります（措法70の2⑦、措規23の5の2⑦）。贈与を受けた住宅取得等資金の金額が非課税となる金額以下の場合でも、申告が必要です。

なお、税務署長は、記載または添付がない申告書の提出があった場合において、その記載または添付がなかったことについてやむを得ない事情があると認めるときは、その記載をした書類及び一定の書類の提出があった場合に限り、この特例を適用することができます（措法70の2⑧）。

第12節　期限までに住宅取得等資金で取得等した家屋に居住できない場合

　住宅取得等資金の非課税特例を適用するには、受贈者が贈与を受けた年の翌年の3月15日までに取得等した住宅用家屋に居住することが必要とされています。しかし、翌年の3月15日までに居住できない場合でも、その後遅滞なく居住の用に供することが確実であると見込まれる場合には特例の適用を受けることができることになっています（措法70の2①）。

　ただし、贈与により取得した住宅取得等資金を充てて取得をした家屋を、贈与を受けた年の翌年12月31日までに受贈者の居住の用に供していなかった場合には、特例の適用を受けることができません。この場合には、同日から2か月を経過する日までに修正申告書を提出するとともに、修正申告書により増加した税額を納付しなければなりません（措法70の2④、措通70の2-13）。

　なお、上記の修正申告書の場合は、贈与により財産を取得した者が、その贈与者に係る相続時精算課税適用者（相法21の9⑤）以外の者である場合には暦年課税により贈与税を計算し、相続時精算課税適用者である場合には、特別控除額を控除しないで相続時精算課税により贈与税を計算します（措通70の2-13（注））。

第13節 他の特例との併用

(1) 所得税の（特定増改築等）住宅借入金等特別控除を適用する場合

　住宅取得等資金の非課税特例の適用を受ける者が、所得税の（特定増改築等）住宅借入金等特別控除の適用を受ける場合において、次の①の金額が②の金額を超えるときには、その超える部分に相当する住宅借入金等の年末残高については、（特定増改築等）住宅借入金等特別控除の適用はありません（措令26⑤）。

① 「住宅借入金等の金額」
② 住宅用家屋の新築、取得または増改築等の対価の額または費用の額から、「その贈与の特例を受けた部分の金額」を差し引いた額

(2) 「住宅取得等資金に係る相続時精算課税選択特例」の適用を受ける場合

　住宅取得等資金の贈与を受けた場合、それぞれの特例の要件を満たせば、「住宅取得等資金の非課税特例（措法70の2）」と「住宅取得等資金に係る相続時精算課税選択特例（措法70の3）」を併せて適用することができます。

　まず、住宅取得等資金の額から住宅取得等資金の非課税特例の適用を受ける非課税額を先に控除し、次に控除しきれなかった住宅取得等資金の額から相続時精算課税の特別控除額（2,500万円限度）を控除することになります。なお、これらの控除をしても控除しきれなかった残額に対して一律20％の税率で贈与税が課税されることになります。

　「住宅取得等資金に係る相続時精算課税選択特例」は、住宅資金贈与者

第9章　直系尊属から住宅取得等資金の贈与を受けた場合の非課税

から贈与により取得した住宅取得等資金のうち贈与税の課税価格に算入される価額について適用があります。そのため、「住宅取得等資金の非課税特例」の適用を受けた結果、住宅取得等資金について贈与税の課税価格に算入すべき価額がない場合には、適用がありません(措通70の3-3の2)。

第14節 相続税の課税価格に加算する金額

　住宅取得等資金の贈与者が死亡したときには、住宅取得等資金の非課税特例の適用を受けて贈与税の課税価格に算入されなかった住宅取得等資金の金額は、相続税の課税価格の計算の基礎に算入する必要はありません(措法70の2③、措令40の4の2⑦)。たとえ、相続開始前3年以内に贈与があつた場合でも、相続税の課税価格に加算されません。

　なお、相続または遺贈により財産を取得した者が、その相続等に係る被相続人から相続開始の日の属する年の3年前の年に2回以上にわたって住宅取得等資金の非課税特例の適用を受けることのできる住宅取得等資金の贈与を受け、その年分の贈与税につきこの特例の適用を受けている場合で、その贈与により取得した住宅取得等資金の価額の合計額が特例の適用を受けることができる金額を超え、かつ、その贈与に係る住宅取得等資金のうちに相続開始前3年以内の贈与に該当するものと該当しないものとがある場合もあり得るでしょう。

　例えば、平成24年中の住宅取得等資金贈与の場合、省エネ等住宅以外の住宅の場合は、1,000万円が非課税限度額となっています。仮に平成24

年4月に550万円、同年11月に550万円の住宅取得等資金の贈与があり、平成27年9月に相続が発生したとします。このような場合、住宅取得等資金の価額の合計額（550万円＋550万円）が特例の適用を受けることができる金額（1,000万円）を超え、かつ、その贈与に係る住宅取得等資金のうちに相続開始前3年以内の贈与に該当するもの（平成24年11月分550万円）と該当しないもの（平成24年4月分550万円）とがあるということになります。

　このような場合は、相続開始前3年以内の贈与財産の加算（相法19）の規定の適用に当たっては、住宅取得等資金の非課税特例の適用を受ける住宅取得等資金は、まず、相続税の課税価格の計算上、相続開始前3年以内の贈与に該当する住宅取得等資金から適用されたものとして取り扱われます（措通70の2-12）。すなわち、納税者有利の取り扱いがされています。

　先ほどの例でいえば、まず相続開始前3年以内の贈与に該当する住宅取得等資金550万円（平成24年11月分）から、住宅取得等資金の非課税特例が適用されたものとして取り扱われます。平成24年4月分の金額550万円は、残りの非課税限度額450万円（1,000万円－550万円）を超えることになりますが、その超えた部分の金額は相続開始前3年以内の贈与に該当しないので、相続税の課税価格に加算されません。

第9章　直系尊属から住宅取得等資金の贈与を受けた場合の非課税

【参考資料：申告書記載例とチェックシート】

① 申告書の記載例

平成24年分贈与税の申告書 (住宅取得等資金の非課税の計算明細書)

提出用

受贈者の氏名　山田　一郎

第一表の二（平成24年分用）（第一表の二は、必要な添付書類とともに申告書第一表と一緒に提出してください。）

次の住宅取得等資金の非課税の適用を受ける人は、□の中にレ印を記入してください。
☑ 私は、租税特別措置法第70条の2第1項の規定による住宅取得等資金の非課税の適用を受けます。(注1)　(単位は円)

住宅取得等資金の非課税分

贈与者の住所・氏名(フリガナ)・申告者との続柄・生年月日	取得した財産の所在場所等	住宅取得等資金を取得した年月日／住宅取得等資金の金額
住所　港区六本木○丁目○番○号　フリガナ　ヤマダ　タロウ　氏名　山田　太郎　続柄　父　生年月日　明・大・㊤・平　20年　7月　8日	港区六本木○丁目○番○号	平成 24年 05月 06日　170000000／平成　年　月　日

㉖ 住宅取得等資金の合計額　170000000

贈与者の住所・氏名(フリガナ)・申告者との続柄・生年月日	取得した財産の所在場所等	住宅取得等資金を取得した年月日／住宅取得等資金の金額
住所　フリガナ　氏名　続柄　生年月日　明・大・昭・平　年　月　日		平成　年　月　日／平成　年　月　日

㉗ 住宅取得等資金の合計額

㉘ 非課税限度額（1,500万円又は1,000万円）(注2)　15000000

㉙ ㉖のうち非課税の適用を受ける金額　15000000

㉚ ㉗のうち非課税の適用を受ける金額

㉛ 非課税の適用を受ける金額の合計額（㉙＋㉚）（㉘の金額を限度とします。）　15000000

㉜ ㉖のうち課税価格に算入される金額（㉖－㉙）（㉖に係る贈与者の「財産の価額」欄（申告書第一表又は第二表）にこの金額を転記します。）　2000000

㉝ ㉗のうち課税価格に算入される金額（㉗－㉚）（㉗に係る贈与者の「財産の価額」欄（申告書第一表又は第二表）にこの金額を転記します。）

㉜又は㉝に金額の記載のある場合における申告書第一表又は第二表の贈与者又は特定贈与者の「住所・氏名（フリガナ）・申告者との続柄・生年月日」欄の記載は、㉜又は㉝の金額に係る贈与者又は特定贈与者の「氏名（フリガナ）」のみとして差し支えありません。

(注1) 住宅取得等資金の非課税の適用を受ける人で、平成24年分の所得税の確定申告書を提出した人は次の欄を記入し、提出していない人は合計所得金額を明らかにする書類を贈与税の申告書に添付する必要があります。

| 所得税の確定申告書を提出した年月日 | 25・3・7 | 提出した税務署 | 麻布 | 税務署 |

(注2) 新築若しくは取得又は増改築等をした住宅用の家屋が、一定の省エネルギー性又は耐震性を満たす住宅用の家屋（租税特別措置法施行令第40条の4の2第6項の規定により証明がされたものをいいます。）である場合は「1,500万円」と、それ以外の住宅用の家屋である場合は「1,000万円」となります。

※　税務署整理欄　整理番号　　　名簿　　　確認

※印欄には記入しないでください。

（資5－10－1－3－A4統一）（平24.10）

第9章　直系尊属から住宅取得等資金の贈与を受けた場合の非課税

② 住宅取得等資金の非課税特例（添付書類を含む）に関するチェックシート

平成24年分　住宅取得等資金の贈与税の非課税制度及び相続時精算課税選択の特例のチェックシート

「住宅取得等資金の非課税制度」　新築又は取得用　一面

このチェックシートは、平成24年中に贈与を受けた金銭に対して、「住宅取得等資金の非課税」を適用することができるかどうかについて主なチェック項目を示したものです。回答欄の左側のみに〇がある場合（「11」のチェック項目は除きます。）には、原則としてこの特例の適用を受けることができます。
なお、このチェックシートは、**住宅用の家屋の新築又は取得をした人**を対象としています。

該当する回答を〇で囲んでください

〇「受贈者」に関する事項

1	あなたは、贈与を受けた時において贈与者の子、孫（直系卑属）ですか。	はい	いいえ
2	あなたは、平成4年1月2日以前に生まれた人ですか。	はい	いいえ
3	あなたの、平成24年分の所得税に係る合計所得金額は、2,000万円以下ですか。	はい	いいえ
4	あなたは、平成21年分から平成23年分までの贈与税の申告で「住宅取得等資金の非課税」又は「震災に係る住宅取得等資金の非課税」の適用を受けたことがありますか。 （注）平成23年分の贈与税の申告で「震災に係る住宅取得等資金の非課税」の適用を受けたことがある人は、その非課税限度額（1,000万円）からその適用を受けた金額を控除した残額について「震災に係る住宅取得等資金の非課税」の適用を受けられる場合があります。	いいえ	はい

〇「住宅用の家屋の新築又は取得」に関する事項

5	あなたの配偶者、親族など特別の関係がある人から住宅用の家屋の新築又は取得（その敷地の用に供されている土地等の取得を含みます。）をしたものですか。	いいえ	はい
6	平成25年3月15日までにあなたの居住の用に供する（供している）住宅用の家屋の新築又は取得（その敷地の用に供されている土地等の取得を含みます。）をし、贈与を受けた金銭の全額をその対価又は工事の費用に充てましたか。 また、平成25年3月15日までに住宅用の家屋の新築の工事が完了（その工事の完了に準ずる状態を含みます。）又は住宅用の家屋を取得していますか。 （注）「**工事の完了に準ずる状態**」とは、屋根を有し、建造物として認められる時以後の状態をいいます。	はい	いいえ
7	新築又は取得をした住宅用の家屋は日本国内にあり、登記簿上の床面積（区分所有建物の場合はその専有部分の床面積）は50㎡以上240㎡以下で、かつ、その家屋の床面積の2分の1以上に相当する部分があなたの居住の用に供されるものですか。	はい	いいえ
8	【住宅用の家屋を「取得」した人のみ記入してください。】 取得した住宅用の家屋は、次のいずれかに該当しますか。 ① 建築後使用されたことのないもの ② 建築後使用されたことのあるもので、その取得の日以前20年以内（耐火建築物の場合は25年以内）に建築されたもの 　（注）耐火建築物とは、鉄骨造、鉄筋コンクリート造又は鉄骨鉄筋コンクリート造などのものをいいます。 ③ 建築後使用されたことのあるもので、地震に対する安全性に係る基準に適合するものとして**二面**の「No.6・7・8」に掲げる書類により証明されたもの	はい	いいえ

〇「受贈者の居住」に関する事項

9	贈与を受けた時に、あなたの住所は日本国内にありましたか。 （注）日本国内に住所を有しない人であっても、次のいずれにも該当する場合には、「はい」を〇で囲んでください。 　a　贈与を受けた時に、日本国籍を有していること。 　b　受贈者又は贈与者がその贈与前5年以内に日本国内に住所を有したことがあること。	はい	いいえ
10	既に新築又は取得をした住宅用の家屋に居住していますか。又は、平成25年12月31日までに遅滞なくその家屋に居住する見込みですか。	はい	いいえ

〇「非課税限度額」に関する事項

		【非課税限度額】
11	あなたが新築又は取得をした住宅用の家屋は、一定の省エネルギー性又は耐震性を満たす住宅用の家屋であることにつき、**二面**の「No.11」に掲げる書類により証明されたものですか。 【非課税限度額は、「はい」を〇で囲んだ人は**1,500万円**、「いいえ」を〇で囲んだ人は**1,000万円**です。】	はい ⇒ 1,500万円 いいえ ⇒ 1,000万円

平成　　年　　月　　日
受贈者の住所：＿＿＿＿＿＿＿＿＿　　フリガナ
　　　　　　　　　　　　　　　　　受贈者の氏名：＿＿＿＿＿＿＿＿＿

※　このチェックシートは、贈与税の申告書に添付して提出してください。

平成24年分 住宅取得等資金の贈与税の非課税制度及び相続時精算課税選択の特例のチェックシート

「住宅取得等資金の非課税制度」の添付書類一覧　新築又は取得用　二面

　この添付書類一覧は、平成24年中に贈与を受けた金銭に対して、「住宅取得等資金の非課税」の適用を受けるための添付書類等を確認する際に使用してください（「No.」は、一面の番号に対応しています。）。
　なお、この添付書類一覧は、<u>住宅用の家屋の新築又は取得をした人</u>を対象としています。

○「受贈者」に関する事項

No.	添付書類等	チェック欄
1・2	○ 受贈者の戸籍の謄本などで、次の内容を証する書類 　① 受贈者の氏名、生年月日 　② 贈与者が受贈者の直系尊属に該当すること	□
3	○ 源泉徴収票など平成24年分の所得税に係る合計所得金額を明らかにする書類（所得税の確定申告書を提出した人は、その提出した年月日及び税務署名を「申告書第一表の二」に記入することにより、別途「合計所得金額を明らかにする書類」を提出する必要はありません。）	□
4	平成21年分から平成23年分までの贈与税の申告書の控えなどで確認してください。 （注）添付書類として提出する必要はありません。	□

○「住宅用の家屋の新築又は取得」に関する事項

No.	添付書類等	チェック欄
5	○ 住宅用の家屋に係る工事の請負契約書や売買契約書など新築又は取得（その敷地の用に供されている土地等の取得を含みます。）をした相手方を明らかにする書類 （注）上記の内容が登記事項証明書で明らかになる場合は、登記事項証明書で差し支えありません。	□
6・7・8	【平成25年3月15日までに新築の工事が完了又は取得している場合】 ○ 登記事項証明書 （注）1 取得した建築後使用されたことのある住宅用の家屋で、登記事項証明書によって床面積及び築年数が明らかでないときには、それらを明らかにする書類も必要です。 2 贈与を受けた住宅用の家屋の新築又は取得のための金銭により、その新築又は取得をした住宅用の家屋の敷地の用に供されている土地等を取得したときには、その「土地等に関する登記事項証明書」も併せて提出してください。 ○ 耐震基準適合証明書又は住宅性能評価書の写し（一面の「8」の③のみに該当する場合に必要となります。） （注）その家屋の取得前2年以内にその証明のための家屋の調査が終了したもの又は評価されたものに限ります。	【平成25年3月15日までに新築の工事が完了に準ずる状態の場合】 ○ 新築に係る工事の請負契約書などでその家屋が住宅用の家屋に該当すること及び床面積を明らかにする書類及びその写し ○ 新築に係る工事を請け負った建設業者などのその住宅用の家屋が工事の完了に準ずる状態にあることを証する書類（工事の完了予定年月の記載があるものに限ります。） ○ 新築をした住宅用の家屋を居住の用に供したときは遅滞なく左記に掲げる書類を所轄税務署長に提出することを約する書類	□

○「受贈者の居住」に関する事項

No.	添付書類等	チェック欄
9・10	【平成25年3月15日までに居住した人】 ○ 受贈者の住民票の写し （注）新築又は取得をした住宅用の家屋に居住した日以後に作成されたもので、その住宅用の家屋の所在場所が本人の住所として記載されているものに限ります。	【平成25年3月15日までに居住していない人】 ○ 住宅用の家屋の新築又は取得後直ちに居住の用に供することができない事情及び居住の用に供する予定時期を記載した書類 ○ 新築又は取得をした住宅用の家屋を遅滞なく居住の用に供すること及び居住の用に供したときには遅滞なく左記の書類を所轄税務署長に提出することを約する書類	□

○「非課税限度額」に関する事項

【一面の「11」の「はい」を○で囲んだ人のみチェックしてください。】

No.	添付書類等	チェック欄
11	【平成25年3月15日までに新築の工事が完了又は取得している場合】 次に掲げるいずれかの書類 ① 住宅性能証明書 ② 建設住宅性能評価書の写し ③ 長期優良住宅建築等計画の認定通知書の写し及び住宅用家屋証明書若しくはその写し又は認定長期優良住宅建築証明書 （注）①及び②は、取得の場合は、その家屋の取得前2年以内又は取得の日以降にその証明のための家屋の調査が終了したもの又は評価されたものに限ります。	【平成25年3月15日までに新築の工事が完了に準ずる状態の場合】 ○ 新築をした住宅用の家屋の工事が完了したときは遅滞なく左記に掲げる書類を所轄税務署長に提出することを約する書類	□

276

第9章　直系尊属から住宅取得等資金の贈与を受けた場合の非課税

平成24年分　住宅取得等資金の贈与税の非課税制度及び相続時精算課税選択の特例のチェックシート				
「住宅取得等資金の非課税制度」　　**増改築等用**　　　一面				

このチェックシートは、平成24年中に贈与を受けた金銭に対して、「住宅取得等資金の非課税」を適用することができるかどうかについて主なチェック項目を示したものです。回答欄の左側のみに○がある場合（「12」のチェック項目は除きます。）には、原則としてこの特例の適用を受けることができます。
なお、このチェックシートは、**住宅用の家屋の増改築等をした人**を対象としています。

　　　　　　　　　　　　　　　　　　　　　　該当する回答を○で囲んでください

○「受贈者」に関する事項

1	あなたは、贈与を受けた時において贈与者の子、孫（直系卑属）ですか。	は　い	いいえ
2	あなたは、平成4年1月2日以前に生まれた人ですか。	は　い	いいえ
3	あなたの、平成24年分の所得税に係る合計所得金額は、2,000万円以下ですか。	は　い	いいえ
4	あなたは、平成21年分から平成23年分までの贈与税の申告で「住宅取得等資金の非課税」又は「震災に係る住宅取得等資金の非課税」の適用を受けたことがあります か。 （注）平成23年分の贈与税の申告で「震災に係る住宅取得等資金の非課税」の適用を受けたことがある人は、その非課税限度額（1,000万円）からその適用を受けた金額を控除した残額について「震災に係る住宅取得等資金の非課税」の適用を受けられる場合があります。	いいえ	は　い

○「住宅用の家屋の増改築等」に関する事項

5	あなたの配偶者、親族など特別の関係がある人から住宅用の家屋の増改築等（その敷地の用に供されている土地等の取得を含みます。）をしたものですか。	いいえ	は　い
6	平成25年3月15日までにあなたの居住の用に供する（供している）住宅用の家屋の増改築等（その敷地の用に供されている土地等の取得を含みます。）をし、贈与を受けた金銭の全額をその対価又は工事の費用に充てましたか。 また、平成25年3月15日までに住宅用の家屋の増改築等の工事が完了（その工事の完了に準ずる状態を含みます。）していますか。 （注）「工事の完了に準ずる状態」とは、増築又は改築部分の屋根を有し、建造物として認められる時以後の状態をいいます。	は　い	いいえ
7	増改築等をした住宅用の家屋は日本国内にあり、増改築等後の住宅用の家屋の登記簿上の床面積（区分所有建物の場合はその専有部分の床面積）は 50 ㎡以上240 ㎡以下で、かつ、その家屋の床面積の2分の1以上に相当する部分があなたの居住の用に供されるものですか。	は　い	いいえ
8	増改築等に係る工事は、あなたが所有し、かつ、居住している家屋に対して行ったもので、一定の工事に該当することにつき二面の「№8」に掲げる書類により証明されたものですか。	は　い	いいえ
9	増改築等に係る工事に要した費用の額は100万円以上ですか。 また、増改築等の工事に要した費用の額の2分の1以上が、あなたの居住の用に供される部分の工事に充てられていますか。	は　い	いいえ

○「受贈者の居住」に関する事項

10	贈与を受けた時に、あなたの住所は日本国内にありましたか。 （注）日本国内に住所を有しない人であっても、次のいずれにも該当する場合には、「はい」を○で囲んでください。 　a　贈与を受けた時に、日本国籍を有していること。 　b　受贈者又は贈与者がその贈与前5年以内に日本国内に住所を有したことがあること。	は　い	いいえ
11	既に増改築等をした住宅用の家屋に居住していますか。又は、平成25年12月31日までに遅滞なくその家屋に居住する見込みですか。	は　い	いいえ

○「非課税限度額」に関する事項

		【非課税限度額】	
12	あなたが増改築等をした住宅用の家屋は、一定の省エネルギー性又は耐震性を満たす住宅用の家屋（以下「省エネ等住宅」といいます。）であることにつき、三面の「№12」に掲げる書類により証明されたものですか。 【非課税限度額】は、「はい」を○で囲んだ人は **1,500万円**、「いいえ」を○で囲んだ人は **1,000万円**です。	はい ⇒ 1,500万円	いいえ⇒1,000万円

　平成　　年　　月　　日
　　　　　　　　　　　　　　　　　　　　　　　　　　　フリガナ
　　受贈者の住所：＿＿＿＿＿＿＿＿＿　　　　　　受贈者の氏名：＿＿＿＿＿＿＿＿＿

※　このチェックシートは、贈与税の申告書に添付して提出してください。

277

平成24年分　住宅取得等資金の贈与税の非課税制度及び相続時精算課税選択の特例のチェックシート

「住宅取得等資金の非課税制度」の添付書類一覧　　増改築等用　　二面

この添付書類一覧は、平成24年中に贈与を受けた金銭に対して、「住宅取得等資金の非課税」の適用を受けるための添付書類等を確認する際に使用してください（「No.」は、一面の番号に対応しています。）。
なお、この添付書類一覧は、住宅用の家屋の増改築等をした人を対象としています。

○「受贈者」に関する事項

No.	添付書類等	チェック欄
1・2	○ 受贈者の戸籍の謄本などで、次の内容を証する書類 　① 受贈者の氏名、生年月日 　② 贈与者が受贈者の直系尊属に該当すること	□
3	○ 源泉徴収票など平成24年分の所得税に係る合計所得金額を明らかにする書類（所得税の確定申告書を提出した人は、その提出した年月日及び税務署名を「申告書第一表の二」に記入することにより、別途「合計所得金額を明らかにする書類」を提出する必要はありません。）	□
4	平成21年分から平成23年分までの贈与税の申告書の控えなどで確認してください。 （注）添付書類として提出する必要はありません。	□

○「住宅用の家屋の増改築等」に関する事項

No.	添付書類等	チェック欄
5	○ 住宅用の家屋に係る工事の請負契約書など増改築等（その敷地の用に供されている土地等の取得を含みます。）をした相手方を明らかにする書類 （注）上記の内容が登記事項証明書で明らかになる場合は、登記事項証明書で差し支えありません。	□
6・7	【平成25年3月15日までに増改築等の工事が完了している場合】 ○ 登記事項証明書 （注）1 増改築等をした住宅用の家屋で、登記事項証明書によって床面積が明らかでないときには、それらを明らかにする書類も必要です。 　　2 贈与を受けた住宅用の家屋の増改築等のための金銭により、その増改築等をした住宅用の家屋の敷地の用に供されている土地等を取得したときには、その「土地等に関する登記事項証明書」も併せて提出してください。	【平成25年3月15日までに増改築等の工事が完了に準ずる状態の場合】 ○ 増改築等に係る工事の請負契約証明書などでその家屋が住宅用の家屋に該当すること及び床面積を明らかにする書類又はその写し ○ 増改築等の工事を請け負った建設業者などの住宅用の家屋が工事の完了に準ずる状態にあることを証する書類（工事の完了予定年月の記載があるものに限ります。） ○ 増改築等の工事が完了したときは遅滞なく左記に掲げる書類を所轄税務署長に提出することを約する書類	□
8	【平成25年3月15日までに増改築等の工事が完了している場合】 次に掲げるいずれかの書類 　① 確認済証の写し 　② 検査済証の写し 　③ 増改築等工事証明書	【平成25年3月15日までに増改築等の工事が完了に準ずる状態の場合】 ○ 増改築等に係る工事が完了したときは遅滞なく左記に掲げる書類を所轄税務署長に提出することを約する書類	□
9	○ 増改築等に係る工事の請負契約書など（その増改築等をした年月日並びにその増改築等に係る工事に要した費用の額及びその明細を明らかにするもの又はその写し）	□

○「受贈者の居住」に関する事項

No.	添付書類等	チェック欄
10・11	【平成25年3月15日までに居住した人】 ○ 受贈者の戸籍の附票の写しなど （注）増改築等の工事後の住宅用の家屋に居住した日以後に作成されたもので、増改築等の工事前後にその増改築等をした家屋に居住している（居住していた）ことを明らかにする書類に限ります。	【平成25年3月15日までに居住していない人】 ○ 住宅用の家屋の増改築等後直ちに居住の用に供することができない事情及び居住の用に供する予定時期を記載した書類 ○ 増改築等をした住宅用の家屋を遅滞なく居住の用に供すること及び居住の用に供したときには遅滞なく左記の書類を所轄税務署長に提出することを約する書類	□

○「非課税限度額」に関する事項

【一面の「12」の「はい」を○で囲んだ人のみチェックしてください。】

No.	添付書類等	チェック欄
12	【平成25年3月15日までに増改築等の工事が完了している場合】 次に掲げるいずれかの書類 　① 住宅性能証明書 　② 建設住宅性能評価書の写し 　③ 増改築等工事証明書 （注）③は、増改築等をした家屋が省エネ等住宅であるものにつき、証明されたものに限ります。	【平成25年3月15日までに増改築等の工事が完了に準ずる状態の場合】 ○ 増改築等に係る工事が完了したときは遅滞なく左記に掲げる書類を所轄税務署長に提出することを約する書類	□

出典：東京国税局「平成24年分　住宅取得等資金の非課税制度のチェックシート」より

第10章

直系尊属から教育資金の一括贈与を受けた場合の非課税

第10章 直系尊属から教育資金の一括贈与を受けた場合の非課税

第1節 概要

　平成25年4月1日から平成27年12月31日までの間に、個人（教育資金管理契約（措法70の2の2②二）を締結する日において30歳未満の者に限ります）が、教育資金に充てるため、①その直系尊属と信託会社（受託者）との間の教育資金管理契約に基づき信託の受益権を取得した場合、②その直系尊属からの書面による贈与により取得した金銭を教育資金管理契約に基づき銀行等の営業所等において預金もしくは貯金として預入をした場合または③教育資金管理契約に基づきその直系尊属からの書面による贈与により取得した金銭等で証券会社（金融商品取引業者）の営業所等において有価証券を購入した場合には、その信託受益権、金銭または金銭等の価額のうち1,500万円までの金額（すでにこの「教育資金の非課税」の特例の適用を受けて贈与税の課税価格に算入しなかった金額がある場合には、その算入しなかった金額を控除した残額）に相当する部分の価額については、贈与税の課税価格に算入されません（措法70の2の2①）。

　贈与された資金は、金融機関において子・孫（受贈者）名義の口座等により管理し、この資金が教育費に使われることを金融機関が領収書等により確認・記録し保存します。そして、口座等は、受贈者である子や孫が30歳に達する日に終了となり、使いきってない残額があれば贈与税の課税価格に算入されます。

　なお、平成25年4月1日から平成27年12月31日までの間に、贈与のみならず、信託、預入、または有価証券の購入までが行われている必要があります。

【教育資金の非課税の特例のイメージ（概要）】

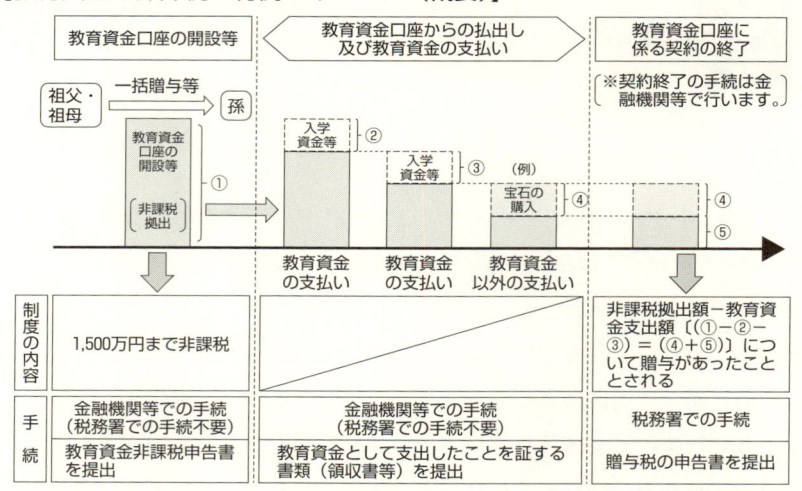

出典：国税庁「直系尊属から教育資金の一括贈与を受けた場合の贈与税の非課税に関するQ&A」（平成25年4月1日）より抜粋

【教育資金の一括贈与に係る非課税措置のイメージ】

教育資金を目的とする金銭等の一括贈与については、1,500万円まで贈与税を課税しない。

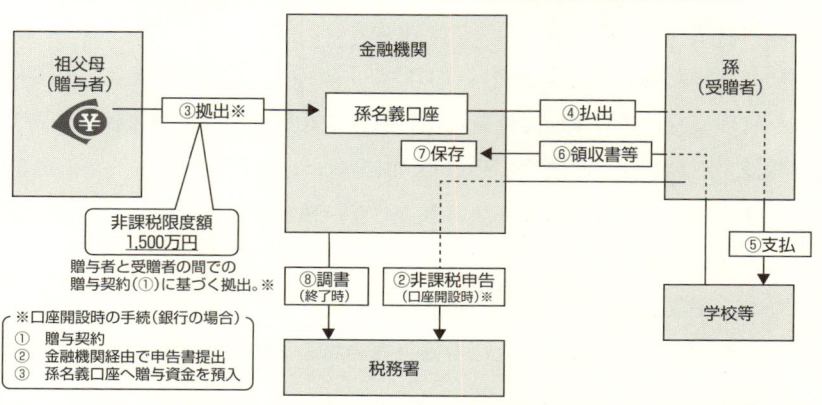

※口座開設時の手続（銀行の場合）
① 贈与契約
② 金融機関経由で申告書提出
③ 孫名義口座へ贈与資金を預入

出典：国税庁「直系尊属から教育資金の一括贈与を受けた場合の贈与税の非課税に関するQ&A」（平成25年4月1日）より抜粋

第10章 直系尊属から教育資金の一括贈与を受けた場合の非課税

第2節 受贈者と贈与者

　この特例の適用を受けることができる受贈者、贈与者等の範囲は次のように定められています。

(1) 受贈者

　受贈者は個人であって教育資金管理契約を締結する日において満30歳未満の者であることとされています（措法70の2の2①）。「30歳」は、大学院に進学した場合も含めて、一般的に高等教育を修了していると考えられる年齢として設定されたものです。なお、外国国籍の者や国外に居住する者も対象となります（措通70の2の2-2）。

　この制度の場合、祖父母から孫への贈与となる場合が考えられ、受贈者が幼稚園児や小学生ということもあり得るでしょう。受贈者が未成年の場合は、実務上、金融機関等に法定代理人（親権者）の届出が必要となり、また「教育資金非課税申告書」等の各申告書の「受贈者の代理人」欄に、氏名（ふりがな）、住所または居所の記載をします。

(2) 贈与者

　贈与者は受贈者の直系尊属であることとされています。
　この「直系尊属」には、受贈者の実親（父母）、祖父母及び曽祖父母のほか受贈者の養親及びその養親の直系尊属は含まれますが、例えば、次に掲げるものは含まれません（措通70の2の2-3、70の2-1準用）。
イ　受贈者の配偶者の直系尊属（民法727条《縁組による親族関係の発生》
　　に規定する親族関係がある場合を除きます）

ロ 受贈者の父母が養子縁組による養子となっている場合において、受贈者がその養子縁組前に出生した子である場合のその父母の養親及びその養親の直系尊属
ハ 受贈者が民法817条の2第1項《特別養子縁組の成立》に規定する特別養子縁組による養子である場合のその実方の父母及び実方の直系尊属

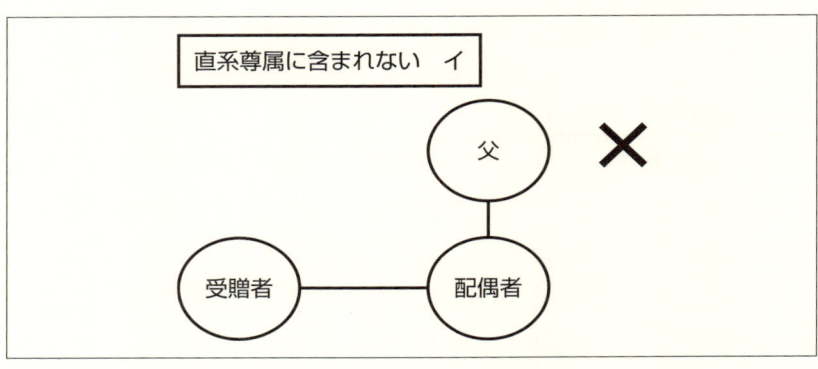

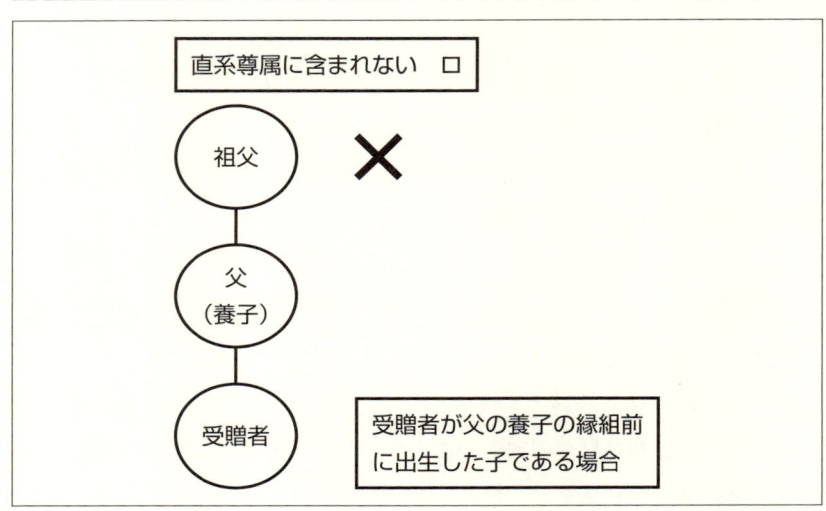

直系尊属に含まれない イ

父 — 配偶者 — 受贈者 ×

直系尊属に含まれない ロ

祖父 — 父(養子) — 受贈者 ×

受贈者が父の養子の縁組前に出生した子である場合

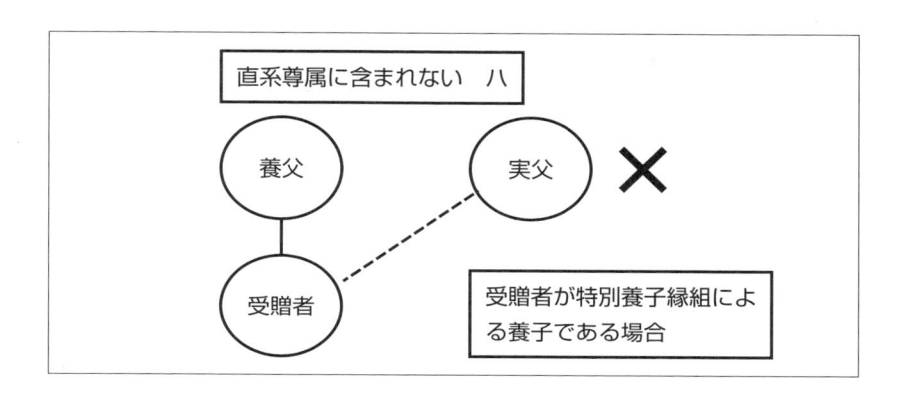

第10章　直系尊属から教育資金の一括贈与を受けた場合の非課税

```
直系尊属に含まれない　ハ

  養父         実父        ×
     ＼       ／
      受贈者         受贈者が特別養子縁組によ
                   る養子である場合
```

第3節　贈与財産（信託受益権、金銭等）

　この特例の対象となる贈与財産は、取扱金融機関の種類によって異なりますが、信託受益権、金銭、金銭等に類するものとされています（措法70の2の2①）。なお、取扱金融機関とは、受贈者の直系尊属と教育資金管理契約を締結した受託者または受贈者と教育資金管理契約を締結した銀行等もしくは金融商品取引業者のことをいいます（措法70の2の2②五カッコ書）。ただし、外国に所在する金融機関（日本の金融機関の海外支店を含みます）では取り扱っていません。

　なお、この特例は、長期間にわたる管理が必要な制度であることから、金融機関に口座を開設し、その口座を通じて非課税額の管理、実際に教育資金に使われた金銭の管理を行うこととしています。そのため、金融機関との間で一定の契約（教育資金管理契約）を締結することが求められています（措法70の2の2②二）。

(1) 信託会社（受託者）との間で教育資金管理契約を締結する場合

　委託者（贈与者＝直系尊属）と受託者との間で直系卑属（＝受贈者）を受益者とする信託契約を締結することとなるため、相続税法の規定により委託者から受益者に対し信託受益権の贈与があったものとみなして贈与税を課税することとされています（みなし贈与）。そのため、贈与財産は信託受益権となります。

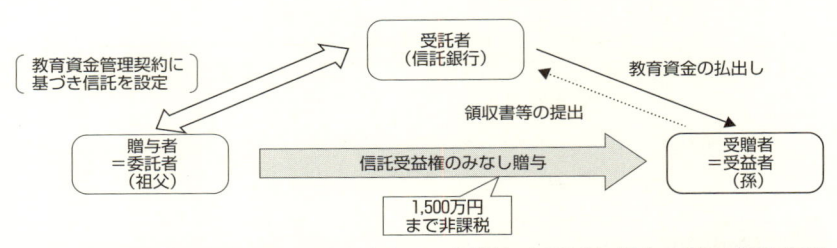

```
         教育資金管理契約に           受託者
         基づき信託を設定          （信託銀行）       教育資金の払出し
                      ↗ ↙                  ↖ ↘
                                領収書等の提出
         贈与者                                        受贈者
         ＝委託者    →  信託受益権のみなし贈与  →    ＝受益者
         （祖父）                                      （孫）
                          1,500万円
                          まで非課税
```

出典：国税庁「直系尊属から教育資金の一括贈与を受けた場合の贈与税の非課税に関するQ&A」（平成25年4月1日）より抜粋

(2) 銀行等との間で教育資金管理契約を締結する場合

　贈与者から受贈者に対して金銭を贈与し、受贈者名義でその金銭を銀行等の教育資金を管理する口座に預入することとなります。そのため、贈与財産は金銭となります。

　なお、贈与と預入までの間が長期になる場合には、税務署への贈与税の申告が必要な通常の金銭贈与とこの特例の適用を受ける贈与との関係が判然としなくなることから、贈与された金銭と預入された金銭の関連性を確保するため、贈与日から2か月以内に預入することとされています（措令40の4の3④）。この「2か月」の期間は、年末に贈与を受けた場合であっても翌年の贈与税の申告期限（3月15日）前には取扱金融機関に「教育資金非課税申告書」を提出した上で預入されている期間を考慮したものです。

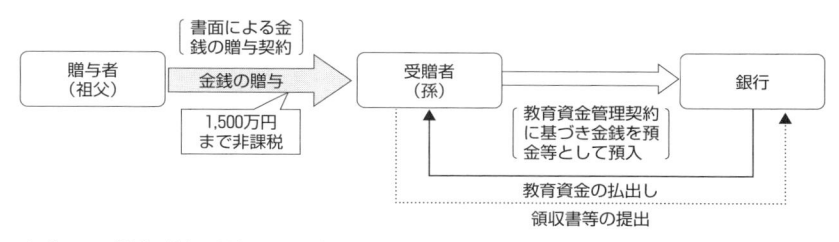

第10章　直系尊属から教育資金の一括贈与を受けた場合の非課税

出典：国税庁「直系尊属から教育資金の一括贈与を受けた場合の贈与税の非課税に関するQ&A」（平成25年4月1日）より抜粋

(3) 証券会社（金融商品取引業者）との間で教育資金管理契約を締結する場合

　金融商品取引業者の営業所等において教育資金管理契約を締結する場合には、贈与された金銭によって有価証券を購入することが考えられます。

　なお、金銭の贈与を受けた場合には、上記 **(2)** の場合と同様、2か月以内に証券口座に入金し、有価証券の購入をする必要があります（措令40の4の3④）。

　その他に、贈与者の証券口座から受贈者の証券口座への振替で対応する場合も想定されるため、金銭の贈与のほか、金銭に類する有価証券（措令40の4の3②、措規23の5の3①）の贈与も対象とされています。この場合は、贈与日から2か月以内に振り替えられたときは、口座間の振替は有価証券の購入とみなされます（措令40の4の3⑤）。

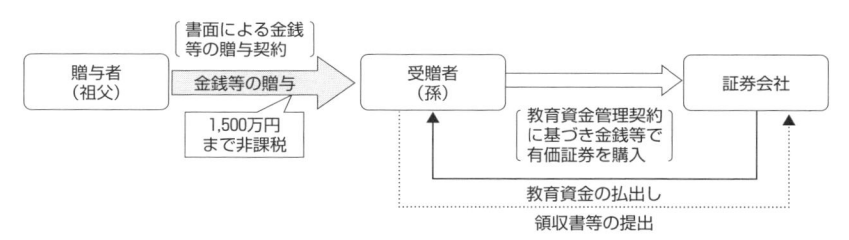

出典：国税庁「直系尊属から教育資金の一括贈与を受けた場合の贈与税の非課税に関するQ&A」（平成25年4月1日）より抜粋

287

なお、上記(1)～(3)はいずれも贈与される財産の種類を定めているものであって、贈与後に贈与された財産がどのように運用されるかについては、法令上の制限はありません。

第4節 教育資金の範囲

　この特例は、受贈者の将来の教育に要する費用を一括贈与により確保するための制度であることから、資金の使途は教育に関する一定の範囲に限定されています。具体的には支払先により次の2つに大別されます（措法70の2の2②一）。
① 「学校等に直接支払われる入学金、授業料その他の金銭で一定のもの」
　1,500万円までの非課税の対象となります。
② 「学校等以外の者に、教育に関する役務の提供として直接支払われる金銭その他の教育のために直接支払われる金銭で一定のもの」
　500万円までの非課税の対象となります。

(1) 学校等に対して直接支払われる金銭
① 学校とは
　学校等とは、次に掲げる施設を設置する者をいいます（措法70の2の2②一イ、措令40の4の3⑥、措規23の5の3②③）。
イ　学校教育法に規定する学校
　学校教育法1条に規定する学校（幼稚園、小学校、中学校、高等学校、中

288

第10章　直系尊属から教育資金の一括贈与を受けた場合の非課税

等教育学校、特別支援学校、大学（大学院）及び高等専門学校）、同法124条に規定する専修学校、同法134条1項に規定する各種学校

ロ　児童福祉法に規定する施設（措令40の4の3⑥一、措規23の5の3②、平成25年3月文部科学省・厚生労働省告示第1号）

・児童福祉法39条1項に規定する保育所（いわゆる認可保育所がこれに該当）

・児童福祉法6条の2第1項に規定する障害児通所支援事業（同条2項に規定する児童発達支援を行う事業に限ります）が行われる施設

・児童福祉法34条の15第1項に規定する家庭的保育事業（いわゆる保育ママがこれに該当）が行われる施設

・児童福祉法施行規則40条1号イに規定する児童の保育に関する事業であって市区町村が必要と認めるものが行われる施設

　具体的には、一定の質の確保を前提として、地域の保育需要に対応するため地方自治体が単独で補助等を行っている認可外保育施設（例えば、東京都の認証保育所や横浜市の横浜保育室等）が該当します。また、へき地保育所も含まれます。

・児童福祉法59条の2第1項に規定する施設であって、文部科学大臣及び厚生労働大臣が財務大臣と協議して定める事項に該当するもの

　具体的には、認可外保育施設のうち、都道府県知事、指定都市市長及び中核市市長から認可外保育施設指導監督基準を満たす旨の証明書の交付を受けている施設がこれに該当します。なお、この施設は、利用料に係る消費税が非課税とされている認可外保育施設と同じ範囲を指すものです。

ハ　就学前の子どもに関する教育、保育等の総合的な提供の推進に関する法律7条1項に規定する認定こども園（措令40の4の3⑥二）

　幼保連携型・幼稚園型・保育所型・地方裁量型のすべての類型が対象となります。また、認可外教育機能・認可外保育施設部分も含む全範囲が対象となります。

ニ　学校教育法1条に規定する学校もしくは同法124条に規定する専修学校に相当する外国の教育施設またはこれらに準ずる外国の教育施設で文部科学大臣が財務大臣と協議して定めた次に掲げる施設（措令40の4の3⑥三、措規23の5の3③、平成25年3月文部科学省告示第68号3）

〔外国にあるもの〕

・外国において外国の学校教育制度において位置付けられた教育施設
　　具体的には、日本の幼稚園、小学校、中学校、高等学校、特別支援学校、大学、大学院、高等専門学校、専修学校に相当する学校
・海外に在留する邦人の子女のための在外教育施設で、文部科学大臣が日本の小学校、中学校または高等学校の課程と同等の課程を有するものとして認定したもの（日本人学校、私立在外教育施設）

〔国内にあるもの〕

・所定の課程を修了した者が当該課程の修了により学校教育法施行規則150条1号に該当する場合における当該課程を有する教育施設及び同令155条1項4号もしくは2項5号または177条5号の規定により文部科学大臣が指定した教育施設（文部科学大臣が高校相当として示した外国人学校、外国大学の日本校）
・外国人を対象に教育を行うことを目的として、わが国において設置された教育施設であって、その教育活動等について、アメリカ合衆国カリフォルニア州に主たる事務所が所在する団体であるウェスタン・アソシエーション・オブ・スクールズ・アンド・カレッジズ、同国コロラド州に主たる事務所が所在する団体であるアソシエーション・オブ・クリスチャン・スクールズ・インターナショナルまたはグレートブリテン及び北部アイルランド連合王国ハンプシャー市に主たる事務所が所在する団体であるカウンセル・オブ・インターナショナル・スクールズの認定を受けたもの（国際的な評価団体に認定されたインターナショナルスクール）
・国際連合大学

ホ　他の法律で定められている教育施設（措令40の4の3⑥四）

　独立行政法人水産大学校、独立行政法人海技教育機構の施設（海技大学校、海上技術短期大学校、海上技術学校）、独立行政法人航空大学校及び独立行政法人国立国際医療研究センターの施設（国立看護大学校）

ヘ　職業能力開発に関する施設（措令40の4の3⑥五）

　職業能力開発総合大学校、職業能力開発大学校、職業能力開発短期大学校、職業能力開発校、職業能力開発促進センター及び障害者職業能力開発校（職業能力開発総合大学校及び障害者職業能力開発校以外は、国もしくは地方公共団体または職業訓練法人が設置するものに限ります）

② 支払われる金銭の範囲

　上記②の学校等に対して直接支払われる金銭で次のものをいいます（措法70の2の2②一イ、措令40の4の3⑦、平成25年3月文部科学省告示第68号1）。

イ　入学金、授業料、入園料及び保育料ならびに施設設備費
ロ　入学または入園のための試験に係る検定料
ハ　在学証明、成績証明その他学生、生徒、児童、幼児または乳児の記録に係る証明に係る手数料及びこれに類する手数料
ニ　学用品の購入費、修学旅行費または学校給食費その他学校等における教育に伴って必要な費用に充てるための金銭

　具体的には、入学金、授業料、入園料、保育料、施設設備費、教育充実費、修学旅行・遠足費、入学検定料、日本スポーツ振興センターの災害共済給付の共済掛金、PTA会費、学級会費・生徒会費、学校の寮費等が挙げられます（学校等が費用を徴収し、業者等に支払う場合も含みます）。

※　PTA会費（「父母と教師の会」、「父母の会」、「後援会」を含みます）に関しては認められますが、同窓会費に関しては学校等へ直接支払う経費に当たらないため認められません。

※　学校等に対して直接支払われる費用であっても、振込手数料は教育費とはいえないので認められません。また、教育資金管理契約に関して取扱金融機関に支払う各種手数料や振込手数料も該当しません。つまり、非課税の対象とはなりません。

※　単に「雑費」とのみ領収書等の摘要（支払内容）に記載されている場合も教育費とはいえないので認められません。

※　学校において使用する教科書代や学用品費、修学旅行費、学校給食費等であっても、個人が直接、業者等に支払いがなされる場合は1,500万円までの非課税枠の対象にはなりません。ただし、学校等における教育に伴って必要な費用で、学生等の全部または大部分が支払うべきものと学校等が認めたものは、500万円までの非課税の対象になります。

※　保育所の保育料は、児童福祉法上、個々の保育所ではなく市町村が保護者から徴収することとされています。こうした手続であることに鑑み、保護者が市町村に支払う保育所の保育料については、学校等に直接支払われるのではないけれども「教育資金」に含まれるものと取り扱うこととされています。

※　保育料には、乳児または幼児を保育する業務の対価として、市町村が徴収する保育料や、保育所に類する施設に対して支払う利用料のほか、市町村または保育所等に直接支払った場合の送迎料、保育を受けるために必要な予約料、年会費、入園料（入会金・登録料）等が含まれます。なお、保育料とは別の名目で給食費、おやつ代、施設に備え付ける教材を購入するために徴収する教材費、保育する乳幼児に関して施設が契約している傷害・賠償保険料の負担金等の実費相当額を支払っている場合がありますが、これらの費用も非課税の対象です。

※　下宿代は非課税の対象とはなりません。

※　留学の渡航費や滞在費は非課税の対象とはなりません。ただし、現在通っている学校等に直接支払う場合は1,500万円までを上限とする非課税の対象となります。また、現在通っている学校等の授業やカリキュラムの一環として海外に渡航する場合であって業者等に支払う場合は500万円までを上限とする非課税の対象となります。

※　学校等の正規課程以外の講座等（大学の公開講座、専修学校の附帯事業（例：短期講座等）、幼稚園の預かり保育や子育て支援活動等）にかかる費用は非課税の対象になります。

※　保育所、保育所に類する施設、認定こども園での延長保育、休日保育、一

時預かり、病児・病後児保育等にかかる費用は非課税の対象になります。
※　大学入試センター試験の受験料は、非課税の対象になります。
※　スクールバスに係る費用については、学校に直接支払う場合は非課税の対象となりますが、業者に支払う場合は非課税の対象とはなりません。また、通学定期については非課税の対象となりません。

(2) 学校等以外の者に直接支払われる金銭

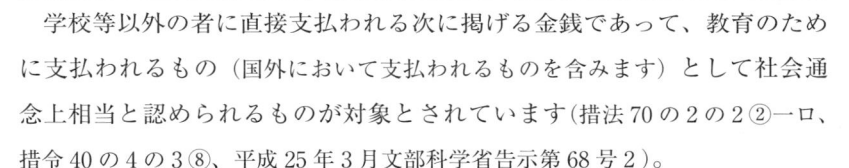

　学校等以外の者に直接支払われる次に掲げる金銭であって、教育のために支払われるもの（国外において支払われるものを含みます）として社会通念上相当と認められるものが対象とされています（措法70の2の2②一ロ、措令40の4の3⑧、平成25年3月文部科学省告示第68号2）。
イ　教育に関する役務の提供の対価
ロ　施設の使用料
ハ　スポーツまたは文化芸術に関する活動その他教養の向上のための活動に係る指導への対価として支払われる金銭
ニ　イの役務の提供またはハの指導において使用する物品の購入に要する金銭であって、その役務の提供または指導を行う者に直接支払われるもの
ホ　学用品の購入費、修学旅行費または学校給食費その他学校等における教育に伴って必要な費用に充てるための金銭であって、学生、生徒、児童、幼児または乳児の全部または大部分が支払うべきものとその学校等が認めたもの（学校等に対して直接支払われる場合は、1,500万円までの非課税枠）

　具体的には上記イ〜ハについては、下記 i 〜ivの教育活動の指導の対価（月謝、謝礼、入会金、参加費等）として支払う費用や施設使用料が挙げられます。またいわゆる通信教育は対象となります。

ⅰ 学習(学習塾・家庭教師、そろばん、英会話、パソコン、キャンプ等の体験活動等)
ⅱ スポーツ(スイミングスクール、ゴルフスクール、テニススクール、野球チームでの指導等)
ⅲ 文化芸術活動(ピアノ等の音楽教室、絵画教室、バレエ教室等)
ⅳ 教養の向上のための活動(習字、茶道、華道、料理等)
※ スポーツジムに係る費用は、インストラクター等から指導を受けるものに限り、原則500万円までの非課税の対象となり、その費用が施設利用料等に限定されている場合は、指導への対価といえませんので非課税の対象外となります。
※ 放課後児童クラブ、放課後子ども教室、放課後等デイサービス、保育所等訪問支援に要する費用は500万円までの非課税の対象になります。施設に備え付ける備品や図書を購入するために徴収する費用、傷害・賠償保険料の負担金、施設費(暖房費、光熱水費)等のように通常領収される費用についても同様に費用に含まれます。また、おやつ代等、活動で使用する物品の費用も、これらの主体の名義で領収書が出るものについては、対象となります。
※ 教育のために支払われるものとして「社会通念上相当」でないものとは、例えば、以下のようなものであり、教育のために支払われるとはいえません。
・賭博やギャンブルに関するもの(カジノの手法を教える教室)
・酒類やたばこを楽しむことを目的とする講習
・遊興・遊技を内容とするもの(トランプ、パチンコ、麻雀、ゲーム、カラオケ、手品、占い等を教える教室等)
・娯楽目的の鑑賞を行うことを目的とするもの

また、上記ニについては、上記のⅰ～ⅳの活動で使用する物品の費用が対象となります。ただし、上記の指導を行う者を通じて購入するもの(=指導を行う者の名で領収書が出るもの)に限られます。したがって、個人で購入した場合(例:塾のテキストを一般書店で購入、野球のグローブを専門店で購入)は、対象となりません。

上記ホについては、学校等で必要となる費用を業者に直接支払った場合でも、学校等における教育に伴って必要な費用で、学生等の全部または大部分が支払うべきものと当該学校等が認めたものは、500万円までの非課税枠の対象になります。

具体的には、学校等における教育に伴って必要であり、「学校等が書面」で業者を通じての購入や支払を保護者に依頼しているものを指します。

例えば、以下のものが想定されます。

・教科書・副教材費

・教科教材費（リコーダー・裁縫セット等）

・学校指定の学用品費（制服、体操着、ジャージ、上履き、通学鞄等）

・卒業アルバム代

・修学旅行・自然教室等の校外活動費

・給食費

なお、「学校等の書面」とは、年度や学期の始めに配付されるプリントや、「学校便り」「教科書購入票」等を想定しています。この書面には、学校名、年月日、用途・費目が記載されていることが必要です。この場合は、業者からの領収書等に加え、学校等の書面も金融機関に提出する必要があります。

(3) 部活動の費用

① 小学校、中学校、高等学校、中等教育学校、特別支援学校における部活動について

イ 1,500万円非課税枠について

小学校、中学校、高等学校、中等教育学校、特別支援学校における部費等で、例えば「A高校」または「A高校B部」の名義の領収書等が出るものであれば、1,500万円までの非課税の対象となります。

ロ　500万円非課税枠について

　また、上記の学校等における部活動に伴って必要な費用で、学校等が書面で購入・支払いを依頼したものについては、500万円までの非課税の対象となります。この場合には、領収書等に加え、学校等からの文書を、金融機関に提出する必要があります。なお、部活動で使用するものであっても上記以外で個人がそれぞれ購入するもの（学校等や部の領収書が出ないもの）は1,500万円・500万円枠のどちらでも非課税対象となりません。したがって、個人で購入した場合（例：野球のグローブを専門店で購入）は、対象となりません。

② 大学、高等専門学校、専修学校・各種学校・インターナショナルスクールにおける部活動について

　指導の対価（指導を行う者への月謝、謝礼等）として支払う費用や、施設使用料であれば、500万円までの非課税の対象になります。

　また、部活動で使用する物品の費用についても、500万円までの非課税の対象になります。ただし、指導を行う者を通じて購入するもの（＝指導を行う者の名で領収書が出るもの）に限ります。なお、部活動で使用するものであっても上記以外で個人がそれぞれ購入するもの（学校等や部の領収書が出ないもの）は非課税対象となりません。

第5節 非課税枠

(1) 1,500万円の非課税枠

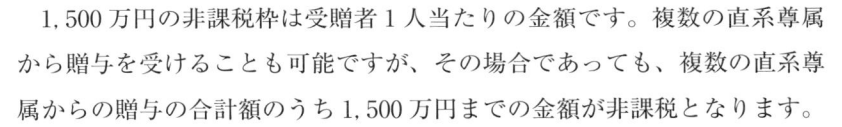

　1,500万円の非課税枠は受贈者1人当たりの金額です。複数の直系尊属から贈与を受けることも可能ですが、その場合であっても、複数の直系尊属からの贈与の合計額のうち1,500万円までの金額が非課税となります。

　したがって、祖父及び祖母のそれぞれから1,500万円を贈与により取得した場合（合計で3,000万円を取得した場合）であっても、「教育資金の非課税」の特例の対象は1,500万円が限度となりますので、差額の1,500万円については、その贈与により取得した年分の贈与税の課税価格に算入されます（措法70の2の2①）。

　また、贈与回数は1回に限定されていないため、1,500万円の範囲内であれば、複数回の贈与であっても適用可能です。なお、「1,500万円」については、幼稚園から大学まで、私立学校に在学した場合に学校に支払う費用の平均額（1,444万円）を目安として設定されたものです。

(2) 500万円の非課税枠

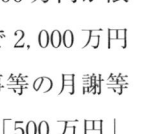

　学校等以外の者に対して支払われる教育資金については、500万円が限度とされています。これは、1,500万円の内数であり、合計で2,000万円にはなりません。つまり、1,500万円の枠の中で、塾や習い事等の月謝等については500万円を上限に含めるということです。なお、「500万円」については、幼稚園から大学までの、私立学校に通う子供の塾や習い事の月謝等の平均値（480万円）を目安に設定されたものです。

第6節 適用を受けるための手続

(1) 初めてこの特例の適用を受けるための手続（教育資金非課税申告書）

　この特例の適用を受けるためには、その適用を受けようとする受贈者が、「教育資金非課税申告書（措法70の2の2②三、措規23の5の3⑤）」と一定の添付書類を、その教育資金非課税申告書に記載した取扱金融機関の営業所等を経由して、信託がされる日、預金もしくは貯金の預入をする日または有価証券を購入する日（以下「預入等期限」といいます）までに、その受贈者の納税地の所轄税務署長に提出しなければなりません（措法70の2の2③）。したがって、預入等期限までに教育資金非課税申告書の提出がない場合には、その贈与についてはこの特例の適用を受けることはできません（措法70の2の2④）。

　また、教育資金非課税申告書が取扱金融機関の営業所に受理された場合には、その受理された日にその受贈者の納税地の所轄税務署長に提出されたものとみなされます（措法70の2の2⑤）。つまり、教育資金非課税申告書は、取扱金融機関の営業所等を経由して提出しなければならないため、預入等期限までに税務署で行う手続はありません。

　なお、金銭等の贈与の場合は、教育資金非課税申告書の提出前に贈与者と受贈者との間で書面による贈与契約を締結しておく必要があります。

　教育資金非課税申告書には、次の書類を添付する必要があります（措令40の4の3⑫）。

イ　信託または贈与に関する契約書その他の信託または贈与の事実及び年月日を証する書類の写し

第10章　直系尊属から教育資金の一括贈与を受けた場合の非課税

ロ　受贈者の戸籍の謄本または抄本、住民票の写しその他の書類でその受贈者の氏名、生年月日、住所または居所及び贈与者との続柄を証する書類

住民票の写しとは、市町村等から交付されるもので、住民票の写しのコピーではありません。

また、教育資金非課税申告書は、受贈者がすでに教育資金非課税申告書を提出している場合には提出することはできません（措法70の2の2⑥）。つまり、2つ以上の教育資金管理契約を締結することはできないため、例えば、A銀行、B銀行と締結し、教育資金非課税申告書に係る口座を2つ持つというようなことはできません。

(2) 追加の贈与を受けた場合の手続（追加教育資金非課税申告書）

平成25年4月1日から平成27年12月31日までの間であれば、受贈者1人当たり1,500万円の範囲内で、同じ贈与者から再度、または異なる贈与者から、贈与を受け、この特例の適用を受けることができます。

例えば、贈与により取得した1,000万円の金銭について教育資金非課税申告書を提出しすでにこの特例の適用を受けている場合、非課税の限度額（1,500万円）からすでに「教育資金の非課税」の特例の適用を受けるために提出した教育資金非課税申告書に記載した1,000万円を控除した残額（500万円）を限度に、「教育資金の非課税」の特例の適用を受けることができます。

また、非課税の限度額の残額を超える贈与があった場合、例えば、上記の例でいうと700万円の贈与があった場合は、500万円を超える部分である200万円については、贈与により取得した年の翌年の2月1日から3月15日までの間に贈与税の申告を行う必要があります。

なお、追加の教育資金贈与を受けた場合には、当初締結した教育資金管理契約に基づき、その受贈者は、「追加教育資金非課税申告書（措法70の

2の2④、措規23の5の3⑥)」と一定の添付書類を当初の教育資金非課税申告書を提出した取扱金融機関の営業所等を経由し、新たな預入等期限までに、その受贈者の納税地の所轄税務署長に提出する必要があります。したがって、新たな預入等期限までに追加教育資金非課税申告書の提出がない場合には、その贈与についてはこの特例の適用を受けることはできません（措法70の2の2④）。

　また、追加教育資金非課税申告書には、次の書類を添付する必要があります（措令40の4の3⑫）。
イ　信託または贈与に関する契約書その他の信託及び贈与の事実及び年月日を証する書類の写し
ロ　受贈者の戸籍の謄本または抄本、住民票の写しその他の書類でその受贈者の氏名、生年月日、住所または居所及び贈与者との続柄を証する書類

　なお、同じ贈与者から再度贈与を受けた場合には、ロの戸籍の謄本等に関しては、すでに提出した教育資金非課税申告書等に添付しているため、それ以後に提出する追加教育資金非課税申告書には再度添付する必要はありません（措令40の4の3⑫ただし書）。

　また、教育資金管理契約に係る信託財産の価額がゼロとなった場合、教育資金管理契約に係る預金もしくは貯金の額がゼロとなった場合または教育資金管理契約に基づき保管されている有価証券の価額がゼロとなった場合において受贈者と取扱金融機関との間でこれらの教育資金管理契約を終了させる合意があったことにより教育資金管理契約が終了した後に、さらに、また、贈与が行われて特例の適用を受ける場合に提出する申告書は「追加教育資金非課税申告書」ではなく「教育資金非課税申告書」となります（措法70の2の2⑥カッコ書、⑩三）。

(3) 教育資金非課税申告書等の提出の効果

　上記(1)の教育資金非課税申告書または上記(2)の追加教育資金非課税申告書が取扱金融機関の営業所等に受理されたときは、これらの申告書は、その受理された日に受贈者の納税地の所轄税務署長に提出されたものとみなされます（措法70の2の2⑤）。

　なお、取扱金融機関の営業所等の長は、受贈者の提出する教育資金非課税申告書等を受理した場合には、遅滞なく、これらの申告書をその取扱金融機関の営業所等の所在地の所轄税務署長に送付しなければならないこととされています（措令40の4の3）。

(4) 受贈者の住所等に異動があった場合

　教育資金非課税申告書を提出した受贈者が、その提出後、その住所もしくは居所または氏名の変更をした場合には、その受贈者は、遅滞なく、「教育資金管理契約に関する異動申告書」を、取扱金融機関の営業所等を経由して、受贈者の納税地（住所または居所を変更したことにより納税地の異動があった場合には、その異動前の納税地）の所轄税務署長に提出しなければなりません（措令40の4の3㉖、措規23の5の3⑪）。

第7節　領収書等の提出

　この特例の適用を受ける受贈者は、教育資金の支払いに充てた金銭に係る領収書その他の書類または記録でその支払いの事実を証するもの（以下

「領収書等」といいます）を取扱金融機関の営業所等に提出しなければならないこととされています（措法70の2の2⑦）。これは、非課税拠出額が受贈者の教育資金として使われたかどうかを取扱金融機関が確認する必要があるためです。なお、相続税法21条の3第1項2号（教育費の「都度贈与」の場合の非課税）の適用を受けた金銭が充てられた教育費に係る領収書等は、この特例の適用を受けた非課税拠出額が充てられていないことから、上記の領収書等には含まれません（措法70の2の2⑦カッコ書）。

(1) 提出方法と提出期限

　提出方法は次のイまたはロの方法によります。
イ　教育資金の支払いに充てた金銭に相当する額を払い出す方法のみにより払出しを受ける方法。つまり、受贈者が先に教育資金を支払い、その後、領収書等をもって金融機関からその金額の払出しを受けるという、立替払いの方法
ロ　上記イ以外の方法

　上記イの方法を選択した場合の領収書等の提出期限は、「領収書等に記載された支払年月日から1年を経過する日」となります。また、上記ロの方法を選択した場合の提出期限は、「領収書等に記載された支払年月日の属する年の翌年3月15日」となります。

　なお、上記の期限までに取扱金融機関の営業所等に提出されなかった領収書等に係る教育資金は、「教育資金支出額」としての記録はされません。「教育資金支出額」とは、取扱金融機関の営業所等において教育資金の支払いの事実が確認され、かつ、記録された金額を合計した金額をいいます（措法70の2の2②五）。詳しくは、「第8節　教育資金支出額」において、説明します。

　上記ロの選択をした場合で、その年中に払い出した金銭の合計額が、金融機関等に提出された領収書等で教育資金の支払いに充てたことを金融機

関等が確認した金額の合計額を下回るときは、金融機関等が教育資金支出額として記録する金額は、その払い出した金銭の合計額が限度となります（措法70の2の2⑨）。

このような年中における上限額の定めを有効なものとするためや、期間の重複による二重提出を避けるために、領収書等の提出方法の上記イまたはロの選択をした後は、その後において選択の変更はできないことになっています（措令40の4の3⑭）。

【領収書等の提出時期】

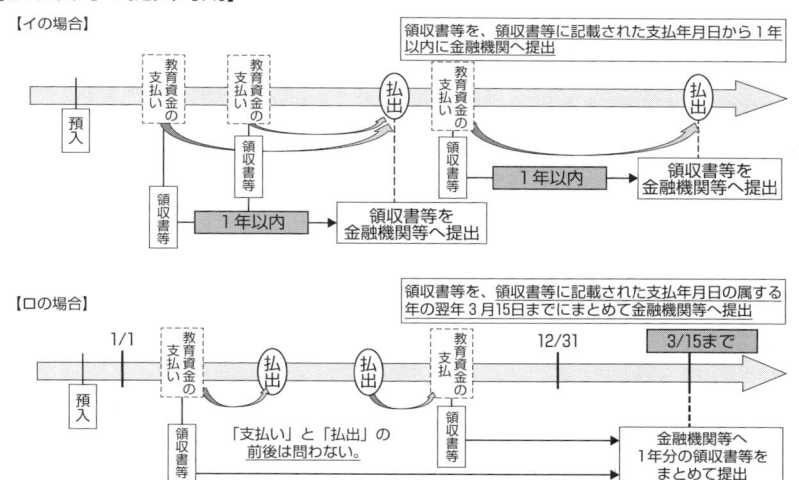

【イの場合】

領収書等を、領収書等に記載された支払年月日から1年以内に金融機関へ提出

【ロの場合】

領収書等を、領収書等に記載された支払年月日の属する年の翌年3月15日までにまとめて金融機関等へ提出

「支払い」と「払出」の前後は問わない。

金融機関等へ1年分の領収書等をまとめて提出

出典：国税庁「直系尊属から教育資金の一括贈与を受けた場合の贈与税の非課税に関するQ&A」より抜粋

（2）教育資金管理契約締結前・終了後の領収書等の扱い

① 教育資金管理契約締結前の領収書等の扱い

最初に信託がされる日、預金もしくは貯金の預入をする日または有価証券を購入する日（信託等がされる日）の属する年に支払われた教育資金のうち、その信託等がされる日前に支払われた教育資金に係る領収書等は、

教育資金支出額の対象となる領収書等には含まれません（措令40の4の3⑮）。当然、最初に信託等がされる日の属する年の前年以前に支払われた教育資金に係る領収書等も含まれません。

　なお、領収書等が教育資金支出額の対象となる領収書等に含まれるかどうかの判定は、領収書等に記載された支払年月日と最初に信託等がされる日（下記②においては、終了事由の生じた日）との比較により行います。

② **教育資金管理契約終了後の領収書等の扱い**

　教育資金管理契約が終了する日（受贈者の死亡により終了する場合を除きます）後に支払われた教育資金に係る領収書等も教育資金支出額の対象となる領収書等には含まれません（措令40の4の3⑯一）。

　なお、教育資金管理契約が終了した日（受贈者の死亡により終了する場合を除きます）において取扱金融機関の営業所等に対してまだ提出していない領収書等がある場合には、受贈者は、上記（1）の提出期限にかかわらず、教育資金管理契約が終了する日の属する月の翌月末日までに、その領収書等を取扱金融機関の営業所等に提出しなければならないこととされています（措令40の4の3⑯二）。これは、翌年3月15日の贈与税の申告期限までに終了時の課税関係を整理する必要があるからです。

(3) 領収書等に記載されるべき事項

　教育資金の支払いの事実を証するものであることから、領収書等には、支払日付、金額、摘要（支払内容）、支払者（宛名）、支払先の氏名（名称）及び住所（所在地）が記載されていることが必要です。

　塾や習い事等、学校等以外の者に支払われる費用についても領収書等で確認することとなるので、領収書には上述のことが記載されていることが必要です。なお、塾や習い事等の費用については、その範囲が多岐にわたる可能性があることから、領収書等の摘要（支払内容）の欄に、何の指導を受けているのかについての記載が必要です。

(例1：テニススクール代として、○月分○○料として（○回または○時間））
(例2：ヨガクラス代として、○月分○○料として（○回または○時間）

　領収書等に必要事項の記載がなく教育に関する費用であることがわからない領収書等の場合、非課税対象かどうか確認ができないことがあるため、領収書等を受け取る際には、必要な情報の記載を確認することが求められます。

(4) 領収書等の提出

　領収書は、原則として原本を提出する必要があります。ただし、場合によっては、金融機関が原本を確認した上でコピーをとり、原本を返してもらえる場合もあります。

　なお、教育資金の支払方法によっては領収書が発行されない場合もあります。その場合には、領収書のほか、支払日付、金額、摘要（支払内容）、支払者（宛名）、支払先の氏名（名称）及び住所（所在地）がわかるものであれば、領収書の代わりとして認められる場合があります。したがって、下記のように支払いが振り込みや引き落とし等によってなされている場合に、別途領収書を受け取る必要はありませんが、支払記録だけでは上記の項目がわからない場合には、振込依頼文書等をあわせて添付することにより上記項目が明確になる必要があります。

　この場合、学校等に対する支払いの場合には、摘要（支払内容）及び支払先の住所（所在地）については、受贈者が提出する下記の支払事実を証する書類に摘要（支払内容）及び支払先の住所（所在地）を受贈者自身が記載し、受贈者が署名押印をすることにより、明らかにすることも可能です。

　なお、塾や習い事など、学校等以外の者に支払われる費用については、幅広い主体を対象としており、その内容を特に確認する必要があることから、支払日付、金額、摘要（支払内容）、支払者（宛名）、支払先の氏名（名称）及び住所（所在地）が確認できる書類を提出する必要があります。ま

た、支払内容については何に使用したのか（○月分○○料として（○回または○時間）についても記載されていることが必要です。

① 指定金融機関へ振り込む場合

振込依頼書兼受領書（切り取り型の振込依頼書の受領書部分）の原本が必要です。なお、ATMで振込みをした場合はATMの利用明細の原本、インターネットバンキングで振込みをした場合はインターネットバンキングの振込み完了画面を印刷したものが必要です。

② 口座振替で支払う場合

実際に引き落とされたことが確認できる通帳のコピーが必要です。

③ クレジットカード引き落としで支払う場合

クレジットカードの利用明細の原本と、実際に引き落とされたことが確認できる通帳のコピーが必要です。なお、WEBによる利用明細の場合は、WEBの画面を印刷したものが必要です。

④ 月謝袋に現金を入れて支払う場合

習い事の場合など月単位・年単位で領収書の発行がされる場合には領収書の提出を原則としていますが、領収書が発行されない場合には実際に支払われたことが確認できる月謝袋の提出によることも可能です。ただし、月謝袋には、支払日付、金額、支払者（宛名）、支払先の氏名（名称）住所（所在地）、摘要（○月分○○料として（○回または○時間））の記載が必要です。なお、月謝袋を再利用する必要があるため提出ができない場合には、そのコピーでも差し支えありません。

(5) 領収書等に記載された支払者（宛名）

領収書等に記載された支払者（宛名）は、原則として受贈者本人でなければなりません。ただし、親名義で受贈者の教育資金に係る領収書が発行された場合や親名義の普通預金の口座から受贈者の教育資金が引き落とされる場合は、問題ありません。

(6) 領収書等に誤りや必要な情報が記載されていなかった場合

原則として領収書等の発行者（支払先）が修正・追記した上で発行者（支払先）の押印が必要です。ただし、学校等に対する支払いの場合で、摘要（支払内容）及び支払先の住所（所在地）の記載漏れがあった場合には、受贈者が提出する領収書に摘要（支払内容）及び支払先の住所（所在地）を受贈者自身が記載し、受贈者の署名押印をする補筆でも可能です。

第8節 教育資金支出額

(1) 取扱金融機関による確認、記録、保存

取扱金融機関の営業所等は、受贈者から提出を受けた領収書等により払い出した金銭が教育資金の支払いに充てられたことを確認し、その領収書等に記載された支払いの金額及び年月日について記録をし、かつ、その領収書等を受領した日からその受贈者に係る教育資金管理契約が終了した日の属する年の翌年3月15日後6年を経過する日までの間、その領収書等及び記録を保存しなければならないとなっています（措法70の2の2⑧）。

(2) 教育資金支出額の記録

「教育資金支出額」とは、取扱金融機関の営業所等において教育資金の支払いの事実が確認され、かつ、記録された金額を合計した金額をいいます（措法70の2の2②五）。

取扱金融機関が教育資金支出額を記録する場合、ある受贈者について、

その年中に払い出した金銭の合計額がその年中に教育資金の支払いに充てたものとして提出を受けた領収書等（その領収書等に記載された支払年月日その他の記録によりその年中に教育資金の支払いに充てられたことを確認できるものに限ります）により教育資金の支払いに充てたことを確認した金額の合計額を下回るときは、取扱金融機関の営業所等が記録する金額は、その年中に払い出した金銭の合計額が限度とされています（措法70の2の2⑨）。これは、非課税拠出額からの支出との関連性がない自己資金による支払いや都度贈与を受けた資金での支払いを除外するためです。

【教育資金支出額として金融機関等で記録される金額①】

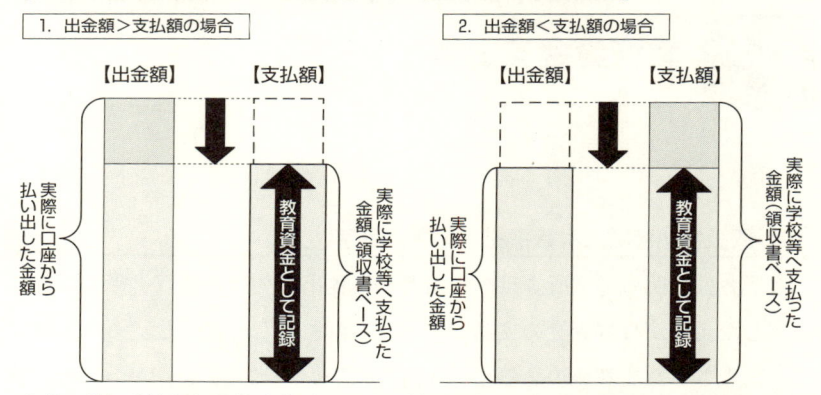

1. 出金額＞支払額の場合
2. 出金額＜支払額の場合

出典：「直系尊属から教育資金の一括贈与を受けた場合の贈与税の非課税に関するQ&A」より抜粋

この場合、「払い出した金銭の合計額」と「教育資金の支払に充てたことを確認した金額の合計額」は、それぞれその年中の合計額のみで判定することとされているため、支払時点における口座残高や教育資金管理契約に係る預金等の払出しと教育資金の支払いの前後関係は問われないこととなります。

なお、「教育資金の支払に充てた金銭に相当する額を払い出す方法のみにより口座から払出しを受ける方法（つまり、受贈者が先に教育資金を支払

い、その後、領収書等をもって金融機関からその金額の払出しを受けるという、立替払いの方法)」による場合には、教育資金の支払いと口座からの払出しが対応関係にあるため、この規定は適用されません。

また、取扱金融機関の営業所等が教育資金支出額の記録をする場合（上記の方法以外による場合に限ります）において、その記録をしようとする金額のうちに学校等の設置者に支払われた金額と学校等以外の者に支払われた金額があるときは、まず学校等の設置者に支払われた金額から優先して記録をし、その後、年中に払い出した金銭の合計額に満たない金額があるときは、次に学校等以外の者に支払われた金額のうち満たない金額の記録をすることとされています（措令40の4の3⑰）。これは、より大きい枠から記録することにより納税者有利の扱いをするためです。

【教育資金として金融機関で記録される金額②】

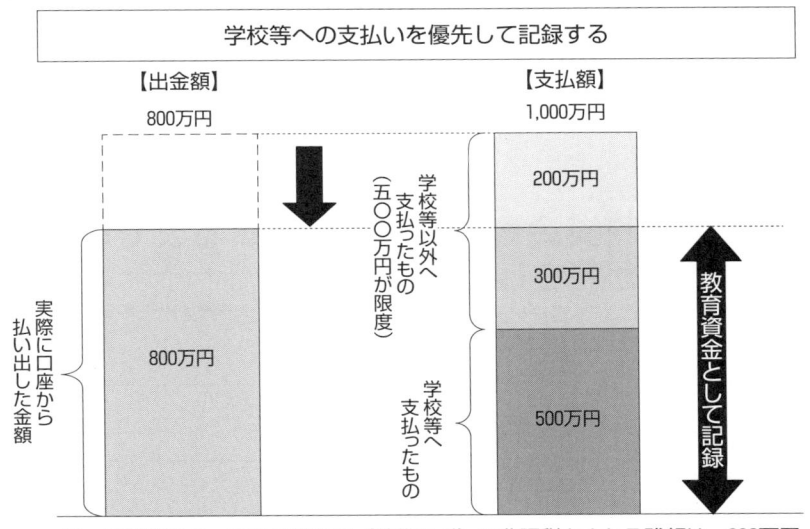

学校等への支払いを優先して記録する

【出金額】800万円

【支払額】1,000万円
- 学校等以外へ支払ったもの（五〇〇万円が限度）：200万円
- 300万円
- 学校等へ支払ったもの：500万円

実際に口座から払い出した金額：800万円

教育資金として記録

○ 学校等以外へ支払う教育費（塾代など）で非課税とされる残額は、<u>200万円</u>

出典：「直系尊属から教育資金の一括贈与を受けた場合の贈与税の非課税に関するQ&A」より抜粋

(3) 税務署長の通知

　税務署長は、受贈者が教育資金の支払いに充てるために取扱金融機関の営業所等から払い出した金銭が教育資金の支払いに充てられていないことを知った場合には、取扱金融機関の営業所等の長に通知するものとされています（措法70の2の2⑭一）。

　そして、取扱金融機関の営業所等の長は、税務署長からの通知を受けたときは、その通知に基づき記録を訂正しなければなりません（措法70の2の2⑮）。結果、その訂正後の金額が教育資金支出額となります。

(4) 教育資金管理契約による運用上生じた損失

　教育資金支出額には、教育資金管理契約による運用上あるいは評価上生じた損失や口座管理料、払出しの際の手数料は含まれません。同様に利益についても非課税拠出額には含まれません。生じた利子や配当、譲渡益については、受贈者の所得税の課税対象となります。

第9節　教育資金管理契約が終了するまでに贈与者が死亡した場合

(1) 相続開始前3年以内の贈与加算の扱い

　贈与者が教育資金管理契約に基づき信託をした日または教育資金管理契約に基づき預金もしくは貯金の預入もしくは有価証券の購入をするための金銭等の書面による贈与をした日からこれらの教育資金管理契約の終了の時までの間（以下「特例適用期間」といいます）にその贈与者が死亡した場

合には、その受贈者が信託または贈与により取得をした信託受益権または金銭等の価額のうちこの特例の適用を受けて贈与税の課税価格に算入しなかった金額に相当する部分については、相続税法19条1項（相続開始前3年以内に贈与があった場合の相続税額）の規定は適用しないこととされており、3年以内加算の対象にはなりません（措令40の4の3⑱、措通70の2の2-10）。これは、この特例は受贈者の教育資金を確保することを目的とする制度であることから、この特例の適用を受けた教育資金については贈与者の存否にかかわらず確保されることが望ましいと考えられるからです。

(2) 相続時精算課税の扱い

　この特例の適用を受ける前にすでに贈与者との関係で相続時精算課税の適用を受けていた受贈者がこの特例の適用を受けた場合には、特例適用期間中に贈与者が死亡したときであっても、この特例の適用を受けた教育資金は贈与税の課税価格に算入されず、「相続税法第21条の9第3項の規定の適用を受ける財産」とはなり得ないことから、相続時精算課税の精算対象となりません（相法21の15①、21の16①、措通70の2の2-10）。

(3) 申告書の提出までの間に贈与者が死亡した場合

　贈与から教育資金非課税申告書等の提出までの間に贈与者が死亡した場合であっても、適用を受けるための手続に従って教育資金非課税申告書等を提出したときは、その贈与については3年以内加算の対象にはならず、相続時精算課税の精算対象にもなりません。

第10節 教育資金管理契約の終了事由及び終了時の課税関係

(1) 教育資金管理契約の終了事由

　教育資金管理契約は、次に掲げる事由により終了することとされており、その終了の日はそれぞれに定める日のいずれか早い日とされています（措法70の2の2⑩）。

イ　受贈者が30歳に達したこと　その受贈者が30歳に達した日
ロ　受贈者が死亡したこと　その受贈者が死亡した日
ハ　教育資金管理契約に係る信託財産の価額がゼロとなった場合、教育資金管理契約に係る預金もしくは貯金の額がゼロとなった場合または教育資金管理契約に基づき保管されている有価証券の価額がゼロとなった場合において、受贈者と取扱金融機関との間でこれらの教育資金管理契約を終了させる合意があったこと　その教育資金管理契約が合意に基づき終了する日

　なお、この場合の「ゼロ」とは、実際の残高であり、非課税拠出額から教育資金支出額を控除した残額ではありません。

(2) 終了時に贈与税が課税される場合

① 内　容

　上記(1)イまたはハに該当したことにより教育資金管理契約が終了した場合において、その教育資金管理契約に係る「非課税拠出額」から「教育資金支出額」を控除した残額があるときは、その残額については、これらの事由が生じた日の属する年の贈与税の課税価格に算入されます（措法70の2の2⑪）。よって、贈与税の申告義務がある者は、その年の翌年の

2月1日から3月15日までの間に贈与税の申告書を納税地の所轄税務署長に提出しなければなりません。

「非課税拠出額」とは、教育資金非課税申告書または追加教育資金非課税申告書に「教育資金の非課税」の特例の適用を受けるものとして記載された金額を合計した金額をいいます(1,500万円を限度)(措法70の2の2②四)。

「教育資金支出額」とは、取扱金融機関の営業所等において教育資金の支払いの事実が確認され、かつ、記録された金額を合計した金額をいいます（措法70の2の2②五）。

② 贈与税の課税

この場合において、贈与税の課税価格に算入される残額があるときにおけるその残額に係る贈与税の課税については、次のとおり扱われます。

イ　贈与者の存否

教育資金管理契約の終了の時において、受贈者が次の贈与者の存否の別に応じそれぞれに定める者からその残額を贈与により取得したものとみなして、相続税法その他贈与税に関する法令の規定を適用することとされています（措令40の4の3⑲一）。

i 　教育資金管理契約の終了の時において贈与者が生存している場合　その贈与者

ii　教育資金管理契約の終了の時前に贈与者が死亡した場合　個人

なお、贈与者が死亡した場合に「個人」（措令40の4の3⑲一ロ）からの贈与と規定しているのは、死亡した者からの贈与は課税上観念できないことに加え、贈与税の課税は原則として個人間の贈与に限られることから、法人からの財産移転ではなく個人間の贈与とみなすこととし、終了時の課税について贈与税が課税されることを明らかにするものです。したがって、「個人」とは、死亡した贈与者等の特定の個人を指すものではありません。なお、「個人」の住所は、贈与者の死亡の時における住所にあるものとみなすこととされています(措令40の4の3⑲二、措通70の2の2-9(注)1）。

313

ロ　贈与者が2人以上ある場合

　例えば、祖父母それぞれから贈与を受けた場合など、ある受贈者に係る贈与者が2人以上ある場合には、課税対象となる「残額」に次の割合を乗じて算出した金額をそれぞれの贈与者（上記イⅱの場合には、個人）から取得したものとみなし、相続税法その他贈与税に関する法令の規定を適用することとされています（措令40の4の3⑲三、措通70の2の2-9（注）2）。

$$\frac{\text{各贈与者から取得した信託受益権または金銭等のうち、この特例の適用を受けて贈与税の課税価格に算入しなかった金額に相当する部分の価額}}{\text{非課税拠出額}}$$

ハ　課税方式

　残額については、終了事由が生じた日の属する年の贈与税の課税価格に算入されます（措法70の2の2⑪）。

　受贈者が贈与者に係る相続時精算課税適用者である場合には、その（生存している）贈与者から取得したとみなされた価額について相続時精算課税が適用され、相続時精算課税適用者でなくとも、相続時精算課税の適用要件を満たしていればその価額について相続時精算課税を選択できます（措通70の2の2-9（注）3）。

　贈与者が教育資金管理契約終了前に死亡した場合における直系尊属からの贈与を受けた場合の贈与税の税率の特例（措法70条の2の4（2項及び5項を除きます））の適用については、終了時には死亡しているものの実際に贈与をした者が受贈者の直系尊属であったことは適用要件上明らかなので、「個人」をその受贈者の「直系尊属」とみなすこととされており、平成27年1月1日以後に教育資金管理契約が終了した場合において贈与税が課されるときは、直系尊属からの贈与を受けた場合の軽減税率が適用されます（財務省「平成25年度税制改正の解説」p663）。

(3) 終了時に贈与税が課税されない場合

　受贈者が死亡したことにより教育資金管理契約が終了した場合には、その教育資金管理契約に係る非課税拠出額から教育資金支出額を控除した残額については、贈与税の課税価格に算入しないこととされています（措法70の2の2⑫、措通70の2の2-9（注）4）。

　これは、その後、教育資金として使われる見込みはなくなるものの、受贈者の死亡というやむを得ない事由によるものであり、贈与税を課税することは酷であると考えられることからです。なお、死亡時における実際の口座残高については、受贈者の相続財産として受贈者の死亡に係る相続税の課税対象となります。

(4) 領収書等の提出

　教育資金管理契約が終了した日において取扱金融機関の営業所等に対してまだ提出していない領収書等がある場合には、受贈者は、その教育資金管理契約が終了する日の属する月の翌月末日までに、その領収書等をその取扱金融機関の営業所等に提出しなければならないこととされています（措令40の4の3⑯二）。

(5) 調書の提出

　取扱金融機関の営業所等の長は、教育資金管理契約が終了した場合には、その教育資金管理契約の受贈者に関する事項を記載した調書をその教育資金管理契約が終了した日（その教育資金管理契約が受贈者の死亡により終了した場合には、取扱金融機関の営業所等の長がその死亡の事実を知った日）の属する月の翌々月末日までにその受贈者の納税地の所轄税務署長に提出しなければなりません（措法70の2の2⑬）。

第11節 教育資金管理契約が終了した後に贈与者が死亡した場合

(1) 相続開始前3年以内加算の扱い

　教育資金管理契約が終了した場合（受贈者が死亡した場合を除きます）において、残額に対して贈与税の課税価格に算入された後、贈与者が死亡したときは、その贈与者の死亡に係る相続税の計算上、その残額については相続税法19条1項（相続開始前3年以内に贈与があった場合の相続税額）の規定が適用されます（措通70の2の2-11）。したがって、教育資金管理契約の終了後3年以内に贈与者が死亡し、受贈者が贈与者の相続に際し、相続または遺贈により財産を取得した場合には、残額について3年以内加算の適用があります。

(2) 相続時精算課税の扱い

　教育資金管理契約が終了した場合（受贈者が死亡した場合を除きます）において、残額に対して相続時精算課税を適用し贈与税の課税価格に算入された後、贈与者が死亡したときは、その贈与者の死亡に係る相続税の計算上、その残額については相続税の課税価格に算入されることになります（措通70の2の2-11）。

[第 10 章　出典]

　この章は、下記を基に書かれています。
・国税庁「直系尊属から教育資金の一括贈与を受けた場合の贈与税の非課税に関する Q&A」
（http://www.nta.go.jp/shiraberu/zeiho-kaishaku/joho-zeikaishaku/sozoku/130401/pdf/130401_01.pdf）
・文部科学省「Q&A（教育費の範囲等）」
（http : //www.mext.go.jp/component/b_menu/other/__icsFiles/afieldfile/2013/07/08/1337560_1_1.pdf）
・財務省「平成 25 年度税制改正の解説」
（http://www.mof.go.jp/tax_policy/tax_reform/outline/fy2013/explanation/pdf/p0281_0305.pdf）

【参考資料：平成 25 年 3 月文部科学省告示第 68 号】

　租税特別措置法施行令（昭和 32 年政令第 43 号）第 40 条の 4 の 3 第 7 項及び第 8 項並びに租税特別措置法施行規則（昭和 32 年大蔵省令第 15 号）第 23 条の 5 の 3 第 3 項の規定に基づき、租税特別措置法施行令第 40 条の 4 の 3 第 7 項及び第 8 項並びに租税特別措置法施行規則第 23 条の 5 の 3 第 3 項の規定に基づき文部科学大臣が財務大臣と協議して定める金銭及び外国の教育施設を次のように定め、平成 25 年 4 月 1 日から適用する。

　平成 25 年 3 月 30 日
　文部科学大臣　　下村博文

　租税特別措置法施行令第 40 条の 4 の 3 第 7 項及び第 8 項並びに租税特別措置法施行規則第 23 条の 5 の 3 第 3 項の規定に基づき文部科学大臣が財務大臣と協議して定める金銭及び外国の教育施設

1　租税特別措置法施行令（以下「政令」という。）第 40 条の 4 の 3 第 7 項の文部科学大臣が財務大臣と協議して定める金銭は、次に掲げる金銭とする。
一　入学金、授業料、入園料及び保育料並びに施設設備費
二　入学又は入園のための試験に係る検定料
三　在学証明、成績証明その他学生、生徒、児童、幼児又は乳児（次項第五号において「学生等」という。）の記録に係る証明に係る手数料及びこれに類する手数料
四　前各号に掲げるもののほか、学用品の購入費、修学旅行費又は学校給食費その他学校等における教育に伴って必要な費用に充てるための金銭

2　政令第 40 条の 4 の 3 第 8 項の文部科学大臣が財務大臣と協議して定める金銭は、次に掲げる金銭であって、教育のために支払われるもの（国外において支払われるものを含む。）として社会通念上相当と認められるものとする。
一　教育に関する役務の提供の対価
二　施設の使用料
三　スポーツ又は文化芸術に関する活動その他教養の向上のための活動に係

る指導への対価として支払われる金銭
四　第一号に規定する役務又は前号に規定する指導において使用する物品の購入に要する金銭であって、当該役務の提供又は当該指導を行う者に直接支払われるもの
五　学用品の購入費、修学旅行費又は学校給食費その他学校等における教育に伴って必要な費用に充てるための金銭であって、学生等の全部又は大部分が支払うべきものと当該学校等が認めたもの
3　租税特別措置法施行規則第23条の5の3第3項の文部科学大臣が財務大臣と協議して定める外国の教育施設は、次に掲げるものとする。
一　外国において外国の学校教育制度において位置付けられた教育施設
二　所定の課程を修了した者が当該課程の修了により学校教育法施行規則（昭和22年文部省令第11号）第150条第1号に該当する場合における当該課程を有する教育施設及び同令第155条第1項第4号若しくは第2項第5号又は第177条第5号の規定により文部科学大臣が指定した教育施設
三　海外に在留する邦人の子女のための在外教育施設で、文部科学大臣が小学校、中学校又は高等学校の課程と同等の課程を有するものとして認定したもの
四　外国人を対象に教育を行うことを目的として我が国において設置された教育施設であって、その教育活動等について、アメリカ合衆国カリフォルニア州に主たる事務所が所在する団体であるウェスタン・アソシエーション・オブ・スクールズ・アンド・カレッジズ、同国コロラド州に主たる事務所が所在する団体であるアソシエーション・オブ・クリスチャン・スクールズ・インターナショナル又はグレートブリテン及び北部アイルランド連合王国ハンプシャー市に主たる事務所が所在する団体であるカウンセル・オブ・インターナショナル・スクールズの認定を受けたもの
五　国際連合大学本部に関する国際連合と日本国との間の協定の実施に伴う特別措置法（昭和51年法律第72号）第1条第2項に規定する1972年12月11日の国際連合総会決議に基づき設立された国際連合大学

【参考資料：教育資金非課税申告書記載例】

別表第十一(一)

教育資金非課税申告書

麻布 税務署長殿　　　　　　　　　　　　　　　　　平成25年7月4日

受贈者	ふりがな 氏　名	ヤマダ　イチロウ 山田　一郎　㊞(山)
	住所又は居所	港区六本木○丁目○番○号
	生年月日(年齢)	昭・㊤　7・3・3　(18歳)
受贈者の代理人	ふりがな 氏　名	ヤマダ　タロウ 山田　太郎　㊞(山)
	住所又は居所	港区六本木○丁目○番○号

下記の信託受益権、金銭又は金銭等について租税特別措置法第70条の2の2第1項の規定の適用を受けたいので、この旨申告します。

贈与者		贈与者から取得をしたもの			左のうち非課税の適用を受ける信託受益権、金銭又は金銭等の価額
		信託受益権、金銭又は金銭等の別	信託受益権、金銭又は金銭等の価額	金銭又は金銭等の取得年月日	
ふりがな 氏　名	ヤマダ　ソタロウ 山田　祖太郎	信託受益権 ㊛金銭㊜ 金銭等	1,500万円	平成25年7月4日	1,500万円
住所又は居所	港区赤坂○丁目○番○号				
続柄	祖父				
ふりがな 氏　名		信託受益権 金銭 金銭等			
住所又は居所					
続柄					

取扱金融機関の営業所等	名　称	○○銀行○○支店		
	所在地	港区六本木○丁目○番○号		

既に教育資金非課税申告書又は追加教育資金非課税申告書を提出したことがある場合	非課税拠出額	取扱金融機関の営業所等		提出先の税務署
		名称	所在地	
				税務署

(摘要)

取扱金融機関の営業所等の受理年月日

(用紙　日本工業規格　Ａ4)

第11章

贈与税の申告と納税

第11章 贈与税の申告と納税

第1節 贈与税の申告と納税の基本

　贈与税の（期限内）申告は、原則、受贈者が、贈与により財産を取得した年の翌年の2月1日から3月15日までにすることになっています（相法28①）。また、贈与税の納税は、申告書の提出期限（つまり、翌年3月15日）までに納付しなければならないとなっています（相法33）。

　なお、申告書は納税地の所轄税務署長に提出しなければなりませんが、受贈者が国内に住所を有する場合は、その住所地が納税地となります（相法62①）。申告期限までに申告しなかった場合や実際にもらった額より少ない額で申告した場合には、本来の税金のほかに加算税がかかります。

　また納税は、金融機関または納税地の所轄税務署の納税窓口でするのが一般的です（他にe-Tax、コンビニでの納付あり）。納税が期限に遅れた場合は、その遅れた税額に対して延滞税がかかります。

第2節 期限後申告及び修正申告

（1）期限後申告

　贈与税の申告義務者が期限内申告書を提出しなかった場合には、税務署長から決定処分（通則法25）があるまでは、期限後申告書を税務署長に提

出することができます（通則法 18）。

(2) 修正申告

（期限内・期限後）申告書を提出した場合で、申告した税額に不足額があるときは、修正申告書を税務署長に提出することができます（通則法 19）。

(3) 無申告加算税及び過少申告加算税

① 無申告加算税

（イ）申告期限までに申告書を提出しないで期限後申告をした場合、または（ロ）期限後申告があった後に修正申告をした場合には、無申告加算税（納付すべき税額の 15％）が課されます（通則法 66 ①）。ただし、納付すべき税額が 50 万円を超えるときには、その超える部分についての無申告加算税は 5％加算されて 20％ となります（通則法 66 ②）。なお、申告書の提出が調査により決定等があるべきことを予知してされたものでないときは、納付すべき税額の 5％となります（通則法 66 ⑤）。

② 過少申告加算税

期限内申告書に記載した金額が過少で修正申告書を提出した場合には、過少申告加算税（納付すべき税額の 10％）が課されます（通則法 65 ①）。ただし、納付すべき税額が、期限内申告税額相当額または 50 万円のいずれか多い金額を超えるときには、その超える部分についての過少申告加算税は 5％加算されて 15％ となります（通則法 65 ②）。なお、修正申告書の提出が調査により更正があるべきことを予知してされたものでないときは、過少申告加算税は賦課されません（通則法 65 ⑤）。

③ 事務運営指針

なお、「相続税、贈与税の過少申告加算税及び無申告加算税の取扱いについて」という事務運営指針があります。

(4) 重加算税
① 内容
　納税者がその国税の課税標準等（課税価格）または税額等の計算の基礎となるべき事実を隠ぺいまたは仮装したところに基づき申告書を提出した場合には、過少申告加算税に代えて35％、また、無申告加算税に代えて40％の重加算税が賦課されます（通則法68①②）。

② 事務運営指針
　なお、通則法68条1項または2項に規定する「納税者がその国税の課税標準等又は税額等の計算の基礎となるべき事実を隠ぺい又は仮装」とは、贈与税関係では次に掲げるような事実がある場合をいいます（相続税及び贈与税の重加算税の取扱いについて（事務運営指針）1-2）。

イ　受贈者または受贈者から受贈財産（受贈財産に係る債務を含みます）の調査、申告等を任せられた者（以下「受贈者等」といいます）が、帳簿書類について改ざん、偽造、変造、虚偽の表示、破棄または隠匿をしていること。

ロ　受贈者等が、課税財産を隠匿し、または事実をねつ造して課税財産の価額を圧縮していること

ハ　受贈者等が、課税財産の取得について架空の債務をつくり、または虚偽もしくは架空の契約書を作成していること

ニ　受贈者等が、贈与者、取引先その他の関係者と通謀してそれらの者の帳簿書類について改ざん、偽造、変造、虚偽の表示、破棄または隠匿を行わせていること

ホ　受贈者等が、自ら虚偽の答弁を行いまたは贈与者、取引先その他の関係者をして虚偽の答弁を行わせていること及びその他の事実関係を総合的に判断して、受贈者等が課税財産の存在を知りながらそれを申告していないことなどが合理的に推認し得ること

ヘ　受贈者等が、その取得した課税財産について、例えば、贈与者の名義

以外の名義、架空名義、無記名等であったことまたは遠隔地にあったこと等の状態を利用して、これを課税財産として申告していないこと

(5) 期限後申告及び修正申告の特則
① 期限後申告の特則

贈与税の申告書の提出期限後において相続税法32条1項1号から6号まで（更正の請求の特則）に規定する事由が生じたことにより相続または遺贈による財産の取得をしないこととなったため新たに贈与税の申告書を提出すべき要件に該当することとなった者は、期限後申告書を提出することができます（相法30②）。

② 修正申告の特則

贈与税の（期限内・期限後）申告書を提出した者（贈与税について決定を受けた者を含みます）は、相続税法32条1項1号から6号までに規定する事由が生じたことにより相続または遺贈による財産の取得をしないこととなったためすでに確定した贈与税額に不足を生じた場合には、修正申告書を提出することができます（相法31④）。

第3節　更正の請求

(1) 更正の請求

贈与税の申告書を提出した者は、課税標準等（課税価格）または税額等の計算に誤りがあったこと等により税額が過大であるときは、法定申告期

限から6年以内に限り、税務署長に対し、更正の請求をすることができます（通則法23①、相法32②）。

(2) 更正の請求の特則

贈与税の申告書を提出した者が、贈与税の課税価格の計算の基礎に算入した財産のうち、相続開始の年に被相続人から贈与により取得した財産で、相続税の課税価格に加算されるもの（相法21の2④）があったことにより納付すべき贈与税額が過大となった場合には、その事由が生じたことを知った日の翌日から4か月以内に限り、更正の請求をすることができます（相法32①九）。

第4節　延　納

(1) 内　容

贈与税は、金銭で一時に納めるのが原則です。しかし、一度に多額の納税をすることが難しい場合もあり、相続税と同様に一定の条件の下で延納という納税方法があります（相法38、39）。この延納は一定の条件の下に最長5年以内の年賦により納税する方法です。ただし、利子税がかかり、贈与とは相続のような急に起こることではないので、計画的に贈与をして延納をしないようにすべきでしょう。

なお、物納制度は、贈与税についてはありません（相基通41-2）。

(2) 延納を受けるための要件

延納を受けるには、次の4つの要件を満たす必要があります。

イ 申告等による納付税額が10万円を超えること
ロ 金銭で一度に納めることを困難とする事由があること
ハ 延納税額及び利子税の額に見合う適格な財産を担保として提供すること。ただし、延納税額が50万円未満で、かつ、延納期間が3年以下の場合は担保不要
ニ 延納しようとする贈与税の納期限または納付すべき日（延納申請期限）までに、延納申請書に担保提供関係書類を添付して所轄税務署長に提出すること

なお、税務署長は延納申請書に基づいて延納の許可または却下をすることになります。

(3) 利子税

延納できることになった税額には、年6.6％の割合で利子税がかかります（通則法64①、相法52①）。しかし、平成12年1月1日以後の期間に対応する延納税額にかかる利子税の割合については特例が設けられています（措法93②）。

第5節 連帯納付義務

財産を贈与した者は、その贈与により財産を取得した者のその年分の贈

与税額のうち、贈与した財産の価額に対応する部分の金額については、その財産の価額に相当する金額を限度として、連帯納付義務があります（相法34④、相令11）。国による租税債権の確保のためです。

なお、連帯納付義務に基づいて贈与税の納付があった場合において、その納付が贈与により財産を取得した者がその取得した財産を費消するなどにより資力を喪失して贈与税を納付することが困難であることによりなされたものに該当しないときには、債務免除等による利益の贈与があったとみなされます（相基通34-3、8-3）。

第6節　「贈与税の申告書」の記載例

山田一郎は平成24年中において、下記の贈与を受けた。

①
　贈与日　　　平成24年5月6日
　贈与者　　　山田太郎（一郎の父）
　贈与財産　　現金50万円

②
　贈与日　　　平成24年8月4日
　贈与者　　　山田祖太郎（一郎の祖父）
　贈与財産　　○○株式会社の上場株式5,000株（1株当たり200円）

上記の事例につき、申告書の記載例を次に掲げておきます。

平成24年分贈与税の申告書

麻布 税務署長
平成25年3月7日提出

FD4723

第一表（平成22年分以降用）

〒 106-0032　電話 03-×××× -××××
住所：港区六本木○丁目○番○号
フリガナ：ヤマダ イチロウ
氏名：山田 一郎
生年月日：昭和 36年 07月 07日
職業：会社員

（単位は円）

I 暦年課税分

贈与者1
住所：港区六本木○丁目○番○号
フリガナ：ヤマダ タロウ
氏名：山田 太郎
続柄：父
生年月日：昭和 30年 7月 8日

種類：現金、預貯金等
細目：現金
所在場所等：港区六本木○丁目○番○号
財産を取得した年月日：平成 24年 05月 06日
財産の価額：5,000,000円

贈与者2
住所：港区赤坂○丁目○番○号
フリガナ：ヤマダ ソタロウ
氏名：山田 祖太郎
続柄：祖父
生年月日：昭和 3年 6月 5日

種類：有価証券
細目：上場株式等
所在場所等：○○株式会社、千代田区大手町○丁目○番○号 △△証券△△支店
数量：5,000株
単価：200
財産を取得した年月日：平成 24年 08月 04日
財産の価額：10,000,000円

財産の価額の合計額（課税価格） ①	15,000,000
配偶者控除額 ②	
基礎控除額 ③	1,100,000
②及び③の控除後の課税価格（①-②-③）【1,000円未満切捨て】 ④	4,000,000
④に対する税額 ⑤	400,000
外国税額の控除額 ⑥	
差引税額（⑤-⑥） ⑦	400,000

II 相続時精算課税分

特定贈与者ごとの課税価格の合計額 ⑧	
特定贈与者ごとの差引税額の合計額 ⑨	

III 合計

課税価格の合計額（①+⑧） ⑩	15,000,000
差引税額の合計額（納付すべき税額）（⑦+⑨）【100円未満切捨て】 ⑪	400,000
農地等納税猶予税額 ⑫	
株式等納税猶予税額 ⑬	
申告期限までに納付すべき税額（⑪-⑫-⑬）⑭	400,000
この申告書が修正申告書である場合：差引税額の合計額（納付すべき税額）の増加額 ⑮	
申告期限までに納付すべき税額の増加額 ⑯	

第12章

その他の贈与税の特例等

第1節 非上場株式等についての贈与税の納税猶予の特例

　後継者である受贈者（「経営承継受贈者」といいます）が、贈与により経済産業大臣の認定を受ける非上場会社の株式等を先代経営者である贈与者（親族）から全部または一定数以上取得し、その会社を経営していく場合には、一定の要件の下に、その経営承継受贈者が納付すべき贈与税のうち、その非上場株式等（一定の部分に限ります）に対応する贈与税の納税が猶予されます（措法70の7）。

　この猶予された税額は、先代経営者である贈与者や経営承継受贈者が死亡した場合などは納付が免除されます。ただし、先代経営者である贈与者が死亡した場合には、先代経営者に係る相続税については、贈与税の納税猶予の特例を受けた一定の非上場株式等を経営承継受贈者が相続または遺贈により取得したものとみなして、贈与時の価額を基礎として他の相続財産と合算して計算することになります（措法70の7の3）。

　なお、免除されるときまでに特例の適用を受けた非上場株式等を譲渡するなど一定の事由が生じた場合には、納税猶予が打ち切られ、猶予されている税額の全部または一部を利子税と併せて納付する必要があります。

第2節 農地等についての贈与税の納税猶予の特例

　農業を営んでいる者が、農業の用に供している農地の全部ならびに採草放牧地及び準農地の一定部分をその農業を引き継ぐ推定相続人に贈与した場合には、一定の要件の下に、その受贈者に課税される贈与税については、その贈与を受けた農地等について受贈者が農業を営んでいる限り、その納税が猶予されます（措法70の4）。

　この猶予された税額は、受贈者または贈与者のいずれかが死亡した場合には、その納付が免除されます。ただし、贈与者が死亡した場合には、特例の適用を受けて納税猶予の対象になっていた農地等は、受贈者が相続または遺贈により取得したものとみなして相続税の課税対象となります（措法70の5）。

　なお、免除されるときまでに特例農地等を譲渡するなど一定の事由が生じた場合には、納税猶予が打ち切られ、猶予されている税額の全部または一部を利子税と併せて納付する必要があります。

第3節　災害により被害を受けた場合の贈与税

　贈与により取得した財産が災害により甚大な被害を受けた場合で、次のイまたはロのいずれかに該当するときには、贈与税が軽減されます（災免法4、6、災免令11、12）。

イ　贈与税の課税価格の計算の基礎となった財産の価額のうちに被害を受けた部分の価額（保険金、損害賠償金等により補てんされた金額を除きます）の占める割合が10分の1以上であること

ロ　贈与税の課税価格の計算の基礎となった動産等の価額のうちに動産等について被害を受けた部分の価額（保険金、損害賠償金等により補てんされた金額を除きます）の占める割合が10分の1以上であること

　なお、動産等とは、動産（金銭及び有価証券を除きます）、不動産（土地及び土地の上に存する権利を除きます）及び立木をいいます（災免令11①二）。

◆ 著者紹介

中島 吉央（なかじま・よしお）

不動産の税金、相続税、贈与税、事業承継を中心とした資産税専門の税理士・コンサルタント。租税判例研究会に所属している（品川芳宣先生に師事）。主な著書に『相続・贈与税の基礎知識』、『もめない・損しない かしこい相続と贈与』、『土地建物・マイホームの節税がよくわかる本』（以上、すべて「ぱる出版」）等がある。

相続税大増税に賢く対応！ 生前贈与の実務必携

2013年10月10日　発行

著　者　中島　吉央　Ⓒ

発行者　小泉　定裕

発行所　株式会社 清文社

東京都千代田区内神田1-6-6（MIFビル）
〒101-0047　電話 03(6273)7946　FAX 03(3518)0299
大阪市北区天神橋2丁目北2-6（大和南森町ビル）
〒530-0041　電話 06(6135)4050　FAX 06(6135)4059
URL http://www.skattsei.co.jp/

印刷：亜細亜印刷㈱

■著作権法により無断複写複製は禁止されています。落丁本・乱丁本はお取り替えします。
■本書の内容に関するお問い合わせは編集部までFAX（03-3518-8864）でお願いします。

ISBN978-4-433-52793-8